电子商务类专业
创新型人才培养系列教材

U0734394

Electronic Commerce

# 电子商务概论

微课版

赵轶 / 主编

人民邮电出版社

北京

图书在版编目（CIP）数据

电子商务概论：微课版 / 赵轶主编. -- 北京 ：人民邮电出版社，2024. --（电子商务类专业创新型人才培养系列教材）. -- ISBN 978-7-115-64870-9

Ⅰ. F713.36

中国国家版本馆 CIP 数据核字第 2024PN3743 号

# 内 容 提 要

本书扎根中国本土化电子商务发展，关注新时代电子商务发展新动向，结合电子商务行业应用与学习规律要求，以篇章的形式对电子商务基础、环境与业态等相关知识进行了介绍。本书主要内容包括电子商务概述、电子商务技术基础、电子商务商业模式、电子商务安全、电子商务支付、电子商务物流、电子商务客户关系、网络营销、跨境电商和电子商务新业态等。

本书配有电子教案、课程大纲、教学计划、电子课件、课后习题答案、微课视频、模拟试题与答案等教学资源，读者可通过人邮教育社区（www.ryjiaoyu.com）进行下载。

本书可作为高等院校电子商务类、工商管理类与经济贸易类等相关专业的教材，也可作为相关技术人员的自学用书及培训机构的参考书。

♦ 主　编　赵　轶

　责任编辑　王　振

　责任印制　王　郁　彭志环

♦ 人民邮电出版社出版发行　　　　北京市丰台区成寿寺路 11 号

　邮编　100164　电子邮件　315@ptpress.com.cn

　网址　https://www.ptpress.com.cn

　三河市祥达印刷包装有限公司印刷

♦ 开本：787×1092　1/16

　印张：12.5　　　　　　　　　　2024 年 9 月第 1 版

　字数：310 千字　　　　　　　　2024 年 9 月河北第 1 次印刷

定价：49.80 元

读者服务热线：(010)81055256　印装质量热线：(010)81055316

反盗版热线：(010)81055315

广告经营许可证：京东市监广登字 20170147 号

# 前言
FOREWORD

电子商务是数字经济和实体经济的重要组成部分,是催生数字产业化、拉动产业数字化、推进治理数字化的重要引擎,是提升人民生活品质的重要方式,是推动国民经济和社会发展的重要力量。党的二十大报告指出:"加快发展数字经济,促进数字经济和实体经济深度融合,打造具有国际竞争力的数字产业集群。"立足新发展阶段、践行新发展理念、助力构建新发展格局是电子商务产业"十四五"规划和未来一段时期的核心使命。要更好地发挥电子商务在国民经济发展中的作用,就必须推动电子商务自身实现高质量发展。

《"十四五"电子商务发展规划》指出,到 2025 年,电子商务交易额要达到 46 万亿元;全国网上零售额达到 17 万亿元;相关从业人数达到 7 000 万。显然,电子商务的快速发展对应用型电子商务人才的培养提出了数量与质量的高要求,因此,作为应用型电子商务人才培养摇篮的高等院校更应该责无旁贷。"电子商务概论"不仅是电子商务类专业的一门核心基础课程,也是工商管理类和经济贸易类等相关专业学生拓展专业领域知识的一门基础课程,编者为该课程编写的本教材具有以下特点。

**1. 融合价值教育,彰显立德树人的教学理念**

本书全面贯彻党的二十大精神,坚持从思想层面引领、从认知层面引导、从能力层面提升,以发挥好专业课程的育人功能,强化专业课教师在教学活动中的育人责任。

**2. 紧跟行业发展,凸显电商生态的时代架构**

本书强化应用型人才培养理念,服务学生的职业发展需要,在明确电子商务活动场景及知识、技能要求的基础上,有针对性地进行内容的归纳与选择。本书紧密结合我国电子商务行业发展实际,知识系统全面、内容充实、案例新颖,具有浓厚的中国新时代特色。

**3. 校企合作开发,体现产教融合的时代要求**

本书坚持开放创新的原则,广泛吸纳院校双师型教师、职教专家、百强企业技术专家以及相应领域的能工巧匠等共同参与编写工作,充分利用多元主体的开发优势,及时将电子商务行业发展的新技术、新工艺、新规范纳入教材。

### 4．资源配套丰富，助力课堂教学的范式跃升

本书注重数字化教学资源建设，配套的指导性资源有课程大纲、教学计划；内容性资源有课前阅读、素养提升视频、PPT课件、题库、电子教案、课后习题答案、试题等；生成性资源有同步实训成果等。

本书由赵轶主编，苏徐、王雪花等多位人士参与了课程开发、教材框架研讨及内容的确定与编写。在编写过程中，编者参阅了国内外一些专家学者的研究成果及相关文献，也参考了一些同行编撰的相关教材与网络案例，还有多家合作企业为课程开发、横向课题的研究提供了方便，在此一并对他们表示衷心的感谢。

由于编者水平有限，书中难免存在不足之处，敬请广大读者批评指正。

编　者

2024年5月

# 目录
## CONTENTS

# 第1篇

# 基础篇

从未有一种商业革命像电子商务（简称电商）一样对社会的方方面面产生如此重大而又深刻的影响。电子商务已经成为信息社会的基本交易方式和经济形态，而中国电子商务井喷式发展是不断推进数字技术与实体经济深度融合，赋能传统产业转型升级，催生新产业、新业态、新模式的结果。

机遇与挑战并存，电商人永远在寻找下一个风口。初学者应该秉承勤勉与创新的理念，积极追赶时代的潮流。

本篇主要内容：电子商务概述、电子商务技术基础、电子商务商业模式。

# 第 1 章

# 电子商务概述

## 🛒 学习目标

### 知识目标

掌握电子商务的概念；理解电子商务的分类；了解电子商务的系统与架构、发展、影响。

### 技能目标

能认识传统商务与电子商务的关系；能描述电子商务的行业应用。

### 素养目标

加强新时代爱国主义教育，增强民族自信心和自豪感；关注社会发展，感受数字中国建设的意义。

导入视频

进入德化县的一家网店主页，其近 34 万的粉丝量令人震撼，单单这一家网店便有接近德化县人口总数的客户群体。茶垫、茶杯、茶壶、茶叶罐……网店里上架的产品更是琳琅满目。

短短几年，这家电商企业是如何成为德化县茶具电商的一块"金字招牌"的呢？该电商企业负责人透露了自己的"秘诀"："发展电商有个大好处，就是能够通过大数据分析用户偏好，进行市场定位与开发，避免盲目开发、资源浪费。"了解了消费者想要什么，再针对性地开发，这种做法让这家电商企业的客户越来越多，品牌也随之打响。

无独有偶，在德化县宝美工业区二期新建的另一家电商企业也是茶具电商中的佼佼者。车间里，一个个物流仓储区规范整洁，自动封箱机、自动打包机等智能机器不断忙碌着，在上面的办公楼层，员工们忙着设计产品照片，讨论营销策略。"我们今年的产品品类增加得比较多，我们在质量把控上也更加严谨，以期让产品往高端发展。"该电商企业负责人介绍，"现在产品合格率为 95%~98%。"该负责人表示，不论是新厂房，还是新开发的茶具产品，或是逐渐发展的流水线包装、智能化管理，以及布局全国的物流仓，都是他们追求产品品质的缩影。德化县拥有零售额超 5 000 万元的电商企业 20 家、超亿元的电商企业 2 家。

在德化县，利用电商销售农土特产品也早已成为共识。从发展"小县大城关"到"小县域大电商"，德化县不仅凸显"世界瓷都•德化"品牌形象价值，更带动农土特产品上行，实现产业扩容，助力德化县电商产业向多样化、高附加值、高端产业链延伸。

电子商务不仅是一种技术变革，也是商业活动方式的革命性变革。电子商务在推动我国从工业化社会向信息化社会转型的同时，也深深地影响着人们的生活方式。

# 1.1 电子商务的概念

20 世纪 90 年代初，电子商务的概念开始在我国传播，庞大的人口基数、日益增长的网民规模、不断发展的电子信息技术为电子商务在中国的发展奠定了良好的基础。进入 21 世纪，伴随中国现代服务业浪潮的再度兴起，电子商务发展的主导力量从开始的 IT 企业向传统产业转移，逐步形成以大企业为主导的电子商务发展格局。新技术应用日益深入，新型资源要素重要性逐渐凸显，新模式、新业态层出不穷。电子商务有效拉动了零售、物流、快递等产业的高速发展，并成为我国经济增长的新亮点和新动能。那么，究竟什么是电子商务呢？

## 1.1.1 电子商务的定义

提及商务，一般泛指一切与买卖商品和服务相关的商业事务或经营管理活动。那么，电子商务又是指什么呢？是简单的"电子+商务"吗？基于自己所处的地位和对电子商务参与的角度，学术界、社会组织和政府机构针对电子商务的定义给出了自己的观点，本书撷取精华，以帮助初学者理解其基本内涵。

### 1．学术界对电子商务的定义

1996 年，美国学者瑞维•卡拉科塔和安德鲁•B.惠斯顿在其专著《电子商务的前沿》一书中指出："广义地讲，电子商务是一种现代商业方法。这种方法通过改善产品和服务质量、提高服务传递速度，满足政府组织、厂商和消费者对降低成本和提高效率的需求。这一定义也适用于通过计算机网络寻找信息以支持决策。一般来说，今天的电子商务是通过计算机网络将买方和卖方的信息、产品和服务联系起来，而未来的电子商务则是通过构成信息高速公路的无数计算机网络中的一个网络将买方和卖方联系起来的通路。"

1997 年，西安交通大学李琪教授出版了电子商务专著《中国电子商务》，在其中将电子商务的定义分为广义和狭义两种。广义的电子商务指使用各种电子工具从事商务活动。狭义的电子商务指主要利用互联网从事商务活动。电子商务是在技术、经济高度发达的现代社会里，掌握信息技术和商务规则的人系统化地运用电子工具，高效率、低成本地从事以商品交换为中心的各种活动的总称。

淘宝大学 2012 年编写的《电商运营》一书中对电子商务有这样的描述：电子商务分为广义和狭义的电子商务。广义的电子商务是指使用各种电子工具从事的商务或活动，这些工具除了包括初级电子工具，如电报、电话、广播、电视、传真、计算机和计算机网络，还包括国家信息基础设施（NII）、全球信息基础设施（GII）和互联网（Internet）等现代系统。狭义的电子商务是指主要利用互联网来从事的商务或活动，将电子工具的内容锁定在了互联网这种表现媒介和形式上。

### 2．社会组织和政府机构对电子商务的定义

1996 年，电商先驱公司 IBM 提出了 Electronic Commerce（E-Commerce）的概念。到了1997 年，该公司又提出了 Electronic Business（E-Business）的概念。IBM 认为，电子商务（E-Business）是在互联网等网络的广阔联系与传统信息技术系统的丰富资源相互结合的背景下应运而生的一种相互关联的动态商务活动。

这一定义包括 3 个部分——企业内部网（Intranet）、企业外部网（Extranet）、电子商务（E-commerce），所强调的是在网络计算环境下的商业化应用，不仅仅是硬件和软件的结合，也不仅仅是通常意义下强调交易的狭义的电子商务，而是把买方、卖方、厂商及其合作伙伴在互联网、企业内部网和企业外部网结合起来的应用。它强调这 3 部分是有层次的：只有先建立良好的企业内部网，建立比较完善的标准和各种信息基础设施，才能顺利扩展到企业外部网，最后扩展到电子商务。

1997 年 11 月 6 日—7 日在法国首都巴黎，国际商会举行了世界电子商务会议，提出了关于电子商务的权威定义：电子商务是指对整个贸易活动实现电子化。电子商务从涵盖范围方面可以定义为：交易各方以电子交易方式而不是通过当面交换或直接面谈方式进行的任何形式的商业交易。电子商务从技术方面可以定义为：一种多技术的集合体，包括交换数据（如电子数据交换、电子邮件）、获得数据（共享数据库、电子公告牌）及自动捕获数据（条形码）等。

1997 年，美国政府在《全球电子商务纲要》中将电子商务定义为：电子商务是通过互联网进行的各项商务活动，包括广告、交易、支付、服务等活动。

在 2019 年 1 月 1 日起施行的《中华人民共和国电子商务法》中，中国政府将电子商务定义为：电子商务是指通过互联网等信息网络销售商品或者提供服务的经营活动。

综上所述，电子商务是指各种具有商业活动能力的实体（生产企业、商贸企业、金融机构、政府机构、个人消费者等）利用互联网及先进的现代通信技术进行的各项商业贸易活动。

作为一种新型的商务模式，电子商务有广义与狭义之分。广义的电子商务泛指利用各种电子工具从事的商务活动，狭义的电子商务是指主要利用互联网进行的商务活动。人们一般理解

的电子商务是指狭义的电子商务。无论是广义还是狭义，电子商务的概念都涵盖了两个方面的内容：一是互联网这个平台，没有互联网，就称不上电子商务；二是通过互联网完成的一种商务活动，即电子商务虽然是在互联网上进行的，但是归根结底依然是一种商务活动。

显然，电子商务是人们追求较高工作效率的产物，也是一种新的经济形态，其实质是企业经营管理各个环节的信息化过程，即交易双方借助现代信息与通信技术支持商业流程及商品或服务的交换，实现商务活动各阶段的电子化，从而达成减少人、财、物等资源的消耗，提高商务活动的经济效益和社会效益的目标。

## ❋ 1.1.2  电子商务的特征

电子商务是在传统商务的基础上发展起来的，依托现代信息技术和网络技术，将传统商务活动中的物流、资金流与信息流的传递方式加以整合，将重要信息通过互联网、企业内部网和企业外部网直接与分布各地的客户、员工、经销商及供应商分享，从而打造更具竞争力的经营优势。与传统商务相比，电子商务呈现出以下一些新的特征。

### 1. 市场全球化

只要具备上网条件，人们无论是身处南非还是北美，都置身于一个市场中，完全有可能成为电商企业的客户。通过互联网，企业与客户之间能够方便地进行信息的双向传输，实现信息的快速交换，电子商务活动也就开始在不同地点的不同人之间跨越时空地进行。从一定意义上讲，这种活动将传统地域化的实体市场转换为网上虚拟环境的全球化市场。

### 2. 交易快捷化

基于先进的电子信息技术，电子商务活动能够在世界各地瞬间完成信息传递与计算机自动业务处理，这大大加快了交易速度。这一过程中，除了物流环节，双方从开始洽谈、签约到订货、支付、售后服务等，均可通过互联网完成，整个交易过程虚拟化、快捷化。随着移动终端的普及，移动电子商务因其快捷方便、无所不在的特点已经成为电子商务发展的新方向。

### 3. 过程透明化

电子商务活动中，双方的洽谈、成交，以及货款支付、发货通知、售后服务等整个交易过程都在互联网上进行，通畅快捷的信息传输可以保证这一过程中各种信息互相佐证，在最大程度上防止伪造信息的流通，具备较高透明度的同时，也能极大地提高传统商务活动的效益和效率。

### 4. 操作标准化

电子商务的操作一般要求按照统一的标准进行。电子商务重新定义了传统的流通模式，减少了中间环节，使得生产者和消费者的直接交易成为可能，从而在一定程度上改变了整个社会经济运行的方式。这一过程中，无论是商家、平台方，还是消费者，都必须按照相应的国家法律法规、平台规则进行业务活动，从而在一定程度上实现了操作的标准化。

### 5. 成本低廉化

电子商务活动不受时间、空间的限制，可以随时随地通过互联网进行，同时减少了商品流通的中间环节，使双方能够实时沟通供求信息，避免了传统商务的广告、印刷等大量成本支出，大大降低了商品流通和交易成本，成为人们普遍采用的一种有助于经济增长的商务模式。

📖 素养课堂 1-1

### 中国电子商务创下多个世界第一

根据商务部发布的信息，2023 年，我国全年网上零售额 15.42 万亿元，同比增长 11%，我国连续 11 年成为全球第一大网络零售市场；实物商品网零占社零比重增至 27.6%，创历史新高；绿色、健康、智能、"国潮"商品备受青睐，国产品牌销售额占重点监测品牌销售额比重超过 65%；自促进家居消费政策出台以来，8—12 月适老家具、家庭影院、家用装饰品市场规模分别同比增长 372.1%、153.3%和 64.6%。

电子商务作为数字经济的典型代表，既是数字技术和实体经济深度融合的产物，也是持续催生新产业、新业态、新模式的有效载体。如今，电子商务已经成为推动社会经济发展，改变人们生产生活方式的重要驱动力量。此外，跨境电商成为我国拉动贸易增长、推动国内国际双循环的新路径。

## ❋ 1.1.3 电子商务的功能

电子商务可提供网上交易和管理的全过程服务，因此它具有广告宣传、咨询洽谈、商品订购、网上支付、电子账户、物流配送、意见征询、交易管理等多项功能。

### 1．广告宣传

电子商务活动中，企业或个人可以借助 Web 服务器、网站主页、搜索引擎、电子邮件等方式，在互联网上发布各类商业信息。客户可通过网上的检索工具迅速地找到所需商品信息。与传统广告相比，网络广告具有成本低廉、信息量丰富和双向交流等特点。

### 2．咨询洽谈

电子商务可以使参与方借助非实时的电子邮件、新闻组和实时的讨论组、洽商软件来了解市场和商品信息、洽谈交易事务，如有进一步的需求，还可用网上的白板会议来交流即时的信息。网上的咨询和洽谈能突破人们面对面洽谈的限制，提供多种方便的异地交谈形式。

### 3．商品订购

电子商务网站通常都会在产品介绍页面提供十分友好的订购提示信息和订购交互格式框。当客户填完订购单后，系统通常会回复确认信息单来保证订购信息的收悉。订购信息也可采用加密的方式使客户和商家的商业信息不被泄漏。

### 4．网上支付

电子商务要有一个完整的过程，网上支付是其中重要的环节。虽然电子商务也可借助传统的支付方式（如货到付款）进行，但是网上支付、电子现金转账和移动支付等电子支付方式显然更占优势。客户和商家之间采用电子支付方式可节省开销，但电子支付方式的采用需要可靠的安全控制措施，以防止欺骗、窃听和冒用等非法行为的发生。

### 5．电子账户

网上支付必须由电子金融来支持，即银行、保险公司等金融单位要提供网上操作服务，而电子账户管理是其基本的组成部分。信用卡账号或银行账号都是电子账户的一种标志，其可信度需配以必要技术措施来保证，如数字证书、数字签名、加密技术和区块链等的应用可提高电子账户操作的安全性。

### 6．物流配送

电子交易成功后，用户可以坐等物流配送公司送货上门。物流是电子商务的保证。物流配送分为无形物品配送和有形实物商品配送。无形物品基本是信息类商品，如软件、电子读物、信息服务等，通过网络就可以完成交付，有形实物商品则需要由物流配送公司从商家处快速准确地送到消费者手中。在货物配送过程中，物流配送公司可以实时发送货物配送情况，以便消费者及时知晓货物是否送达。

### 7．意见征询

通过网站意见征询，电子商务活动中的商家能十分方便、快捷地收集客户对商品或服务的反馈意见，使企业的市场运营形成一个封闭的回路。客户的反馈意见不仅能提高售后服务的水平，更能使企业获得改进产品、发现市场的商业机会。

### 8．交易管理

电子商务活动中，整个电子交易过程涉及商家与客户之间，商家内部各部门之间的人、财、物，以及订单、客户、产品、物流、售后等多个方面的管理和协调，因此，交易管理是涉及电子商务全过程的管理。电子商务的发展将提供一个良好的网络环境及多种多样的应用服务系统，这样便能保证电子商务获得更广泛的应用。

## 1.2 电子商务的分类

电子商务的分类方法有多种，如可按照交易主体、地域范围、应用网络类型、商业运作方式等方法进行划分。

### 1.2.1 按照交易主体划分

按照交易主体划分，电子商务可以分为以下6种类型。

#### 1．企业与企业之间的电子商务（Business-to-Business，B2B）

企业与企业之间的电子商务指的是企业之间通过互联网或专用网络等现代信息技术手段，以电子化的方式开展的商务活动。通俗地讲，B2B指的是电子商务交易的参与双方都是企业，如生产企业向其供应商采购原材料，这一过程包括供求信息发布、商务洽谈、订货及确认、签订合同、票据签发传递、付款、物流配送等，均通过互联网或专用网络进行。这一类电子商务已经存在多年，目前应用最广泛。

#### 2．企业与消费者之间的电子商务（Business-to-Customer，B2C）

企业与消费者之间的电子商务指的是企业直接面向消费者销售产品和服务并保证与其相关的付款方式电子化的电子商务模式。这类电子商务主要是借助互联网开展的在线销售活动，通俗来讲就是网购。这类电子商务给传统零售业带来巨大的冲击，几乎改变了人们日常的消费习惯。目前，互联网上的各种平台所提供的商品一应俱全，从食品、饮料到计算机、汽车等，几乎包括所有的消费品。

#### 3．消费者与消费者之间的电子商务（Customer-to-Customer，C2C）

消费者与消费者之间的电子商务指的是一种个人消费者之间通过网络商务平台实现交易的电子商务模式。这是伴随互联网的普及而发展起来的一种崭新的商务模式，通常以拍卖、竞价的方式切入商务活动。卖方借助互联网尽可能展示目标商品的详细信息，需求方则通过网络了解商品状况并在线报价，卖方再根据所有参与竞价的需求方提交的报价和有关资料决定生意是否成交，也有通过聊天软件、电子邮件等达成交易的。该模式很适合个人物品、收藏品、二手旧货等的交易。

### 4．消费者与企业之间的电子商务（Customer-to-Business，C2B）

消费者与企业之间的电子商务是一种以消费者需求为主导，生产企业按需求组织生产的电子商务模式。通过互联网平台在较短时间内将单个分散的消费需求集合成较大的订单，卖家预先拿到订单后，可从供应链的后端、中端或前端进行优化，从而大大降低商品成本。这一模式在给消费者提供优质价低的商品的同时，也最大程度地保障了卖家的利润。这一模式适应了互联网时代消费者个性化需求的发展，其中，消费者群体主导的模式被称作反向团购，消费者个体主导的模式被称作深度定制。C2B 可以看作 B2C 的反向过程，是对 B2C 的重要补充。

### 5．政府机构与企业之间的电子商务（Government-to-Business，G2B）

政府机构与企业之间的电子商务是指政府部门与企业通过互联网进行交易的模式。G2B比较典型的例子是网上采购，即政府机构在网上进行产品、服务的招标和采购，供应商可以直接从网上下载招标书，并以电子数据的形式发回投标书。同时，供应商可以得到更多的甚至是世界范围内的投标机会。由于是通过网络进行投标，因此即使是规模较小的公司也能获得投标的机会。G2B 属于电子政务之一，更多电子政务还包括政府与公众之间的电子事务（G2C），如个税申报等；此外，还有政府部门之间的电子事务（G2G），如政府部门上下级之间的电子文件传递等。

### 6．线上线下相结合的电子商务（Online-to-Offline，O2O）

线上线下相结合的电子商务是指将线下的商务机会与互联网结合，让互联网成为线下交易的前台。O2O 的概念非常广泛，只要产业链既涉及线上、又涉及线下，就可通称为 O2O。该模式的关键是在网上寻找消费者，然后将他们带到线下实体店中，或者反过来，线下寻找消费者，使其在线上成为会员并且随时可以通过互联网进行交易，而不需要再回到线下实体店。

---

📖 同步案例 1-1

### 京东 B2B、B2C 定制化营销

2022 年 11 月 15 日新华财经消息，11 月 11 日 24 点，京东健康"双十一"活动正式收官。数据显示，截止到 2022 年 11 月 11 日 23 点 59 分，京东健康药京采成交额同比增长86%，其自营店铺 11 月 11 日当天成交额环比增长 230%；整个"双十一"期间，药京采助力超 6 万家中小药店实现采购成本平均降低 40%的成绩。

据了解，有超 400 家国内外药企参加了此次京东健康"双十一"活动，参与企业数量创历史新高。其中，北陆药业、以岭药业、万邦医药成为成交额 TOP3 的药企品牌；感冒用药、补气益血类、心脑血管用药成为药京采自营药品中采购成交额排名前三的品类，东阿阿胶、舒筋健腰丸、阿司匹林肠溶片在 11 月 11 日当天成为黄金单品 TOP3。

与此同时，在"双十一"期间，京东健康药京采持续发挥自身全渠道数智化医药供应链优势，先后与北京北陆药业、上海雷允上药业、复星健康、万邦营销、阿斯利康等多家医药健康企业开启合作，在助力合作伙伴打开全新增长周期的基础上，切实提升医药流通

效率和医疗服务能力，同时也与合作伙伴共同为广大用户提供更优质、更专业的医药健康服务。

作为京东健康助力实体经济、服务企业客户的重要载体，京东健康药京采在"双十一"期间着力提升基层医药流通效率，共服务全国超 2.5 万家基层医疗机构；同时与京东科技合作的企业金采交易规模突破 4.5 亿元，进一步助力广大中小药店降本增效。

接下来，京东健康药京采也将持续增强对 B2B、B2C 等定制化供应链服务的解决方案能力，通过提升一体化运营能力和精益化管理水平为合作伙伴数字化转型带来更强劲助力。

**思考：**

1. 怎样理解京东的 B2B、B2C 定制化营销？
2. 除了药京采，你还知道哪些京东的 B2B 业务？

## 🟤 1.2.2 按照地域范围划分

按交易的地域范围划分，电子商务可分以下 3 种类型。

### 1．本地电子商务

本地电子商务是指利用本城市或本地区内的信息网络实现的电子商务活动，其交易的地域范围较小，是开展国内电子商务和国际电子商务的基础。

### 2．国内电子商务

国内电子商务是指在本国范围内进行的网上电子商务活动，其交易的地域范围较大，对软、硬件和技术要求较高，要求在全国范围内实现商业电子化、自动化，以及金融电子化，交易各方应具备一定的电子商务知识、技术和经济能力，并具备一定的管理能力。

### 3．国际电子商务

国际电子商务也称跨境电子商务，是指在全世界范围内进行的网上电子商务活动，涉及有关交易各方的相关系统，如买方国家进出口公司系统、海关通信系统、银行金融系统、税务系统、运输系统及保险系统等。全球电子商务业务内容繁杂，数据来往频繁，要求电子商务系统严格、准确、安全、可靠，并要求要有全球统一的电子商务规则、标准和商务协议。

## 🟤 1.2.3 按照应用网络类型划分

按照应用网络类型划分，电子商务可以分为以下 3 种类型。

### 1．电子数据交换

电子数据交换（Electronic Data Interchange，EDI）是指按照商定的协议，将商业文件标准化和格式化，并通过网络在贸易伙伴的计算机网络系统之间进行数据交换和自动处理。EDI 主要应用于企业与企业、企业与批发商、批发商与零售商、企业与政府之间的单证等商业文件传递业务。相对于传统的订货和付款方式，EDI 不但大大节省了时间和费用，而且较好地解决了安全保障问题。这是因为其使用者均有较可靠的信用保证，并且 EDI 有严格的登记手续和准入制度，加之多级权限的安全防范措施，从而实现了包括付款在内的全部交易工作的计算机化。

### 2．互联网商务

互联网商务是现代国际商业的主要形式，它以计算机、通信、多媒体、数据库技术为基础，通过互联网实现营销、购物服务。它突破了传统商业生产、批发、零售以及进、销、存、调的流转程序与营销模式，真正实现了低投入、低成本、零库存、高效率，避免了商品的无效搬运，从而实现了社会资源的高效运转和最大节余。消费者可以不受时间、空间、厂商的限制，广泛浏览、充分比较，以较低的价格购买较为满意的商品或服务。

### 3．移动商务

移动商务是一种通过移动通信网络进行数据传输，并且利用移动信息终端参与各种商业经营活动的新型电子商务模式，它是新技术条件与新市场环境下的电子商务形态。移动商务是在移动通信网络和互联网技术的基础上发展起来的，移动终端既是一个移动的通信工具，又是一个移动的 POS 机与一个移动的 ATM。与其他电子商务相比，移动商务用户可以在任何时间、任何地点开展电子商务，如交易、订票、支付、购物和娱乐等，因此移动商务是目前主流的电子商务类型。

## 1.2.4　按照商业运作方式划分

按照商业运作方式划分，电子商务可以分为完全电子商务和非完全电子商务。

### 1．完全电子商务

完全电子商务也称直接电子商务，是指在交易过程中的信息流、资金流、商流、物流都能够在网上完成，即商品或服务的整个交易过程都可以在网络上实现。这一模式适用于那些能在计算机网络上直接传输的无形商品或服务的交易，如计算机软件、数字音乐、电子刊物等。

### 2．非完全电子商务

非完全电子商务也称间接电子商务，是指一些无法完全依靠电子方式完成整个交易过程的有形商品或服务的交易活动，其用户还需要依赖一些传统渠道（如物流配送系统等）才能完成交易。我国大部分开展电子商务的企业所采用的解决方案大都属于非完全电子商务。

## 1.3　电子商务的系统与基本架构

电子商务的系统是保证以电子商务为基础的网上交易实现的体系，了解其构成要素、影响要素及运作逻辑，初学者能更清晰地理解电子商务的系统与基本架构。

## 1.3.1　电子商务系统构成

电子商务系统的构成要素包括电子商务网络系统、参与交易的主体（需求方、供应方）、认证机构、网上银行、物流中心和电子商务服务商。上述 6 个方面构成了电子虚拟市场交易系统的基础，它们是有机结合在一起的，缺少任何一个部分都可能影响网上交易的顺利进行。电子商务系统构成如图 1-1 所示。

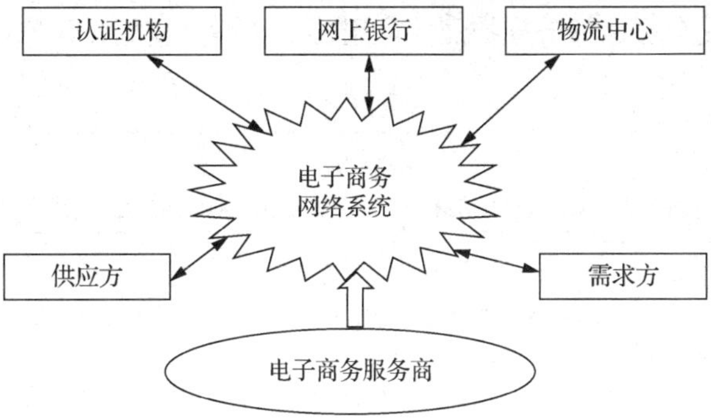


图 1-1 电子商务系统构成

**1. 电子商务网络系统**

电子商务网络系统包括互联网、企业内部网和企业外部网。互联网是电子商务的基础，其主要作用是提供开放的、安全的和可控制的信息交换平台，它是电子商务系统的核心；企业内部网是企业内部开展商务活动的主要路径；企业外部网则是企业与自身之外的其他组织之间开展商务活动的纽带。

**2. 参与交易的主体（需求方、供应方）**

电子商务活动中，参与交易的主体统称为电子商务用户，即需求方和供应方。其中，个人用户使用智能手机、计算机等终端接入互联网，参与交易活动；企业用户则通过企业内部网、企业外部网和企业信息管理系统，在对市场、供应、销售、储存及各种资源进行科学管与调配的基础上，开展交易活动。

**3. 认证机构**

认证机构也称“电子商务证书授权机构”或“电子商务证书授权中心”。在电子商务活动中，认证机构是承担安全电子交易认证服务、签发和管理数字证书、确认用户身份等工作的具有权威性和公正性的第三方服务机构。

**4. 网上银行**

网上银行可以在互联网上开展传统的银行业务，并为用户提供 24 小时实时服务。借助网上银行，用户可以随时进行在线支付、在线转账等。

**5. 物流中心**

物流中心泛指在电子商务活动中接受商家的送货委托，提供物流服务，跟踪商品物流进度，最终将商品送到消费者手中的物流服务商。在电子商务活动中，缺乏完善的物流配送系统将阻碍网上交易的完成。

**6. 电子商务服务商**

电子商务服务商是指提供网络接入服务、信息服务及应用服务的信息技术厂商，如互联网服务提供商（Internet Service Provider，ISP）、互联网内容服务商（Internet Content Provider，ICP）、应用服务供应商（Application Service Provider，ASP）等。

## 1.3.2 电子商务的基本架构

电子商务涉及的领域较多，包括多种技术、组织和业务类型等，其基本架构是指实现电子商务从技术到一般服务所应具备的完整的运作框架与结构。这一架构从整体上可分为 4 个层次（网络层、信息发布层、服务支持层、应用层）和两大支柱（国家政策及法律规范、技术标准和网络协议），如图 1-2 所示。

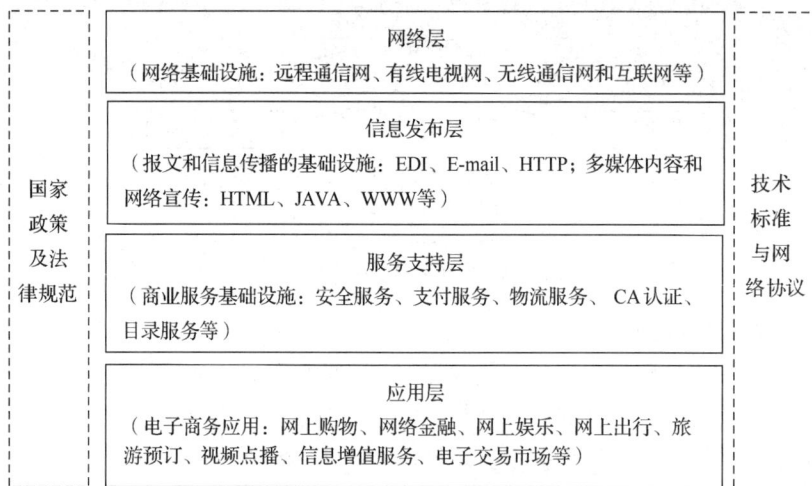

图 1-2　电子商务基本架构

## 1．网络层

网络层是指网络基础设施，是实现电子商务的最底层的基础设施。它是信息传输系统，是实现电子商务的基本保证。网络层包括远程通信网、有线电视网、无线通信网和互联网等。因为电子商务的主要业务是基于互联网的，所以互联网是网络基础设施中最重要的部分。

## 2．信息发布层

网络层决定了电子商务信息传输使用的线路，而信息发布层则决定和解决了如何在网络上传输信息和管理信息的问题。从技术角度来看，信息发布层主要包括应用开发技术、数据库技术和文件管理技术。应用开发技术包括后端开发和前端开发。后端开发需要考虑的是如何实现功能、数据的存取、平台的稳定性与性能等，可以用到的技术有 JSP、PHP 和 ASP 等；前端开发考虑的则是 Web 页面的结构、Web 的外观视觉表现及 Web 层面的交互实现等，涉及的技术包括 HTML、CSS 和 JavaScript 等。信息传送有格式化数据（EDI 等）和非格式化（FAX、E-mail、FPI 等）之分。

## 3．服务支持层

服务支持层用于为电子商务应用提供支持，包括安全服务、支付服务、物流服务、CA 认证、目录服务等。其中，CA 认证保证了电子商务交易的安全，因而是服务支持层的核心。它通过为参与交易者签发数字证书来确认电子商务活动中各方的身份，然后通过加密和解密的方法来实现安全的网上信息交换与交易。

## 4．应用层

应用层是指生产、流通和消费等领域的各种电子商务应用系统，主要包括网上购物、网络金融、网上娱乐、网上出行、旅游预订等个人用户的电子商务应用，以及在此基础上企业开展的企业办公、供应链管理、企业资源计划管理、客户关系管理、网络营销等活动。

## 5．国家政策及法律规范

国家政策及法律规范包括开展商务活动必须遵守相应的政策和有关的法律、法规。随着电子商务活动的快速发展，制定新的法律规范并形成一个成熟、统一的法律体系，已成为世界各国（地区）发展电子商务的必然趋势。

### 6. 技术标准与网络协议

技术标准是信息发布、传递的基础，是网络上信息一致性的保证。如果没有统一的技术标准，这就像不同的国家使用不同的电压传输电流，用不同的制式传输视频信号，会限制许多产品在世界范围内的使用。网络协议是计算机网络中为进行数据交换而建立的规则、标准或约定的集合。对处在计算机网络中两个不同节点的用户来说，要实现通信，就必须遵守通信双方预先约定的规程。这些预先约定的规程就是网络协议。

## 1.4 电子商务的发展

从世界范围看，真正意义上的电子商务研究与应用开始于 20 世纪 70 年代末期基于电子数据交换网络的电子商务活动，距今已有近 50 年的历史。20 世纪 90 年代，随着计算机网络的快速发展与普及，电子商务进入了基于互联网的发展阶段。进入 21 世纪，随着移动终端、智能技术的涌现，电子商务已经成为国家发展、社会活动及人们日常生活的重要组成部分。

## 1.4.1 电子商务发展阶段划分

按照支持技术与网络的不同，电子商务的发展可分为 3 个阶段：基于电子数据交换的电子商务阶段、基于互联网的电子商务阶段和基于新技术融合的移动电子商务阶段。

### 1. 基于电子数据交换的电子商务阶段

电子数据交换（EDI）产生于 20 世纪 70 年代的美国，随着世界经济的发展，逐渐在国际社会广泛应用开来。国际标准化组织（ISO）将 EDI 描述为："将商业或行政事务按照一个公认的标准，形成结构化的事务处理或信息数据格式，从计算机到计算机的数据传输方式。"简单讲，EDI 指的是将标准化的、协议规范化和格式规范化的经济信息通过电子数据网络，在贸易伙伴企业的计算机系统之间进行自动交换和处理的数据传输方式。因此基于 EDI 的电子商务也被人们形象地称为"无纸贸易"。EDI 条件下贸易单证的传递方式如图 1-3 所示。

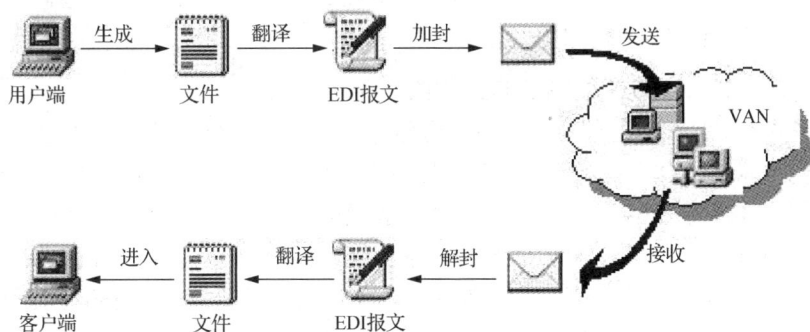

图 1-3 EDI 条件下贸易单证的传递方式

EDI 系统的三要素分别为数据标准、EDI 软件及硬件、通信网络。第一，数据标准。1987年，联合国欧洲经济委员会综合了经过 10 多年实践的美国 ANSI X.12 系列标准和欧洲流行的技术数据交换（Technical Data Interchange，TDI）标准，制定了用于行政、商业和运输的电子数据交换（Electronic Data Interchange for Administration Commerce and Transport,

EDIFACT）标准。第二，EDI 软件及硬件。EDI 软件包括格式转换软件、翻译软件和通信软件。EDI 硬件主要就是计算机、网线（或专线）。第三，通信网络。EDI 采用增值网络（Value Added Network，VAN）进行通信。

EDI 将电子交易活动从单纯的金融领域扩展到其他商务领域，如制造、零售等领域，同时它在股票交易、旅游预定等领域中也相继出现并得到广泛应用。基于 EDI 的电子商务通过减少纸张的消耗、减少许多重复劳动并增加自动化工作流程的模式，已经具备了互联网电子商务的主要特征。因此，基于电子数据交换的电子商务阶段可被视为电子商务的初级阶段。

### 2．基于互联网的电子商务阶段

20 世纪 90 年代，互联网在全球范围内迅速普及，这推动了互联网商务的发展。1995 年，互联网上的商业信息量首次超过科教业务信息量，互联网商务从此走上了规模化发展之路。截至 2024 年 1 月，全球互联网用户数量达到 53 亿人，互联网用户数占总人口数的比例达 66%；截至 2023 年 12 月，我国网民规模达 10.92 亿人，较 2022 年 12 月新增网民 2 480 万人，互联网普及率达 77.5%。这也促使大量企业开拓互联网业务，更多的商业应用开始融入互联网领域，电子商务开始成为互联网的热点应用并得到了广泛认可。

基于互联网的电子商务与基于 EDI 的电子商务相比，具有以下一些明显的优势。

（1）费用更低。业务活动中，基于互联网的电子商务耗费的资金更少，特别适合中小企业使用。

（2）覆盖面广。互联网几乎通达全球，用户通过电话线、光纤宽带等多种方式接入互联网后，便可以快捷地与贸易伙伴传递商业信息和文件。

（3）功能全面。基于互联网的电子商务可以全面支持不同类型的用户实现不同层次的商务目标，如发布电子商情、在线洽谈、建立网上商店、进行网上支付和提供网络服务等。

（4）使用灵活。基于互联网的电子商务不受特殊数据交换协议的限制，用户可以直接填写与现行的纸质单证格式一致的电子单证，该电子单证不需要再进行翻译，任何人都能看懂或直接使用。

基于互联网的电子商务弥补了基于 EDI 的电子商务的不足，也便于中小企业使用。在互联网的基础上建立的各类电子商务系统，既成本低廉，又使用方便。因此，基于互联网的电子商务才称得上是真正意义上的电子商务。

### 3．基于新技术融合的移动电子商务阶段

移动电子商务就是利用智能手机、平板电脑等手持无线终端进行的 B2B、B2C、C2C 或 O2O 的电子商务。它结合了互联网、移动通信技术、短距离通信技术及其他信息处理技术，使人们可以在任何时间、任何地点进行各种商易活动。

随着 5G、物联网、人工智能、大数据、区块链、虚拟现实等新一代信息技术的发展，越来越多的生活工作场景将从线下转移到线上，数字化服务发展和服务数字化进程也将加速。这些技术与移动电子商务交叉融合，极大地提升了移动电子商务应用的便利性、安全性和高效性。

5G 时代的移动电子商务应具备以下特点。

（1）5G 时代，所有的数据、计算、存储、应用和流转均源自云端，5G 的应用将使得云服务变得前所未有的重要，交易和拉新将不会出现成本门槛问题。因此，商业问题在很大程度上将转变成技术问题。

（2）5G 时代，将不会存在纯粹的电子商务平台，或者说，任何与云端有关系的平台都有电子商务的属性。在很大程度上，用户需要什么并非取决于用户的自我选择，用户进行自我选择的是算法，而不是商品或服务本身。

（3）5G 时代，虚拟现实技术、增强现实技术的成熟和应用，能够帮助商家对商品进行全方位的展示，可以让用户足不出户就能实现对商品的试用和试穿，从而最大限度地加深用户对商品信息的了解，使商家为用户提供更加优质的购物体验。

（4）在 5G 环境下，电子商务互动中所有的行为和身份的数据，通过 5G 建立起来的云端，以区块链建立起来的信任和可溯源机制，配合万物互联的基础建设，可以让违法犯罪行为无处遁形。

> 📖 **素养课堂 1-2**
>
> ### 数字中国的建设成就
>
> 　　2012 年至 2021 年，我国互联网普及率从 42.1%提升到 73%，所有地级市全面建成光网城市，乡村通宽带率达 100%；截至 2022 年 7 月底，我国 5G 移动电话用户达到 4.75 亿户，我国已建成全球规模最大的 5G 网络。得益于数字基础设施实现跨越发展，在城市社区，扫码点餐、刷脸支付给市民带来新体验，智慧停车、人脸识别进出小区、垃圾智能分类回收等极大地便利日常生活；在广袤乡村，借助电商直播，陕西柞水木耳、山西大同黄花等农产品走出大山。依托数字化技术，传统农业加速向智慧农业转变，更多乡亲挑上"金扁担"。从舌尖到指尖、从田间到车间、从衣食住行到娱乐消费，数字技术不断拓展着智慧便利生活的边界，展现出为经济赋能、为生活添彩的强大影响力、创造力。这 10 年间，借助数字技术，以线上化、远程化为代表的新型服务模式日益普遍，5G 远程医疗、5G+智慧旅游、远程课堂等项目应用相继落地，数字政府"掌上办""指尖办"已经成为各地政务服务标配。
>
> 　　随着数字中国建设的深入推进，数字技术得到广泛应用，人民群众必能在信息化发展中有更多获得感、幸福感、安全感。

## ✳ 1.4.2　我国电子商务的发展现状

　　2024 年 1 月，商务部网站消息，我国全年网上零售额 15.42 万亿元，增长 11%，我国连续 11 年成为全球第一大网络零售市场。在线旅游、在线文娱和在线餐饮销售额合计对网零增长贡献率 23.5%，拉动网零增长 2.6 个百分点；商务部重点监测平台交易额增幅达到 30%；国家电子商务示范基地作用更加突显，整合培育形成 30 余个数字化产业带，助力行业企业降本增效；"数商兴农"成效显著，全年农村和农产品网络零售额分别达 2.49 万亿元和 0.59 万亿元，增速均快于网零总体。

　　此外，"丝路电商"伙伴国增加到 30 个；上海"丝路电商"合作先行区 34 项任务已经启动，电子商务制度型开放新高地建设初见成效；与东盟共同发布加强电商合作倡议，为全球数字治理贡献中国智慧；举办国家级全球数字贸易博览会，打造贸易强国建设新平台；上海、广西、陕西、海南等举办东盟好物网购节、中亚主题日，开展使节直播，线上线下国际电商合作进一步深化；国内主要电商平台进口商品销售额达 2 903.4 亿元，消费选择更加丰富多元。

　　中国电子商务在网络零售市场、网购人数、数字化快递业务以及移动支付规模方面稳居世界第一，成为畅通国内国际双循环的重要力量。电子商务作为数字经济的典型代表，既是数字技术和实体经济深度融合的具体产物，也是持续催生新产业、新业态、新模式的有效载体，更是稳增长、带就业、保民生、促消费的重要力量。

与此同时，经过多年的发展，我国电商规模有了巨大的变化，市场触角遍布城乡，并走向海外，在交易模式、技术手段等方面也不断创新迭代。如今，经历了高速发展期的电商行业正在全面走向成熟。

微课堂

我国电子商务发展情况

总体来看，我国电子商务发展呈现出以下特点。

### 1．电子商务行业高速发展

我国电子商务在网络零售市场、网购人数、数字化快递业务以及移动支付规模方面稳居世界第一。2021 年以来，尽管面临诸多超预期因素影响，我国电子商务仍展现出极强韧性。

2022 年 3 月，阿里巴巴集团宣布，该集团旗下淘宝网、天猫等电商平台面向中国消费者的业务实现年度活跃消费者超过 10 亿。京东集团则在财报中披露，2021 年活跃购买用户数达到 5.7 亿。这两家电商巨头的发展历程也是中国电商行业发展的缩影。近年来，伴随着活跃消费者数量的增长，阿里巴巴集团和京东集团的交易规模也不断扩大，阿里巴巴集团和京东集团也跻身全球零售商业公司前列。

阿里巴巴集团财报数据显示，2022 财年阿里巴巴体系的全年交易额为 83 170 亿元，这几乎与欧洲一个中等发达国家的 GDP 相当。纵向来看，和 2012 年 6 634 亿元的全年交易额相比，阿里巴巴集团的全年交易额在过去 10 年增长了 11.5 倍。过去 10 年，京东集团也在高速发展。2021 年，京东集团的全年交易额高达 3.29 万亿元，较 10 年前增长超过 53 倍。

作为国内最早成立的一批电商企业，阿里巴巴集团和京东集团从弱小走向强大，更进一步成为中国电商市场中的佼佼者，并走出国门、走向世界。2014 年，阿里巴巴集团和京东集团先后在美国上市。同时，这两家企业也先后开启了国际电商业务，天猫国际和京东全球购先后上线，开展跨境电商业务。此后，阿里巴巴集团还开通了国际站和速卖通，把大量的中国商品通过 B 端和 C 端出口到国外。

### 2．电子商务行业新势力崛起

除了阿里巴巴集团和京东集团外，过去 10 年，电商行业的新势力也不断崛起。唯品会、拼多多和抖音就是其中的典型代表。

成立于 2008 年的唯品会专注于线上特卖领域，并于 2012 年在美国上市。过去 10 年，唯品会把线上特卖做成了大生意。2021 年，唯品会全年净营收达 1 171 亿元，交易额则高达 1 915 亿元。而成立于 2016 年的拼多多则专注于下沉市场，并快速崛起。到 2021 年，拼多多的年活跃用户数将近 9 亿，交易额将近千亿元，它也成为电商行业的一支重要力量。

短视频、流媒体直播逐步成为常态化的电商营销渠道。2022 年 9 月 23 日，抖音电商发布的《2022 丰收节抖音电商助力乡村发展报告》显示，过去一年共有 28.3 亿单农特产品通过抖音电商出村进城、卖向大江南北。该平台三农电商达人数量同比增长 252%，农货商家数量同比增长 152%，该平台也成为连接品质农特产品和全国消费者的重要纽带。抖音电商相关负责人表示，平台将持续专注于农产品产销对接，让优质农产品受到消费者和市场认可，让农产品区域公用品牌借力兴趣电商不断发展，进而助力乡村发展。

此外，近年来，微信小程序、东方甄选等平台也利用各自的优势推动电商业务发展，成为我国电商生态中不可或缺的新生力量，并进一步促进了电商的创新和迭代。

2020 年以来，电商行业的发展速度有所下降，电商行业也面临着多重挑战，呈现增长乏力的状态。但总体来看，这对于经历了高速发展的电商行业来说，不失为一个盘整反思的机会，将有助于其进一步走向成熟。

### 3．电子商务技术全面升级

强劲的市场需求推动我国电子商务高速发展，在这个过程中，包括供应链和零售端等各个环节的商业基础设施建设能力都大大提升，在技术层面实现了全面升级。目前，数字化、智能化已经成为行业发展的基石。

智能手机的兴起和普及让消费者随时随地下单购买成为可能，电商企业敏锐地捕捉到了新的趋势，全力布局以推进电商业务从 PC 端转向手机端。从 2012 年到 2013 年，无线时代的开启为电商带来了之后持续多年的高速发展。尤其是在广大的农村市场，智能手机让消费者可以便捷地购买到全国乃至全球的丰富商品，也为电商开启了新的流量蓝海。近年来，阿里巴巴集团和京东集团的新客流量大多数来自下沉市场，拼多多更是主要依靠农村市场脱颖而出。

物流是电商发展的基础，在电商企业的大力投入和国家政策的支持下，和 10 年前相比，我国的物流设施有了根本性的变化，高效的智能化物流支撑起电商的高速发展。例如，截至 2022 年 6 月底，京东集团在全国已经布局了 43 座"亚洲一号"大型智能物流园区以及以 1 400 个仓库为核心的仓储配送体系，这让约 90% 的京东自营线上订单实现当日达和次日达，也使全国 93% 的区县、84% 的乡镇实现当日达和次日达。

我国的电子商务已经在全球范围内实现了网上零售额、网上购物人数和移动搜索规模的增长，并为实现国内和国际双循环的畅通提供了有力的支持。未来我国将更好地利用平台公司的资源整合与配置，引导市场主体增加新技术研发投资，逐步实现发展模式由资本和需求拉动向技术和业态创新驱动转变，提高全要素生产率，塑造商务领域数字化发展的新优势。

---

📄 **同步案例 1-2**

#### "电商助农"走进浙江淳安石林镇

中新网浙江新闻 2022 年 8 月 22 日消息，杭州师范大学阿里巴巴商学院大二学生主播吸引了近万名观众进入直播间，成交量也在不断攀升。一旁观摩直播的当地居民老顾赞不绝口："这些同学用电商直播帮我们带货，不用出家门就能实现'丰收+生产+销售'。"

早在 5 月，学校"山海协作乡村振兴"团队就已经组建，成员们通过网络与种植户、村干部等详细访谈，了解当地主要农副产品和生产作物等特产。大家群策群力，把专业优势和当地资源相结合，策划开展农特产品电商直播、制作短视频宣传当地景点和民宿、打造乡村爆款在线活动等，探索利用数字化手段助推乡村振兴共富。在深入调研的基础上，团队成员向村民宣传普及电子商务模式如何帮助售卖农特产品，帮助村民策划乡村活动、撰写直播脚本、摄像直播，并负责后期的视频制作。

实践中，成员梳理了当地 22 款农特产品并上架至电商直播平台，编写完成近万字的直播执行脚本，建成了设备齐全的直播间，拍摄了当地各类素材并制作了数个宣传视频。团队成员还给当地农民演示直播带货，讲解电商平台，得到了村民的肯定。

国家高度重视农村电商行业的发展，农村电商助力乡村振兴势在必行。接下来，团队成员还将总结这次实践经验，整理一份电商直播操作流程、通用脚本模板，编写一本农民看得懂的电商直播教材，为乡村打造电商讲师培训团队，真正助力乡村振兴产生内生动力。

思考：
1. 想一想我国发展农村电商的意义有哪些？
2. 结合实际，谈谈自己能够为所在省份乡村振兴做出哪些贡献？

## ❋ 1.4.3　我国电子商务的发展趋势

我国电子商务发展正在进入密集创新和快速扩张的新阶段，日益成为拉动我国消费需求、促进传统产业升级、发展现代服务业的重要引擎。到目前为止，我国电子商务已经初步形成了功能完善的业态体系。未来一段时间，我国电子商务的发展趋势主要体现在以下 5 个方面。

### 1．纵深化发展

电子商务的基础设施将日益完善，支撑环境逐步趋向规范，企业发展电子商务的深度进一步加强，个人参与电子商务的深度也将得到拓展。随着电信网、广播电视网、互联网三网高层应用的融合加深，高速宽带互联网在提供包括语音、数据、图像等综合多媒体的通信业务中扮演越来越重要的角色，制约中国电子商务发展的网络瓶颈有望得到彻底解决，我国电子商务的发展将具备更加良好、完善的网络平台和支撑环境。

### 2．个性化发展

互联网的发展和普及本身就是对传统秩序型经济社会组织中个人的一种解放，使个性的张扬和创造力的发挥有了一个更加有利的平台，也使消费者主权的实现有了更有效的技术基础。在这方面，对个性化定制信息需求和个性化商品需求的满足将成为发展方向，消费者的个人偏好会积极影响商品的设计和制造过程。对所有面向个人消费者的电子商务来说，提供多样化、比传统商务更具个性化的服务，将成为决定其今后发展的关键因素。

### 3．区域化发展

立足我国国情，采取有重点的区域化战略是有效扩大电子商务经营规模和效益的必由之路。我国人口众多、幅员辽阔，社会群体在收入、消费观念、文化水平等方面有着较大差异。我国尽管已经是世界第二大经济体，但总体上仍然是一个发展中国家，地区经济发展的不平衡所反映出来的经济发展的阶段性、收入结构的层次十分明显。可以预见，在未来相当长的时间内，网民仍将集中于一、二、三线城市。B2B 模式的区域性特征非常明显，以这种特征为主的电子商务企业在进行资源规划、配送体系建设、市场推广时，都必须充分考虑这一现实，采取有重点的区域化战略，才能最有效地扩大电子商务的经营规模和效益。

### 4．国际化发展

中国电子商务企业将随着国际电子商务环境的规范和完善逐步走向世界，由此同发达国家企业真正同场竞技。一批电商头部企业纷纷在境外上市，这进一步加快了我国电子商务国际化的进程。庞大的资金、丰富的信息资源、多样化的渠道全面显示了我国电商企业的技术创新能力、资源整合能力和市场开拓能力。同时，电子商务的快速发展也给我国中小企业开拓国际市场提供了一个千载难逢的有利时机。2018 年实施的《中华人民共和国中小企业促进法》为我国中小型电子商务企业实现国际化发展起到了保驾护航作用，特别是对跨境电子商务模式的简化大大促进了我国中小型电子商务企业国际化发展的进程。

### 5．融合化发展

电子商务的融合化发展包含两个方面。一是电子商务网站之间的融合，包括同类网站之间的合并、同类网站之间的互补性兼并、战略联盟等。出于竞争的考虑，各方在发挥模式优势的情况下，最终比拼的是上游资源整合能力、下游消费者服务能力。二是电子商务与实体经济的融合。从传统企业触网转型到电商品牌线下布局，电商与实体经济从之前的独立碰撞走向融合共生，这标志着融合化发展是大势所趋，并将为电商品牌和实体企业提供更多的可能性。无论是以阿里巴巴为代表的基于数字经济体的打造，还是以拼多多为代表的基于农业的深度赋能，我们都可以看到，传统意义上的电商平台开始更多地避虚就实，并开始更多地寻找与实体经济结合的方式和方法。

## 1.5 电子商务的影响

作为一种先进的商业模式，电子商务的应用已经渗透到社会经济的多个领域，在推动社会经济快速发展的同时，也在人们的日常生活中扮演着越来越重要的角色。

### 1.5.1 电子商务对社会经济的影响

电子商务已经成为我国社会经济中相当重要的组成部分，也愈发成为我国转变经济发展方式、优化产业结构的重要推动力。同时，电子商务在引领数字经济发展、促进政府行为转变等方面也有着巨大的推动作用。

**1. 电子商务推动了经济发展方式转变**

首先，电子商务将传统商务流程电子化、数字化，以电子流代替实物流，减少了大量人力、物力，降低了成本，突破了时间、空间限制，使得交易活动可以在任何时间、任何地点进行，从而大大提高了交易活动的效率。其次，电子商务重新定义了传统流通模式，减少了中间环节，使得生产者和消费者可以直接交易，从而在一定程度上改变了整个社会经济的运行方式。最后，电子商务还提供了丰富的信息资源，为多种社会经济要素的重新组合提供了更多的可能性。

**2. 电子商务促进了产业结构优化**

电子商务的发展对产业结构的优化具有重要影响，其中对第三产业的意义尤为明显。一方面，电子商务的发展是建立在信息产业基础之上的，电子商务的发展必然对信息产业的发展产生巨大的推动力，促使以服务为主的新行业，如网络交易中心、电子商场、电子商务咨询公司、信息服务公司等产生和发展。另一方面，电子商务的发展促进了传统产业的信息化改造，尤其是促进了传统产业与电子商务产业的融合。另外，电子商务的出现使得第三产业内部结构不断得到更新和调整，对第三产业的发展及结构的调整都产生了深远的影响；与此同时，也使得第三产业在国民经济中的规模不断扩大、比重不断提高。

**3. 电子商务引领了数字经济发展**

世界经济正向数字化转型，大力发展数字经济成为全球共识。作为数字经济最活跃、最集中的表现形式之一，电子商务正全面引领我国数字经济发展。我国实物商品网上零售额对社会消费品零售总额增长的贡献率不断上升，跨境电子商务出口也日益成为中国商品开辟海外市场的新通道。同时，大数据、云计算、人工智能、虚拟现实等数字技术为电子商务创造了丰富的应用场景，不断催生新的营销模式和商业生态。

### 4．电子商务促进了政府行为转变

政府承担着大量的社会、经济、文化的管理和服务的职能，其作为宏观经济的调控者与管理者，在调节市场经济运行、防止市场失灵方面起着很大的作用。电子商务的发展促进了政府行为转变，电子化政府成为一种重要的社会角色。各级政府可以在网上与民众进行信息交流，及时回应社会关切。同时，实现政府信息化，有利于提高政府工作的透明度，从而提高政府办事效率，节约行政成本。

---

📖 **素养课堂 1-3**

#### 电子商务如何高质量服务乡村振兴

乡村振兴作为一项国家战略，是指乡村的全面振兴发展，包括产业、人才、文化、生态、组织的全面振兴。商务部、中央网信办和发展改革委研究编制与印发的《"十四五"电子商务发展规划》中提到了服务乡村振兴，带动下沉市场提质扩容的主要任务。

电子商务高质量服务乡村振兴体现在以下几个方面：培育农业农村产业新业态；推动电子商务与休闲农业、乡村旅游深度融合，深入发掘农业农村的生态涵养、休闲观光、文化体验、健康养老等多种功能和多重价值，发展乡村共享经济等新业态；推动农村电商与数字乡村衔接；发展订单农业，赋能赋智产业升级；支持利用电子商务大数据推动农业供给侧结构性改革，加快物联网、人工智能在农业生产经营管理中的运用；培育县域电子商务服务；大力发展县域电商服务业，引导电子商务服务企业建立县域服务机构，辐射带动乡村电子商务产业发展。

---

## ❋ 1.5.2　电子商务对企业的影响

电子商务的出现不仅给社会经济带来了巨大的发展机会，而且对企业现代化进程起到巨大的推动作用。

### 1．电子商务对企业物料采购的影响

电子商务对企业采购活动的影响主要表现在两个方面：一是企业借助电子商务模式能通过互联网快捷地在众多供应商中找到合适的合作伙伴，及时了解供应商的产品信息，如价格、交货期、库存等，从而获得较低的价格，同时通过企业内部网络及时了解本企业的库存的动态信息后进行适时采购；二是企业通过电子商务可以加强与主要供应商之间的协作关系，并形成一体化的信息传递和信息处理体系，从而降低采购费用，这样采购人员也可以把更多的精力和时间集中在价格谈判和改善与供应商的关系上。

### 2．电子商务对企业生产加工的影响

电子商务对企业的生产运作方式、生产周期、库存等都会带来巨大的影响，具体而言，主要体现在以下 3 个方面：第一，网络将企业和消费者联系在一起，使消费需求信息可以迅速传达给企业，企业据此组织生产，从而实现由大批量、规格化的典型工业化生产方式向消费者需求拉动型生产方式的转变；第二，电子商务缩短了企业生产与研发周期；第三，电子商务减少了企业库存，提高了企业的库存管理水平。

### 3．电子商务对企业产品销售的影响

电子商务对企业销售活动的影响主要体现在以下 5 个方面：第一，电子商务降低了企业的交易成本；第二，电子商务使企业销售突破了时间与空间的限制；第三，电子商务降低了企业

对实物基础设施,如仓库、店铺、办公楼、展厅等的依赖;第四,企业通过电子商务能全方位展示商品,促使消费者理性购买;第五,电子商务使企业能够利用网络平台进行全球营销。

### 4. 电子商务对企业客户服务的影响

电子商务对企业客户服务的影响主要体现在以下 3 个方面:第一,电子商务活动把企业与客户连接在一起,并形成一种互动关系,可以进一步提升客户服务质量;第二,电子商务可以使企业通过客户关系管理准确把握客户需求,使商品或服务具有很强的针对性和时效性;第三,电子商务通过互联网和大数据让企业可以全方位地分析客户,理顺企业资源与客户需求之间的关系,从而提升客户的忠诚度。

## ✱ 1.5.3 电子商务对消费者的影响

从平台购物到朋友圈购物,再到直播购物,网购渠道愈来愈多,电子商务已经成了人们日常生活的重要组成部分。与传统商务相比,电子商务给广大消费者的生活会带来了以下几个方面的影响。

### 1. 改变消费者的信息获取方式

在电子商务模式下,人们除了从电视、广播、报纸和杂志等传统媒体中获取信息以外,还可以从网络媒体中获取所需信息,正所谓"轻轻一点鼠标,世界尽在眼中"。网络传递信息不但更快、更直观、更有效,而且有着双向性的特点,不受时间、空间限制。这大大提高了信息获取效率,降低了信息获取成本。

### 2. 改变消费者的购物方式

电子商务网站的出现让网购成为人们日常生活中的一部分。消费者只要打开手机、平板电脑或计算机,就能方便地进入网上商店,查看成千上万种不同的商品,并进行规格、性能和价格等方面的对比。随着多媒体技术的应用,消费者还可以通过 VR 设备查看商品照片、视频。因此,电子商务在改变消费者购物方式的同时,也促进了人们消费观念的转变。

### 3. 拓展消费者的消费场景

网络与电子商务的发展促使消费者的消费场景有了较大的拓展。随着互联网的广泛应用,在线教育发展迅速,支持远程实时多点、双向交互式、实时传送声音、图像、电子课件和教师板书;在线办公方面,截至 2023 年 12 月,我国在线办公用户规模达 5.37 亿人,占网民整体规模的 49.2%;在线医疗方面,截至 2023 年 12 月,我国在线医疗用户规模达 4.14 亿人,占网民整体规模的 37.9%。电子商务的快速发展打破了服务消费供需双方在时空上的限制,拓展了服务消费场景,改善了服务消费体验。

### 4. 改变消费者的休闲方式

随着电子商务的普及,人们上网动机娱乐化、休闲化的现象明显,具体表现为:可以足不出户观看网络电视、抖音短视频、网络直播节目,可以在线欣赏喜欢的音乐家、歌唱家演奏和演唱的新旧曲目,可以在网络上玩种类繁多、令人爱不释手的游戏;可以高度关注新闻资讯,搜索新闻事件、热点话题、人物动态、产品资讯等,快速了解它们的最新进展;还可以通过网络社交平台找到志趣相投的朋友。此外,近几年,"云逛展""云演出""云旅游"成为线上文化休闲供给侧创新、满足用户多元化需求的发展新方向,这些展览、演出等不仅有图片、文字和视频介绍,还借助 VR 技术打造了"全景现场"。从听歌、看视频、网上聊天,到看直播、"云旅游"、弹幕互动,人们的线上文化休闲活动越来越丰富。

## 本章小结

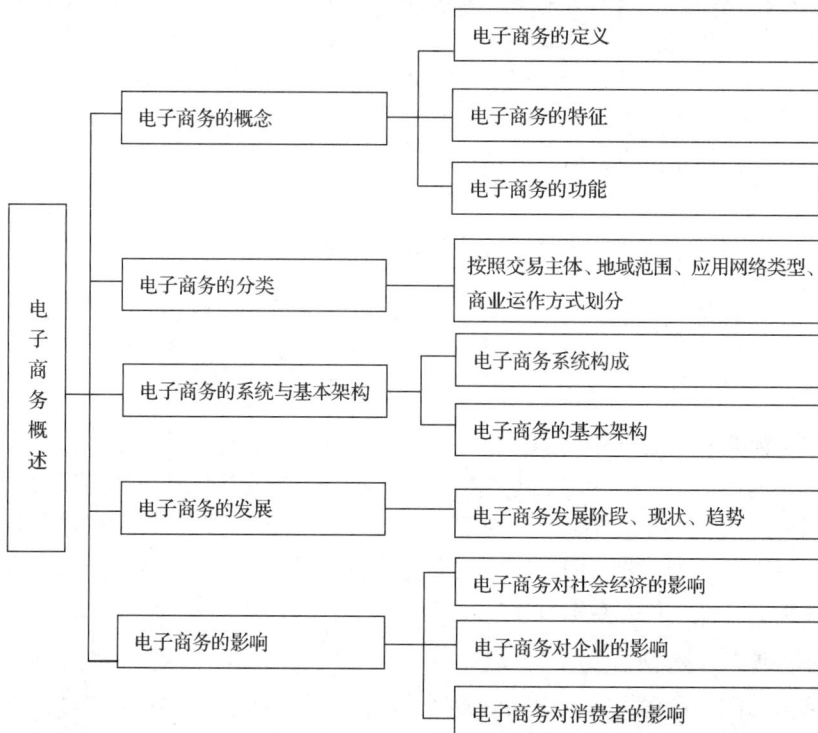

## 课后实训

《中国商报》2022年9月1日消息，8月27日上午，京东携手尚品宅配打造的首家双品牌门店——京东×尚品宅配新奥超集家居体验馆在北京新奥购物中心开业。该体验馆基于双方供应链的整合互补，以及线上线下场景的深度融合，为消费者提供从设计、定制、家电到售后全链路无缝衔接的一站式解决方案，这也是京东在新百货数字化全渠道领域的又一次突破。

作为聚焦年轻消费者的旗舰级城市家居购物店，这座面积近5 000平方米的体验馆以两大智慧家居样板间和九大生活方式空间为核心，构建出沉浸式的美好生活情景。在馆内的不同区域，消费者可随心体验由京东携手百余个知名家居品牌精选的超过2 000款优质商品。

**1. 实训要求**

对照我国电子商务的发展趋势来分析京东的上述举措。

**2. 实训步骤**

（1）在互联网上搜索"京东布局线下"的相关完整内容和新媒体平台对其进行的分析、评论。

（2）结合本章所学的相关内容，从理论上阐释京东之所以这样做的原因、目的及其具体的行动。

## 重要名词

电子商务　O2O　电子数据交换　电子化政府　电子商务服务商

## 课后练习

### 一、单项选择题

1. 电子商务的实质是企业经营管理各个环节的（　　）过程。

    A. 电子化　　　　　　B. 模块化　　　　　C. 商务化　　　　　D. 集成化

2. 已经存在多年，也是目前应用最广泛的一种类型的电子商务是（　　）。

    A. B2B　　　　　　　B. B2C　　　　　　 C. C2C　　　　　　D. O2O

3. 全世界范围内进行的网上电子交易活动是指（　　）。

    A. 本地电子商务　　　　　　　　　　B. 跨境电子商务

    C. 国内电子商务　　　　　　　　　　D. 完全电子商务

4. 电子商务中，（　　）保证了电子商务交易的安全，因而是服务支持层的核心。

    A. 电子商务法律　　　B. 电商平台　　　C. 平台商家　　　D. CA 认证

5. 生产、流通和消费等领域的各种电子商务应用系统被称作电子商务基本架构的（　　）。

    A. 立法层　　　　　　B. 应用层　　　　　C. 服务层　　　　　D. 核心层

6. （　　）专注于下沉市场，并快速崛起。

    A. 京东　　　　　　　B. 阿里巴巴　　　　C. 拼多多　　　　　D. 唯品会

### 二、多项选择题

1. 按照应用的网络类型划分，电子商务可以分为（　　）3 种类型。

    A. 电子数据交换　　　B. 互联网商务　　　C. 移动商务　　　D. 完全电子商务

2. 电子商务的基本架构包括（　　）几个层次。

    A. 网络层　　　　　　B. 信息发布层　　　C. 服务支持层　　　D. 应用层

3. 电子政务包括（　　）。

    A. G2B　　　　　　　B. G2C　　　　　　 C. G2G　　　　　　D. B2B

4. 电子商务系统的构成要素包括（　　）等。

    A. 电子商务网络系统　　　　　　　　B. 参与交易的主体

    C. 实物配送服务中心　　　　　　　　D. 认证机构

    E. 电子商务服务商

5. 完全电子商务是指在交易过程中的（　　）都能够在网上完成的商务活动。

    A. 信息流　　　　　　B. 资金流　　　　　C. 商流　　　　　　D. 物流

6. 基于互联网的电子商务与基于 EDI 的电子商务相比，具有（　　）的优势。

    A. 费用更低        B. 覆盖面广        C. 功能全面        D. 使用灵活

### 三、判断题

1. 广义的电子商务是指主要利用互联网从事的商务活动。（　　）

2. 信用卡号或银行账号都是电子账户的一种标志，其可信度需配以必要技术措施来保证。（　　）

3. C2B 模式很适合个人物品、收藏品、二手旧货等的交易。（　　）

4. 移动电子商务结合了互联网、移动通信技术、短距离通信技术及其他信息处理技术。（　　）

5. 传统意义上的电商平台开始寻找与实体经济结合的方式和方法。（　　）

6. 我国电子商务发展正在进入密集创新和快速扩张的新阶段。（　　）

### 四、简答题

1. 电子商务有哪些主要功能？

2. 为什么基于 EDI 的电子商务被称为"无纸贸易"？

3. 电子商务活动中，制定技术标准与网络协议的意义有哪些？

4. 5G 时代的移动电子商务具备哪些特点？

5. 电子商务经历了哪几个发展阶段？

6. 电子商务给社会经济带来了哪些影响？

### 五、技能训练题

1. 登录当当网、京东商城、天猫网浏览相关商品信息，结合自己的购物经历分析这些网站所属的电子商务类型，并说明这些网站的功能、结构、风格。

2. 结合在线学习经历分析腾讯会议、钉钉、QQ 群课堂等应用之间的异同，并说明在线教学的优缺点。

# 第 2 章

# 电子商务技术基础

🛒 **学习目标**

### 知识目标

掌握计算机网络、互联网的基本概念；理解互联网技术；了解电子商务系统的设计过程和新兴技术的应用与发展。

### 技能目标

能认识互联网技术对电子商务的支持作用；能描述电子商务行业新兴技术的应用。

### 素养目标

感知网络强国、数字中国建设的战略意义，增强防范化解网络安全风险意识，积极融入数字经济生活，推动形成良好网络生态。

导入视频

2022年9月2日，在中国电子商务大会上，商务部电子商务和信息化司副司长蔡裕东认为，在新技术、新成果和新产品的不断推动下，新型数字消费正迎来蓬勃发展的新时期。

他指出，目前电子商务仍然是数字经济中最具创新和活力的领域，商务部将加强战略性、前瞻性、系统性谋划，为新型数字消费营造更加良好的发展环境。

2022年1—7月，全国网络零售市场回暖，网络零售规模达到7.3万亿元，同比增长3.2%，实物商品线上零售额为6.3万亿元，同比增长5.7%，同期占社会消费品零售总额的25%。蔡裕东认为，网络零售对拉动消费和稳定经济的作用非常明显。

目前，新型数字消费已经渗透到人们衣、食、住、行、游、购、育、乐等日常生活的各个方面，对于培养新的消费习惯、挖掘新的消费潜能产生了重要而深远的影响。蔡裕东称，政府部门将加快培育新型的数字消费生态，支持数字经济创新发展。比如，深入开展国家电子商务示范基地、示范企业的创建工作，推动电商企业创新和发展壮大，扎实推进数商兴农、丝路电商等专项工作，连通城市与乡村、国内与国际，积极研究促进直播电商等新业态健康发展的新途径。

电子商务作为数字经济和实体经济深度融合的重要结晶，极大引发了生产模式、流动模式、消费模式的深刻变革，在推动高质量发展、创造高品质生活、推进中国式现代化方面发挥着重要作用。

# 2.1　计算机网络

计算机网络是计算机技术与通信技术紧密结合的产物，也是人类社会进入信息时代的典型标志。计算机网络出现的历史不长，但计算机网络技术的发展与应用的广泛程度却十分惊人。从某种意义上讲，计算机网络的发展与应用水平既反映了一个国家计算机科学和通信技术水平，也成为衡量其国力及现代化程度的重要指标之一。

## 2.1.1　计算机网络的定义

1946年，世界上第一台计算机问世，在没有计算机网络的环境下，计算机只能单机工作。因此，尽管两台计算机近在咫尺，却好像远在天涯，不能互联互通，有人形象地形容它们像两个"内向的孩子"。

### 1．计算机网络的由来

计算机网络也称计算机通信网。第二次世界大战之后，美国国防部高级研究计划局于1966年设计完成了一个分散的指挥系统，将其命名为ARPANET（阿帕网），并于1969年正式启用。ARPANET是最早的计算机网络之一，也是互联网的前身。

随着计算机元器件、硬件系统、软件系统等的发展，现代计算机网络已广泛用于互相传递信息，共享硬件、软件、数据信息等资源，日益深入社会各个领域，对社会进步产生深刻影响。

### 2．计算机网络的概念

计算机网络主要是由一些通用的、可编程的硬件互连而成的，而这些硬件并非专门用来实现某一特定目的（例如，传送数据或视频信号）。这些可编程的硬件能够用来传送多种不同类型的数据，并能支持广泛而日益增长的多种应用。那么，什么是计算机网络呢？

简单来讲，计算机网络就是利用通信设备和线路，将不同地理位置、功能独立的多个计算机系统连接起来，以功能完善的网络软件及协议（即网络通信协议、网络操作系统等）实现网络中的资源共享和信息传递的系统。

计算机的互连有利于实现计算机之间的通信，进而实现计算机系统之间的信息、软件和设备资源的共享及协同工作等功能。

## ❋ 2.1.2 计算机网络系统的组成

一个完整的计算机网络系统一般包括计算机网络硬件系统和计算机网络软件系统。

### 1．计算机网络硬件系统

计算机网络硬件系统主要由网络主体设备、网络连接设备组成。

（1）网络主体设备。网络主体设备主要包括服务器和工作站，其中，服务器是网络控制的核心，工作站是网络中各用户的工作场所。①服务器。服务器是为网络提供共享资源的基础设备服务器。常用的服务器包括专用文件服务器、打印服务器、专用数据库服务器、Web服务器、应用服务器。②工作站。工作站是网络用户入网操作的节点，它可以有自己的操作系统。用户既可以通过运行工作站上的网络软件共享网络上的公共资源，也可以不进入网络独立工作。

（2）网络连接设备。网络连接设备主要负责网络中各计算机的互连、数据信息的转发及数据格式的转换等，主要包括以下几部分。①网卡。计算机必须借助网卡才能联网。网卡通常被插入主机的主板扩展槽中，通过总线与计算机设备接口相连，同时又通过网卡接口与网络传输媒介相连。②中继器。中继器用于连接拓扑结构相同的两个局域网或延伸一个局域网。这种设备较为简单，所起的作用只是放大和再生信号。中继器能把有效的连接距离扩大一倍。③交换机。交换机是一种用于电（光）信号转换的网络设备。它可以为接入交换机的任意两个网络节点提供独享的电信号通路。最常见的交换机是以太网交换机，其他的常见交换机还有电话语音交换机、光纤交换机等。④传输介质。计算机网络中常用的传输介质有双绞线、同轴电缆、光纤等。⑤网桥。网桥是连接两个相同类型局域网的连接设备。不同局域网之间的通信是通过网桥实现的，网桥可确保同一个局域网内部的通信不会被发送到外部，一个网段上的故障不会影响另一个网段，从而增强网络的可靠性。⑥路由器。路由器是一种连接多个网络或网段的网络设备。路由器比网桥具有更强的互联功能，是一种灵活的、智能化的设备，可连接不同类型、不同速度的子网，是网络中很重要的设备之一。⑦网关。网关用于连接不同类型的子网，组成异构的互联网，以实现不同类型网络设备之间的通信。网关是最复杂的网络连接设备之一。

### 2．计算机网络软件系统

计算机网络软件系统主要包含 4 个部分：网络操作系统、网络协议和通信软件、网络管理软件、网络应用软件。网络操作系统是计算机网络软件系统的心脏和灵魂，是向计算机提供服务的特殊操作系统；网络协议和通信软件是不同计算机进行沟通的桥梁；网络管理软件主要用于监视、控制网络的运行；网络应用软件主要用于为用户提供服务。

（1）网络操作系统。网络操作系统是具有网络功能的操作系统。它除了具有通用操作系统的功能，还具有对网络的支持功能，能管理整个网络的资源。网络操作系统主要分为两类：

端到端的对等式网络操作系统和客户机/服务器模式的网络操作系统。

（2）网络协议和通信软件。通过网络协议和通信软件，各方才可以实现网络通信。网络协议是网络通信的各方必须共同遵守的约定和规则。目前，互联网上十分重要的网络协议是传输控制协议/互联网协议（Transmission Control Protocol/Internet Protocol，TCP/IP）。TCP/IP是一组工业标准协议，具体包括100多个具有不同功能的协议，是互联网上的"交通规则"，其中最主要的是 TCP 和 IP。

（3）网络管理软件。网络管理软件是对网络资源进行监控管理、对网络进行维护的软件。

（4）网络应用软件。网络应用软件是为用户提供网络应用服务的软件，如浏览软件、传输软件、远程登录软件等。

## ❈ 2.1.3　计算机网络的类型

计算机网络可以有不同的分类方法，一般多以计算机网络分布区域的大小，将计算机网络分为局域网（Local Area Network，LAN）、城域网（Metropolitan Area Network，MAN）和广域网（Wide Area Network，WAN）。

### 1．局域网

局域网是一种在小区域内使用的，由多台计算机组成的网络，覆盖范围通常局限在10千米之内，属于一个单位或部门组建的小范围网。局域网具有传输速率高、差错率低、成本低廉、组网方便、使用灵活等优点。

### 2．城域网

城域网是介于局域网和广域网之间的一种区域性网络，其分布距离一般在几十千米以内，城域网的传输速率较广域网要高，能将城域内的企业、机关、学校和公共服务部门的局域网连接起来组成较局域网规模更大的网络，从而实现区域内的资源共享。

### 3．广域网

广域网又称远程网，通常是指城市与城市之间、国家与国家之间，甚至洲与洲之间的网络，其通信线路一般由通信部门提供。由于广域网的覆盖范围可以超过几千千米，其传输速率较局域网低，随着全球光纤组网的发展，广域网的传输速率也将大大提高。互联网是广域网的典型代表。

## 2.2　互联网技术

借助广域网，互联网技术使不同的设备相互连接，提高信息的传输速率，拓宽信息的获取渠道，促进各种不同软件应用的开发，进而改变人们的生产、生活和学习方式。互联网技术的普遍应用，是人类社会进入信息化时代的标志。

## ❈ 2.2.1　互联网的定义

简单理解，互联网就是连接网络的网络，也是目前世界上最大的计算机网络。那么，比较规范的互联网的概念是怎样的呢？

### 1．互联网的概念

互联网（Internet），又称国际网络，指的是网络与网络之间所串连成的庞大网络，这些网络以一组通用的协议相连，形成逻辑上单一、巨大的国际网络。

**2．互联网的应用服务**

互联网的应用服务主要包括以下4个方面。

（1）万维网服务。万维网（World Wide Web，WWW）服务是互联网最广泛的应用服务。万维网以其独特的“超文本链接”方式，将大量的文本、图片、视频、声音等多媒体信息有效地组织起来，使互联网用户可以轻松地在全世界的网站上“冲浪”，充分领略互联网的无穷魅力。对大多数非专业的互联网用户来说，万维网几乎成了互联网的代名词。

万维网的迅速发展在很大程度上是因为有了功能强大、图文并茂、使用方便的Web浏览器，借助Web浏览器，人们可以从事几乎所有的互联网活动。过去在互联网中占有一席之地的电子邮件、文件传输、远程登录，已逐渐融入万维网之中，并借助对Web浏览器进行的相应操作来实现。

（2）电子邮件服务。电子邮件是指以电子化的形式发送的“信件”，这些“信件”可以是文本，也可以是图片、视频和声音等多媒体信息。电子邮件具有方便、快捷、经济、安全的特点。正是由于电子邮件的这些特点，互联网上电子邮件的传输占了网络信息传输量的很大一部分，电子邮件成为现代人们首选的信息传输工具之一。

（3）文件传输服务。文件传输是指互联网上两台计算机之间进行的文件传递。文件是计算机中存储、处理和传输信息的主要形式，互联网上的文件传输服务使得远程计算机之间的文件传输变得轻而易举。借助文件传输服务，互联网用户可以从远程计算机上下载自己需要的各种文件，也可将自己计算机中的文件传给其他计算机。

（4）远程登录服务。远程登录就是互联网用户从本地计算机登录、连接远程计算机，使用远程计算机系统的资源及其提供的其他服务。要实现远程登录，互联网用户必须有在远程计算机上登录的权限，登录后本地计算机就成为远程计算机的一个终端，可以执行远程计算机中的程序或在远程计算机环境下编制程序，虽然两台计算机可能相距较远，但在互联网用户看来，这就像在操作自己的计算机，不会感到不方便。

除了上述互联网的四大应用服务，互联网还有一些其他应用服务，如电子公告牌、网络新闻组、网络IP电话、网络广播、网络游戏和电子商务等。

## 2.2.2 IP地址与域名系统

互联网技术中，IP地址和域名是两个重要且基础的概念。

**1．IP地址**

IP地址是IP协议提供的一种统一的地址格式，它为互联网上的每一个网络和每一台主机分配一个逻辑地址，以此来消除物理地址的差异。IP地址是TCP/IP网络上数量众多的计算机相互区分的唯一标志。

IP地址分为IPv4地址和IPv6地址两类。

（1）IPv4地址。IPv4地址的长度为32位，一般用点分十进制表示法：将32位二进制数分为4个字节，每个字节转换成一个十进制数字段，字段之间用“.”分隔，每个字段中的数字为0～255。例如，某门户网站邮件服务器的IP地址为“202.106.187.150”。

IPv4地址最大的问题在于网络地址资源不足，这严重制约了互联网的应用与发展。2019年11月26日，欧洲地区互联网注册网络协调中心（RIPE NCC）宣布，全球43亿个IPv4地址已全部分配完毕。

（2）IPv6 地址。IPv6 地址的长度为 128 位，可以保证在地球上每平方米分配 1 000 多个地址。目前 IPv6 地址的网络地址资源更充足，IPv6 地址已经是一项非常成熟的技术，其使用不但能解决网络地址资源不足的难题，而且能解决多种接入设备连入互联网的问题。中国互联网络信息中心（CNNIC）发布的第 53 次《中国互联网网络发展状况统计报告》数据显示，截至 2023 年 12 月，我国 IPv4 地址数量约为 39 219 万个，IPv6 地址数量约为 68 042 块/32，较 2022 年 12 月增长 1.0%。我国 IPv6 地址数量如表 2-1 所示。

表 2-1  我国 IPv6 地址数量

| | 2022 年 12 月 | 2023 年 12 月 |
| --- | --- | --- |
| IPv6/（块/32） | 67 369 | 68 042 |
| IPv6 活跃用户数/亿 | 7.28 | 7.62 |

### 2．域名

域名（Domain Name）又称网域，是由一串用点分隔的名字组成的互联网上某一台计算机或计算机组的名称，用于在数据传输时对计算机进行定位标识（有时也指地理位置）。用域名表示 IP 地址具有便于记忆、表现直观的优点。

域名采用分级结构，由用"."分割的多个字符串组成。高级域在右边，最右边为一级域名，也称顶级域名。顶级域名可以分为国际顶级域名和国家（或地区）顶级域名，国际顶级域名以 com、net、org 等后缀结尾，由美国商业部授权的互联网名称与数字地址分配机构（ICANN）负责注册和管理；国家（或地区）顶级域名则是按照国家（或地区）代码来分配的后缀，如中国是 cn、美国是 us 等。常用的顶级域名如表 2-2 所示。

表 2-2  常用的顶级域名

| 国家（或地区）顶级域名 | 含义 | 国际（或地区）顶级域名 | 含义 |
| --- | --- | --- | --- |
| cn | 中国 | com | 商业组织 |
| us | 美国 | top | 顶级高端 |
| jp | 日本 | net | 网络提供商 |
| de | 德国 | org | 非营利组织 |
| uk | 英国 | gov | 政府部门 |
| fr | 法国 | edu | 教育机构 |
| eu | 欧盟 | biz | 商业领域 |

除了顶级域名，还有二级域名、子级域名。二级域名是一级域名的进一步划分，如 cn 下可分为 edu、com、gov 和 net 等；子级域名是二级域名的进一步划分，如搜狐网中 sohu 是 com.cn 的一个子级域名。

### 3．域名解析

域名解析也叫域名指向、服务器设置、域名配置或反向 IP 登记等。简单讲，就是将好记的域名解析成 IP 地址。域名解析工作服务由域名系统（Domain Name System，DNS）服务器完成，是把域名解析到一个 IP 地址，然后在此 IP 地址的主机上将一个子目录与域名绑定。

互联网上的设备都是通过 IP 地址来互相访问的，域名解析的实际作用是将网络上的域名解释为相应的设备对应的 IP 地址，从而达到让其他设备可以识别并且进行访问的目的。

根域名服务器主要用来管理互联网的主目录，最早是 IPv4 根域名服务器，全球只有 13 台（这 13 台 IPv4 根域名服务器的名称分别为"A"至"M"）。其中，1 个为主根域名服务器，在美国，由美国互联网机构 Network Solutions 运作，其余 12 个均为辅根域名服务器，其中 9 个在美国，2 个在欧洲（分别位于英国和瑞典），1 个在亚洲（位于日本）。

中国是互联网大国，网民人数居全球首位。2017 年 11 月 28 日，由下一代互联网接入系统国家工程研究中心牵头发起的"雪人计划"已在全球完成 25 台 IPv6 根域名服务器架设工作，中国部署了其中的 4 台，由 1 台主根域名服务器和 3 台辅根域名服务器组成，这打破了中国过去没有根域名服务器的困境，推动了全球互联网管理迈向多边共治。2019 年 12 月 6 日，工业和信息化部批复同意中国信息通信研究院设立根域名服务器及根域名服务器运行机构，同时要求其严格遵守相关法律法规、行政规章及行业管理规定，接受工业和信息化部的管理和监督检查。

> 📖 **素养课堂 2-1**
>
> ### 中国互联网行业蓬勃发展
>
> 2023 年 8 月，中国互联网络信息中心（CNNIC）发布第 52 次《中国互联网络发展状况统计报告》，报告中的数据生动表现出中国互联网行业蓬勃发展的景象。
>
> 一是数字基础设施建设进一步加快，资源应用不断丰富。
>
> 网络基础资源方面，截至 2023 年 6 月，我国域名总数为 3 024 万个；IPv6 地址数量为 68 055 块/32，IPv6 活跃用户数达 7.67 亿；我国移动电话基站总数达 1 129 万个，其中累计建成开通 5G 基站 293.7 万个；物联网发展方面，三家基础电信企业发展蜂窝物联网终端用户 21.23 亿户，较 2022 年 12 月净增 2.79 亿户。
>
> 二是工业互联网基础设施持续完善，"5G+工业互联网"快速发展。
>
> 数据显示，全国 5G 行业虚拟专网超过 1.6 万个。工业互联网标识解析体系覆盖 31 个省（区、市）。国家工业互联网大数据中心体系基本建成，工业互联网数据要素登记（确权）平台体系建设持续推进，"5G+工业互联网"融合发展已驶入快车道。
>
> 三是各类互联网应用持续发展，多类应用用户规模获得一定程度的增长。
>
> 即时通信、网络视频、短视频的用户规模仍稳居前三。截至 2023 年 6 月，即时通信、网络视频、短视频用户规模分别达 10.47 亿人、10.44 亿人和 10.26 亿人，用户使用率分别为 97.1%、96.8%和 95.2%。二是网约车、在线旅行预订、网络文学等用户规模实现较快增长。截至 2023 年 6 月，网约车、在线旅行预订、网络文学的用户规模较 2022 年 12 月分别增长 3 492 万人、3 091 万人、3 592 万人，增长率分别为 8.0%、7.3%和 7.3%，成为用户规模增长最快的三类应用。

## ❋ 2.2.3 互联网接入方式

常见的互联网接入方式主要有以下 4 种。

### 1. ADSL 宽带接入

ADSL（Asymmetric Digital Subscriber Line，非对称数字用户线）是指直接利用现有电话线路，通过 ADSL 调制解调器进行数字信息传输的接入方式。它采用频分复用技术把普通的电话线分成了电话、上行和下行 3 个相对独立的信道，从而避免相互之间的干扰。因为上行和下行带宽不对称，因此称之为非对称数字用户线。ADSL 的特点是速率稳定、带宽独享、语音数据不干扰，可以满足家庭、个人等用户的大多数网络应用需求，也可满足一些宽带业务如交互式网络电视、视频点播、远程教学和可视电话等的需求。

**2．线缆调制解调器接入**

线缆调制解调器（Cable Modem，CM）也叫电缆猫，是一种基于有线电视网络的接入方式，具有专线上网的连接特点，允许用户通过有线电视网络实现高速接入互联网。它适用于拥有有线电视网络的家庭、个人或中小团体，特点是速率较高，接入方便（通过有线电缆传输数据，不需要布线），可实现各类视频服务、高速下载等。它的缺点在于基于有线电视网络的架构属于网络资源分享型架构，当用户数量激增时，其速率就会下降且不稳定，扩展性也不够好。

**3．光纤宽带接入**

光纤宽带接入是指局端与用户之间完全以光纤作为传输媒体的接入方式。通过光纤宽带接入小区节点或楼道，再由网线连接到各个共享点上（一般不超过 100 米），可实现一定区域内的高速互连接入。该接入方式的特点是速率高、抗干扰能力强，适用于家庭、个人或各类企事业团体，可以实现各类高速率的互联网应用（视频服务、高速数据传输、远程交互等），该接入方式已经成为我国固定互联网宽带接入的主要方式。中国互联网络信息中心第 50 次《中国互联网络发展状况统计报告》显示，截至 2022 年 6 月，光纤宽带用户规模达 53 411 万户，占固定互联网宽带接入用户比例为 **94.9%**，如图 2-1 所示。

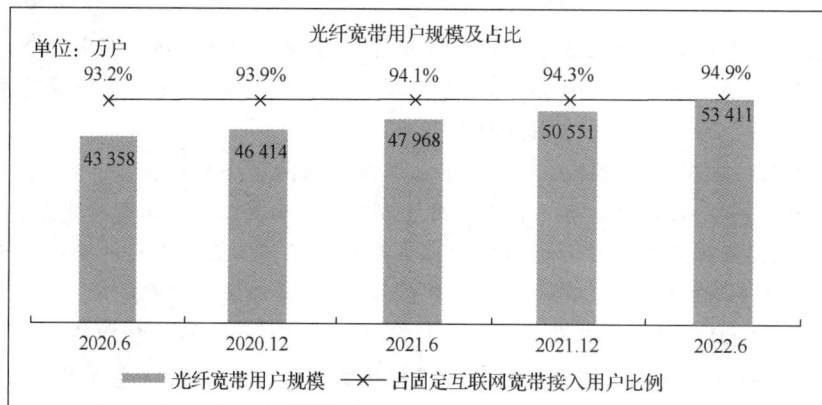

图 2-1　2020 年 6 月—2022 年 6 月我国光纤宽带用户规模及占比

**4．无线网络接入**

无线网络接入是指从交换节点到用户终端之间，部分或全部采用无线手段的接入方式。无线网络接入是一种有线接入的延伸技术，大大减少了线缆的使用，既有利于达到建设计算机网络系统的目的，又有利于自由安排和搬动设备。借助无线网络接入技术，人们接入互联网可以不受时空的限制。无线网络接入技术分为固定接入技术和移动接入技术两大类。固定接入技术主要有利用微波、卫星等传输方式将用户终端接入到业务节点，移动接入技术主要有全球移动通信网络（GMS）和 3G、4G、5G 移动通信技术等。

## 2.3　Web 开发技术

Web 是建立在互联网基础上的应用技术。它为浏览者在互联网上查找和浏览信息提供了图形化、易于访问的直观界面，其中的文档及超级链接将互联网上的信息节点组织成一个互为关联的网状结构。Web 开发技术是开发互联网应用的技术总称，一般包括客户端技术、服务器端技术和数据库技术。

## ✸ 2.3.1 客户端技术

客户端的主要任务是展现信息内容。常用的客户端技术主要包括超文本标记语言（Hypertext Markup Language，HTML）、脚本语言（JavaScript）、串联样式表（Cascading Style Sheets，CSS）。此外，还有可扩展标记语言（Extensible Markup Language，XML）、文档对象模型（Document Object Model，DOM）等。这些技术各有特点，分别适用于不同的领域。这里只介绍前 3 种客户端技术。

### 1. HTML

HTML 是构成 Web 页面的主要工具，是用来表示网上信息的符号标记语言，是标准通用置标语言（Standard Generalized Markup Language，SGML）的一个简化形式。HTML 文档的制作不是很复杂，但其功能强大，支持不同数据格式的文件嵌入，这也是万维网盛行的原因之一。HTML 具备简易性、可扩展性、平台无关性和通用性等特点。

HTML5 是 HTML 的最新版本，是互联网的下一代标准。这一版本的出现，将 Web 带入一个成熟的应用平台，在这个平台上，视频、音频、图像、动画，以及与设备的交互都得到了规范。

网页设计软件在编写 HTML 文档时实现了"所见即所得"，使用起来十分方便。目前，专业的网页设计软件有 Dreamweaver 等。Dreamweaver，简称"DW"，中文名称为"梦想编织者"，是美国 Macromedia 公司开发的集网页制作和管理网站于一身的所见即所得的网页代码编辑器，DW 是第一套针对专业网页设计师的视觉化网页开发工具，专业网页设计师利用它可以轻而易举地制作出跨越平台限制和浏览器限制的充满动感的网页。

### 2. JavaScript

JavaScript 是一种具有函数优先的轻量级、解释型或即时编译型的编程语言，也是基于原型编程、面向对象和多范式的动态脚本语言。

JavaScript 是一种属于网络的高级脚本语言，已经被广泛用于开发 Web 应用，常被用来为网页添加各式各样的动态功能，为用户提供更流畅、更美观的浏览效果。JavaScript 通常是通过嵌入 HTML 来实现自身功能的，具有基于对象、简单、动态性、跨平台等特点。

### 3. CSS

CSS 是一种用来表现 HTML 或 XML 等文件样式的计算机语言。CSS 不仅可以静态地修饰网页，还可以配合各种脚本语言动态地格式化网页中的各元素。CSS 为 HTML 提供了一种样式描述，定义了其元素的显示方式。CSS 具有丰富的样式定义、易于使用和修改、多页面应用、层叠、页面压缩等特点。

## ✸ 2.3.2 服务器端技术

Web 早期阶段主要是通过浏览器向服务器端请求静态 HTML 信息的，随着应用技术的成熟，展示动态信息的需求日益增加。因此，动态网页技术应运而生，逐渐形成了电子商务系统中的服务器端的基本实现形式。常用的服务器端技术有 Java、PHP、Python 等。

### 1. Java

Java 是一门面向对象的编程语言，它汲取了众多语言的优点，功能强大，简单易用。Java 是由 Sun Microsystems 公司于 1995 年 5 月推出的面向对象程序设计语言和平台的总称，由詹姆斯·高斯林与其同事们共同研发。Java 由 Java 编程语言、Java 类文件格式、Java 虚拟机和 Java 应用程序接口 4 个方面组成。

Java 具有简单性、面向对象、分布式、健壮性、安全性、平台独立与可移植性、多线程、动态性等特点。开发人员利用 Java 可以编写桌面应用程序、Web 应用程序、分布式系统和嵌入式系统等。

Java 在电子商务领域及网站开发领域占据重要地位。开发人员可以运用许多不同的框架来创建 Web 项目、SpringMVC、Struts2.0 及 frameworks。即使是简单的 servlet、jsp 和以 Struts 为基础的网站，在政府项目中也经常被用到，如医疗救护、保险、教育等部门的网站都是以 Java 为基础来开发的。

### 2．PHP

PHP（Page Hypertext Preprocessor，页面超文本预处理器）是一种在服务器端执行的脚本语言，尤其适用于 Web 开发并可嵌入 HTML。PHP 语法利用了 C、Java 和 Perl，PHP 的主要目标是允许 Web 开发人员快速编写动态网页。

PHP 作为当今流行的网站程序开发语言，具有成本低、速度快、可移植性好、内置丰富的函数库等优点，因此被越来越多的企业应用于网站开发中。它在全球驱动着超过 2 亿个网站，全球超过 81.7%的公共网站在服务器端都采用了 PHP。PHP 内置了常用的数据结构，使用起来简单方便，表达起来也相当灵活。

由于 PHP 解释器的源代码是公开的，所以安全系数较高的网站可以自己更改 PHP 的解释程序。另外，PHP 运行环境的使用也是免费的。

### 3．Python

Python 是一个结合解释性、编译性、互动性和面向对象的高层次的脚本语言。Python 是由荷兰人吉多·范罗苏姆在 20 世纪 80 年代末到 20 世纪 90 年代初设计出来的。Python 是一种代表简单主义思想的语言，它的设计具有很强的可读性，它经常使用英文关键字和一些标点符号，并具有比其他语言更有特色的语法结构。

Python 具有易于学习、易于阅读、易于维护、拥有一个广泛的标准库、跨平台、可拓展和可嵌入等特点。Python 的源代码同样遵循通用性公开许可证（General Public License，GPL）协议。Python 是一种解释型脚本语言，可以应用于以下领域：Web 网页开发、科学计算和统计、人工智能、桌面应用开发、软件开发、后端开发、网络爬虫等程序的开发。随着版本的不断更新和新功能的添加，Python 逐渐被用于独立的、大型项目的开发。

## ❋ 2.3.3  数据库技术

电子商务活动中，需要进行大量的数据处理。数据库技术就是一种用计算机辅助管理数据的方法，可用于对数据库中的数据进行处理、分析和理解。

### 1．数据库的基本概念

（1）数据库。顾名思义，数据库是存放数据的仓库。数据库也可以被理解为在计算机的外部存储器上，按一定组织方式存储在一起的、相互关联且具有数据冗余最小、数据可共享、数据独立性较强、数据安全性和完整性较强等特性的数据集合。

（2）数据库管理系统。数据库管理系统（Database Management System，DBMS）是为管理数据库而设计的计算机软件系统，是数据库系统的核心组成部分，除了具有存储、截取、安全保障、备份等基础功能外，还可以实现数据库对象的创建，数据库存储数据的查询、添加、修改与删除操作，数据库的用户管理、权限管理，等等。

### 2．Web 数据库访问技术

随着互联网技术的迅速发展，Web 得到了越来越广泛的应用，Web 页面已由静态网页逐渐发展为动态的交互式网页，因而如何更好地实现与用户的交互就成为迫切需要解决的问题。

解决这一问题的方法之一就是实现数据库与互联网应用软件的集成。Web 数据库访问技术就是将数据库和 Web 技术相结合，按照浏览器/服务器（Browser/Server）结构建立的通过浏览器访问数据库的服务系统。本书着重介绍 ODBC 和 JDBC。

（1）ODBC（Open Database Connectivity，开放式数据库连接）是为解决异构数据库间的数据共享问题而产生的，现已成为 Windows 开放系统体系结构（Windows Open System Architecture，WOSA）的主要组成部分和基于 Windows 环境的一种数据库访问接口标准。ODBC 为异构数据库访问提供统一接口，允许应用程序以结构查询语言（Structure Query Language，SQL）为数据存取标准，存取由不同的 DBMS 管理的数据。ODBC 也允许用户通过应用程序直接操作数据库中的数据，免除随数据库的改变而改变。用户通过 ODBC 可以访问各类计算机上的数据库对象，甚至可以访问如 Excel 表和 ASCII 数据文件这类非数据库对象。

（2）JDBC（Java Database Connectivity，Java 数据库互连）是 Java 语言中用来规范客户端程序如何访问数据库的应用程序接口，提供了诸如查询和更新数据库中数据的方法。JDBC 也是 Sun Microsystems 公司的商标。

JDBC 是一种规范的、能为开发者提供标准的数据库访问类和接口，能够方便地向任何关系数据库发送 SQL 语句，同时支持基本 SQL 功能的低层应用程序接口，但实际上它也支持高层的数据库访问工具及应用程序接口（Application Program Interface，API）。JDBC 的两种主要接口分别是面向应用程序开发人员的 JDBC API 和面向驱动程序低层的 JDBC Driver API。JDBC 的运作逻辑是，建立与数据库的连接，发送 SQL 语句，返回数据结果给 Web 浏览器。

## 2.4 电子商务系统建设

简单讲，电子商务系统是指企业、机构或个人在互联网和其他网络上建立的一个信息系统，用以实现企业电子商务活动的目标。电子商务系统的建设包括电子商务系统规划、电子商务系统分析、电子商务系统设计、电子商务系统部署与电子商务系统维护等阶段。

### 2.4.1 电子商务系统规划

电子商务系统规划是个人或组织制订的比较全面长远的发展计划，是在对未来整体性、长期性、基本性问题思考的基础上，设计未来整套行动的方案。那么，电子商务系统规划是什么呢？

#### 1．电子商务系统规划的含义

从企业的角度看，电子商务系统规划是指以完成企业核心业务转向电子商务为目标，确定未来企业的商务模式，设计支持未来这种转变的电子商务系统的体系结构，说明系统各个组成部分的结构及内容，选择构造这一系统的技术方案，给出系统建设的实施步骤及时间安排，说明系统建设的人员组织，评估系统建设的开销和收益，最终形成可行性研究报告的过程。

### 2．电子商务系统规划的内容

电子商务系统规划包括以下内容：①分析企业的定位和竞争力，针对企业未来的市场定位、产品和服务方式，对企业的商务活动进行分类，确定企业的核心商务活动主要可以划分为哪几种类型；②分析并确定企业如何开展电子商务活动；③确立电子商务系统的体系架构；④明确电子商务系统的基本组成；⑤论证其可行性；⑥制订系统开发设计计划。

## 2.4.2　电子商务系统分析

在电子商务系统规划的基础上，需要进一步对企业的电子商务相关业务进行分析，形成系统逻辑，以便为后面的设计工作提供依据。

### 1．电子商务系统分析的含义

电子商务系统分析是指在电子商务系统规划确定的目标和开发方案的指导下，结合电子商务系统的特点对企业的电子商务相关业务进行调研分析的相关活动。从工作进程看，电子商务系统分析是电子商务规划的延续，与之相比，电子商务系统分析是更具体、更细致的工作。

### 2．电子商务系统分析的任务

电子商务系统分析的任务包括系统初步调查、系统详细调查和新系统逻辑模型的建立。

（1）系统初步调查。系统初步调查是电子商务系统分析的第一项任务。其主要目标是了解现实需求，确定新系统开发的目标和规模。系统分析人员根据电子商务系统规划的总体目标对组织的现状进行调查。调查的主要内容是现有系统的运行情况，包括设备的配置、运行的信息系统、业务的需求，并对此进行分析，即现有什么，需要什么，目前难以解决的问题是什么，随着发展有哪些问题需要解决，是否有必要开发新系统。若要开发新系统，需要确定新系统的大致目标、规模和主要功能，并对投资做初步估算。在此基础上，形成系统开发建议书。

（2）系统详细调查。开展系统详细调查是为了开发出一个既实用又先进的系统，系统分析人员需要进一步对现行系统做全面、深入的调查和分析，包括现行系统的运行状况、主要功能、组织结构、业务流程、数据流程等，明确要解决的具体问题。在此基础上，形成系统详细调查报告。

（3）新系统逻辑模型的建立。系统分析人员应在充分调查的基础上，明确用户对新系统的需求，进行用户需求分析、数据分析、功能分析，建立新系统逻辑模型，形成系统分析报告。系统分析人员要反复征求多方意见，多次修改、完善报告，再将其提交给专家、高管审定。系统分析报告是电子商务系统分析的主要成果。

## 2.4.3　电子商务系统设计

在进行电子商务系统设计时，应该以商务为主、技术为辅，将技术作为满足商务需求、实现商务目标的手段。

### 1. 电子商务系统设计的含义

电子商务系统设计是在系统分析的基础上，由抽象到具象的过程，其主要目的是将电子商务系统分析阶段提出的系统逻辑方案转换成可以实施的基于计算机网络系统的物理方案。

### 2. 电子商务系统设计的任务

电子商务系统设计包括总体设计与详细设计两大任务。

（1）总体设计。总体设计是把总任务分解为许多基本的具体任务，把这些具体任务合理地组织起来构成总任务，又称概要结构设计。其中，具体任务包括将系统划分为若干模块，决定每个模块的功能、调用关系、接口及界面。

（2）详细设计。详细设计是指为各个具体任务选择适当的技术手段和处理方法，包括输入设计、输出设计、处理逻辑设计、数据存储设计、代码设计、用户界面设计和安全控制设计。

---

📖 **同步案例 2-1**

#### 京东电商系统架构设计目标与原则

京东集团在电商系统架构设计过程中，确定了以下目标与原则。

京东电商系统架构设计目标如下。①搭建超大型电子商务平台，效率与性能并重，实现效益好、时效短、成本低的目标。②利用成本低廉、提高服务可复用性、提高开发效率、降低人力成本的成熟开源技术，利用降低硬件和软件成本的虚拟化技术降低服务器成本。③高扩展性，系统结构简单清晰，应用系统间耦合度低，便于水平扩展，业务功能增加方便快捷。④高可用性、自动运输。总体系统可用性为 99.99%，个别系统可用性为 99.999%。整个系统全年故障时间不超过 50 分钟，单个系统全年故障时间不超过 5 分钟。

京东电商系统架构设计原则如下。①业务平台化，相互独立，例如交易平台、仓储平台、物流平台、支付平台、广告平台等；基础业务下沉，可以再利用，例如，用户、商品、类别、促销、时效等。②电子商务核心业务与非核心业务分离，核心业务简化（有利于稳定），非核心业务多样化。例如主交易服务、通用交易服务。③区分主流程、子流程，运行时优先保证主流程的顺利完成，子流程可以采用后台异步方式完成，避免因子流程失败而回滚主流程。④隔离不同类型的业务。交易业务应通过买方与卖方之间的交易合同，优先保证高可用性，让用户快速下单。履约业务对可用性要求不大，可以优先保证一致性。闪存采购业务要求高并发性，应该与普通业务隔离。

**思考：**

1. 试评价京东电商系统架构设计目标与原则。
2. 如果要对电子商务核心业务进行详细设计，应该从哪些方面进行？

---

## ✳️ 2.4.4 电子商务系统部署

电子商务系统部署主要包括电子商务系统测试与电子商务系统实施。

### 1. 电子商务系统测试

电子商务系统测试是指利用测试工具，按照测试方案和流程，对电子商务系统进行功能和性能测试，甚至根据需要编写不同的测试工具，设计和维护测试系统，以对可能出现的问题进行分析和评价。执行测试用例后，企业需要跟踪故障，以确保电子商务系统功能完好。

电子商务系统测试的内容主要包括电子商务应用程序测试和网站测试。电子商务应用程序测试包括 6 个步骤：①可用性测试；②功能测试；③接口测试；④兼容性测试；⑤数据库测试；⑥容错测试。基于 Web 的网站测试不但需要检查和验证网站是否按照设计的要求运行，而且还要评价网站在不同用户的浏览器端的显示是否合适。重要的是，企业还要从最终用户的角度进行安全性和可用性测试。

**2．电子商务系统实施**

完成网站的开发制作和测试后，即可将网站发布到互联网中试运营。但在发布网站前，企业还需要进行一项很重要的操作，即网站的备案——互联网内容提供者（Internet Content Provider，ICP）备案。ICP 备案是指企业在工业和信息化部提交网站信息进行官方认证，一般在主机购买成功后即可开始，备案时间一般为 20 天。

## ✳ 2.4.5 电子商务系统维护

电子商务系统维护就是对电子商务系统进行全面的管理，以保证电子商务系统正常、可靠地运行，保证电子商务系统的各个要素随着环境的变化始终处于最新的、正确的工作状态。这项工作归纳起来主要包括以下 3 个方面。

**1．应用软件或 App 维护**

电子商务系统运行后可能会出现一些在测试过程中没有出现过的局部问题或者企业的业务流程发生局部变化的问题，这些都可能引起应用软件或 App 的部分修改或调整，这时就需要对电子商务系统的应用软件或 App 进行维护。

**2．数据维护**

数据维护是指对电子商务系统的文件、网页及支持企业和客户之间数据信息往来的文件传输系统和电子邮件系统的维护。电子商务系统的资源由服务器端的一个个网页代码文件和其他各类资源文件组成，电子商务系统运行一段时间后可能会出现日志文件和系统临时文件逐渐增多的现象，同时电子商务系统产生的数据也需要备份或者恢复等，这就需要企业对数据进行维护和管理。一般来说，数据维护包括系统文件的组织，系统数据的备份与转储，系统数据的恢复和系统垃圾文件的处理，对所有网页、链接的更新，等等。

**3．平台维护**

平台维护主要是指对电子商务系统运行平台的管理、维护，其目的是保障电子商务系统正常、持久和高效地运行。平台维护的对象包括操作系统、数据库、Web 服务器、应用服务器和网络等。平台维护的工作内容主要包括性能调整、安全监控和日志处理等。

# 2.5 其他新兴技术

近几年，物联网、云计算、虚拟现实与增强现实、人工智能等技术快速发展，它们在赋能传统产业数字化、智能化升级的同时，也为电子商务的发展进一步拓展了巨大的空间。

## ✳ 2.5.1 物联网

物联网（Internet of Things，IOT）起源于传媒领域，是信息技术产业第三次革命下的产物。物联网技术在电子商务各环节中的应用，大大提高了电子商务的运作效率，降低了运营成本，提升了客户体验。

### 1．物联网的概念

物联网即"万物相连的互联网"，是指按约定的协议，通过各种信息传感设备，如射频识别（Radio Frequency Identification，RFID）、光纤传感器、红外感应器、全球定位系统、激光扫描器等信息传感设备，将任何物品与互联网连接起来，以实现智能化识别、定位、跟踪、监控和管理的一种网络。

物联网是新一代信息技术的重要组成部分，在 IT 行业又被称作泛互联，意指物物相连、万物万联。由此，"物联网就是物物相连的互联网"，这包括两个方面的含义：第一，物联网的核心和基础仍然是互联网，物联网是在互联网的基础上延伸和扩展的网络；第二，物联网的用户端可延伸和扩展到在任何物品与物品之间进行信息交换和通信。

### 2．物联网的特征

物联网的基本特征可概括为整体感知、可靠传输和智能处理。

（1）整体感知。整体感知是指可以利用射频识别、二维码、智能传感器等感知设备感知并获取物品的各类信息。

（2）可靠传输。可靠传输是指通过融合互联网和无线网络，对物体的信息进行实时、准确的传送，以便实现信息的交流与共享。

（3）智能处理。智能处理是指使用各种智能技术，对感知到和传送的数据、信息进行分析处理，以实现监测与控制的智能化。

### 3．物联网在电子商务中的应用

物联网的应用场景非常丰富，如智能城市、智能医疗、智能家居、智能物流和智慧农业等。物联网在电子商务中有以下一些应用。

（1）在商品管理方面的应用。在商品管理方面，企业可以借助物联网技术，实现商品追踪系统的构建，借助相应的编码技术或者 IP 技术，实现对相关商品的唯一标识，这样可以真正实现企业基本的经营目标，同时还能保证企业高效率运营。

（2）在库存管理方面的应用。借助物联网技术，企业能及时掌握库存情况，通过相对全面且实时的感知与传输，构建更为合理的库存体系，从而实现库存管理的自动化和科学合理的管理目标。

（3）在物流配送方面的应用。借助物联网技术，物流配送将变得更加智能、高效，在线销售情况也会发生极为显著的变化，整个电子商务物流过程将呈现出日渐完善的状态，物流效率也将得到有效的提升。

移动物联网以蜂窝移动通信技术和网络为载体，通过多网协同实现万物互联、连接泛在的新型信息基础设施。顾名思义，移动物联网连接的是物而不是人。

> 📑**同步案例 2-2**
>
> ### 中国正式进入"物超人"时代
>
> 戴上智能手环，记录一天走了多少步、消耗多少热量，随时测测心率；买一辆装了定位器的电动自行车，能追踪车辆轨迹，为爱车防盗加一层保险；乘坐自动驾驶的巴士去高铁站，一路上它灵巧避让车辆、到站自动停靠……这些生活新体验，均得益于移动物联网的发展。

据工业和信息化部数据，2022年8月，我国移动物联网连接数达16.98亿户，首次超过移动电话用户数，我国正式进入"物超人"时代。

2022年11月21日工业和信息化部发布的数据显示，"物超人"步伐持续加大，IPTV用户稳步增长。截至10月末，3家基础电信企业发展蜂窝物联网终端用户约17.8亿户，比上年末净增约3.8亿户，如图2-2所示；已超移动电话用户数9 482万户，占移动网终端连接数（包括移动电话用户和蜂窝物联网终端用户）的比重已达51.4%。

图2-2　2021年10月—2022年10月我国蜂窝物联网终端用户情况

移动通信技术发展到5G以来，先后经历了移动通信全面兴起、移动互联网快速崛起和移动物联网加速发展3个阶段。第一阶段，1G、2G主要解决人和人之间随时随地联系的问题；在3G、4G的移动互联网时代，移动通信技术解决人的信息消费问题，如娱乐方式从看电视变成刷视频，办公方式从坐在办公室用计算机到今天在手机上开视频会议；2017年以来兴起的移动物联网，解决了万物互联的问题，赋能千行百业，应用日渐丰富，规模不断增大。

在全国范围内，移动物联网已经形成车联网、公共服务、零售服务、智慧家居等4个亿级应用，智慧农业、智能制造、智慧物流等3个千万级应用，这几类应用的移动物联网连接数分别达到上亿或上千万。

思考：

1. 我国移动物联网高速发展状况是怎样的？
2. 我国移动物联网高速发展的原因是什么？

## ❋ 2.5.2　云计算

随着全球数字化转型进程加快，云计算正逐渐成为社会经济运行的数字化业务平台。在中国，互联网行业是云计算的主流应用行业。

**1．云计算的概念**

云计算（Cloud Computing）是指通过网络"云"将巨大的数据计算处理程序分解成无数个小程序，然后通过多个服务器组成的系统，经过处理和分析之后，将处理结果回传给用户。

云计算是分布式计算的一种，尤其是对于早期的云计算而言，它可以将计算任务分解，分别计算后再将结果合并。因此，云计算在处理庞大的数据时具有无可比拟的优势，可以在非常短的时间内完成对庞大数据的处理，是一项非常强大的网络服务技术。

### 2．云计算的特点

与传统的网络应用模式相比，云计算具有如下特点。

（1）虚拟化技术。虚拟化突破了时间、空间的界限，是云计算非常显著的特点。虚拟化技术包括应用虚拟和资源虚拟两种。

（2）动态可扩展。云计算可以动态伸缩，以满足应用和用户规模增长的需要。

（3）按需服务。云计算平台能够根据用户的需求快速配备计算能力及资源。

（4）高通用性。云计算不针对特定用户，在系统支持下可以构造出多种应用，同一个云计算平台可以同时支持不同的应用运行。

（5）高可靠性。云计算使用多副本容错、计算节点同构可互换等措施来保障服务的可靠性。

（6）高性价比。云计算将资源放在虚拟资源池中进行统一管理，可优化物理资源，用户不再需要购买昂贵、存储空间大的主机，从而能节省费用，而且这类主机的计算性能并不逊于大型主机。

### 3．主流云计算平台

主流云计算平台有以下几种。

（1）亚马逊云。亚马逊网络服务（Amazon Web Services，AWS）是亚马逊提供的专业云计算服务，于2006年推出，以Web服务的形式向企业提供计算机基础设施服务。它的主要优势之一是能够根据业务发展来扩展的较低可变成本，从而替代前期基础设施费用。亚马逊云科技从2013年起进入中国。此外，亚马逊云科技还建立了上海人工智能研究院和深圳物联网实验室。亚马逊云是全球市场份额最大的云计算厂商之一，在国内由光环新网和西云数据运营，可以在中国监管环境下运营公有云。

（2）谷歌云。谷歌云是目前世界上最大的云计算服务提供商之一，拥有分布在全球200多个国家和地区的200多万台服务器。近几年来，谷歌一直致力于企业云计算领域的发展。2022年4月6日举行的谷歌数据云峰会上，谷歌云宣布成立数据云联盟，该联盟致力于"使数据在不同的业务系统、平台和环境中更具可移植性和可访问性，以确保数据访问永远不会成为数字转型的障碍"。

（3）阿里云。阿里云是全球领先的云计算及人工智能科技公司，致力于以在线公共服务的方式，提供安全、可靠的计算和数据处理服务，让计算和人工智能成为普惠科技。阿里云服务着制造、金融、交通、医疗、电信、能源等众多领域的领军企业，例如中国联通、12306、中石化、中石油、飞利浦、华大基因等大型企业，以及微博、知乎、锤子科技等互联网企业。

（4）华为云。华为云成立于2005年，专注于云计算中公有云领域的技术研究与生态拓展，致力于为用户提供一站式云计算基础设施服务。华为云立足互联网领域，提供包括云主机、云托管、云存储等基础云服务，以及超算、内容分发与加速、视频托管与发布、企业IT、云会议、游戏托管、应用托管等服务和解决方案。2021年，国际数据公司（IDC）发布《中国公有云服务市场（2020年第四季度）跟踪》报告，报告显示2020年第四季度中国IaaS市场规模为34.9亿美元，华为与腾讯并列第二。

📖素养课堂 2-2

## 中国云计算迎来蓬勃发展期

中国信息通信研究院发布的《云计算白皮书（2022年）》显示，2021年中国云计算总体处于快速发展阶段，市场规模达3 229亿元，较2020年增长54.42%，如图2-3所示。其中，公有云市场规模增长70.8%，达2 181亿元，有望成为未来几年中国云计算市场增长的主要动力；私有云市场则突破千亿元大关，同比增长28.7%，达1 048亿元。如图2-3所示。

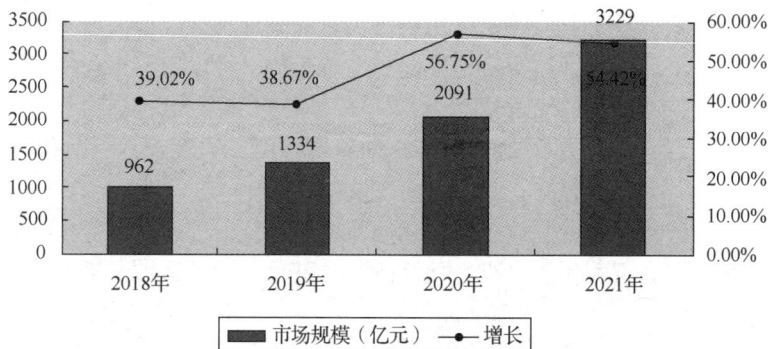

图2-3 我国云计算市场规模增长情况

当前，国内云计算市场既有以运营商为支撑的天翼云、移动云、联通云，也有以互联网大厂为代表的阿里云、腾讯云、华为云等。

## ❋2.5.3 虚拟现实与增强现实

虚拟现实与增强现实的应用目的是展示信息，这使电子商务能够为用户提供更为真实的购物体验。

### 1. 虚拟现实

虚拟现实（Virtual Reality，VR）是一种生成多源信息融合的交互式三维动态视景和模拟实体行为的仿真系统可利用计算机生成一种模拟环境，并使用户沉浸到该环境中。它是一门崭新的综合性信息技术，融合了数字图像处理、计算机图形学、多媒体技术、传感器技术等多个信息技术分支，从而大大推进了计算机技术的发展。

### 2. 增强现实

增强现实（Augmented Reality，AR）是一种实时计算摄影机影像的位置及角度并加上相应图像、视频、3D模型的技术，其目标是在屏幕上把虚拟世界套在现实世界中并与用户进行互动。这种技术于1992年被Caudell等人首次提出，现被广泛应用于为用户展示信息和提供视觉感受。随着随身电子产品中央处理器运算能力的增强，增强现实的用途将会越来越广。

微课堂

新电商

## ❋2.5.4 人工智能

人工智能结合电子商务，有利于理解用户需求、挖掘潜在用户、提高用户体验。因此，各大电商企业投入大量资金，积极探索如何利用人工智能提升品牌竞争力和客户忠诚度。

### 1．人工智能的概念

人工智能（Artificial Intelligence，AI）是研究、开发用于模拟、延伸和扩展人的智能的理论、方法、技术及应用系统的一门新的技术科学。

人工智能是研究如何使用计算机模拟人的某些思维过程和智能行为（如学习、推理、思考、规划等）的学科，主要包括计算机实现智能的原理、制造类似人脑智能的计算机，使计算机能实现更高层次的应用。人工智能涉及计算机科学、心理学、哲学和语言学等学科，可以说包括自然科学和社会科学在内的所有学科，已远远超出了计算机科学的范畴。人工智能与思维科学的关系是实践和理论的关系，人工智能处于思维科学的技术应用层次，是思维科学的一个应用分支。

### 2．人工智能在电子商务中的应用

人工智能是一项具有巨大潜力的技术，它将会给电子商务行业带来新的变革。对于零售企业来讲，应用人工智能，其可以改善各种流程、客户体验，并最终提高零售收入。

（1）智能客服机器人。智能客服机器人可代替人工客服与顾客进行在线交流，对顾客提出的语音、文字、图片等内容进行识别与在线处理，然后与顾客进行进一步互动。伴随着我国电子商务行业的快速发展，智能客服机器人也得到了广泛的应用，如京东 JIMI、阿里小蜜、网易七鱼与腾讯企点等。

（2）推荐引擎。推荐引擎的主要功能体现在对于电子商务中所销售的商品进行推荐，人工智能技术会对大数据进行分析，并结合推荐引擎的推荐算法，对消费者浏览商品的类型与消费偏好进行分析，然后为消费者推荐相似商品。推荐引擎结合了机器学习、大数据、自动推理及智能搜索等多项技术，推荐引擎的应用为消费者提供了更多的商品选择机会，同时缩短了人工搜索的时间。在电子商务平台中，推荐引擎已经获得了较为成熟的运用，如亚马逊、京东、阿里巴巴等都有各自专门的推荐系统。

（3）图片搜索。图片搜索也是人工智能在电子商务中的常见应用形式，是指消费者通过上传图片来对图片中的商品进行搜索。图片搜索可以使消费者在不知道商品名称或更多信息的情况下，通过对商品图片的搜索，找到相关商品。这极大地丰富了消费者对商品的搜索路径，创造了更多的消费机会。图片搜索融合了计算机视觉、机器学习、图像识别和智能搜索等技术。目前，图片搜索已经在各大电子商务平台得到广泛应用。

2022 年 11 月 30 日，美国人工智能研究实验室 OpenAI 发布了全新聊天机器人模型——ChatGPT，它能够通过学习和理解人类语言来进行对话，还能根据聊天的上下文进行互动，甚至能完成撰写文案、翻译、编写代码等任务。

> 📖 **素养课堂 2-3**
>
> ### 中国人工智能引领产业革命
>
> 人工智能创新指数是反映国家人工智能创新水平的重要指标，2022 世界人工智能大会上，中国科学技术信息研究所发布了《2021 全球人工智能创新指数报告》。
>
> 报告显示，目前全球人工智能发展呈现中美两国引领、主要国家激烈竞争的总体态势。在 46 个参评国家可被分为 4 个梯队：第一梯队是美国和中国，第二梯队是韩国、英国等 9 个国家，第三梯队是瑞典、卢森堡等 13 个国家，第四梯队是印度、俄罗斯等 22 个国家。第一梯队国家和第二梯队部分国家如表 2-3 所示。

表2-3　第一梯队国家和第二梯队部分国家

| 位次 | 排名 | 国家 | 得分 |
|------|------|------|------|
| 第一梯队 | 1 | 美国 | 59.43 |
| | 2 | 中国 | 50.14 |
| 第二梯队 | 3 | 韩国 | 37.29 |
| | 4 | 英国 | 34.28 |
| | 5 | 新加坡 | 31.11 |
| | 6 | 加拿大 | 28.92 |
| | 7 | 德国 | 27.89 |

## 本章小结

## 课后实训

"6·18"电商狂欢节，面对过千亿元的交易额、数千万的用户与上亿的咨询次数，传统人工客服不能满足要求。在京东和阿里巴巴的电商"大战"中，两家自主研发的客服机器人京东 JIMI 与阿里小蜜就在每年的"猫狗大战"中扮演着重要角色。

作为京东主站的智能客服，京东 JIMI 负责网页订单售前咨询、售后服务、闲聊、百科、专属服务，并且作为移动端基于 HTML5 的智能机器人和商家智能助手，负责半自动和全自动接待、商家管理后台等。京东 JIMI 的作用范围覆盖了京东首页、售前与售后客户、社交平台等。

阿里巴巴数据显示，在每天应对百万级服务量的情况下，阿里客服中使用阿里小蜜的智能客服解决率接近 80%（这一指标与京东 JIMI 解决满意度类似），甚至在部分重点场景已经达到 95%，服务领域里人机对话语义意图的精确匹配率提升到了 93%，用户满意度比传统的自助服务提升了一倍。在阿里小蜜的背后，还有着阿里云强大的运算能力支持，这是其他智能客服机器人很难媲美的。

**1. 实训要求**

对照人工智能的相关内容来分析京东与阿里巴巴的上述举措。

**2. 实训步骤**

（1）学生分组，分别进入京东、阿里巴巴相关商城，体验智能客服机器人的智能水平及服务能力，结合消费者评价，对其综合服务能力进行分析、总结。

（2）结合自身的购物经历与体验，分析智能客服机器人京东 JIMI 与阿里小蜜完全替代人工客服的可能性。除了语音识别、自然语言理解与数据库检索等，试分析并预测未来的智能客服机器人还能做哪些工作。

## 重要名词

网络协议　域名　超文本标记语言　物联网　云计算　人工智能

## 课后练习

**一、单项选择题**

1. 任何一台计算机要想联网，必须借助（　　）。
   A. 网关　　　　　B. 网卡　　　　　C. 网桥　　　　　D. 交换机
2. 用域名表示（　　），具有便于记忆、表现直观的特点。
   A. 网站结构　　　B. 网站空间　　　C. IP 地址　　　D. 物理地址
3. （　　）是一个结合解释性、编译性、互动性和面向对象的高层次的脚本语言。
   A. Java　　　　　B. PHP　　　　　C. Python　　　　D. ODBC
4. 规划一个电子商务网站，需要做的第一步是（　　）。
   A. 确定目标　　　　　　　　　　　B. 确定网站内容
   C. 确定网站主题　　　　　　　　　D. 确定网站信息结构
5. 商业组织的国际顶级域名是（　　）。
   A. edu　　　　　B. com　　　　　C. net　　　　　D. gov

## 二、多项选择题

1. 计算机网络软件系统包括（　　）。
   A. 网络协议和通信软件　　　　　　B. 网络管理软件
   C. 网络应用软件　　　　　　　　　D. 网络操作系统

2. 互联网的应用服务主要包括（　　）。
   A. 万维网服务　　　　　　　　　　B. 电子邮件服务
   C. 文件传输服务　　　　　　　　　D. 远程登录服务

3. Web 数据库访问技术主要有（　　）。
   A. ODBC　　　　　B. JDBC　　　　　C. JavaScript　　　　D. SQL

4. 电子商务系统分析包括如下任务（　　）。
   A. 系统初步调查　　　　　　　　　B. 系统详细调查
   C. 系统设计　　　　　　　　　　　D. 提出新系统逻辑模型

5. 以下选项属于云计算的特点的是（　　）等。
   A. 虚拟化　　　　　B. 动态可扩展　　　C. 高通用性　　　　D. 系统部署

## 三、判断题

1. 广域网是互联网的典型代表。（　　）

2. 域名解释就是把网站空间 IP 指向域名。（　　）

3. JDBC 的运作逻辑是，建立与数据库的连接，发送 SQL 语句，返回数据结果给 Web 浏览器。（　　）

4. 电子商务系统测试的内容主要包括电子商务应用程序测试和网站测试。（　　）

5. 物联网是新一代信息技术的重要组成部分，在 IT 行业又被称作泛互联。（　　）

## 四、简答题

1. 计算机网络有哪些类型？

2. 什么是无线网络接入？

3. 什么是数据库管理系统？

4. 电子商务系统设计的两大任务是什么？

5. 什么是增强现实？

## 五、技能训练题

1. 进入京东商城，选定一种商品，观察京东自营店与商家旗舰店在功能、结构、风格方面的区别，尝试对两者的经营目标、经营策略及其相应的网站功能进行归纳总结。

2. 结合校园一卡通、智能手表、智能手环的使用经历，分析物联网在生活中的应用范围，并展望其未来发展趋势。

# 第 3 章

# 电子商务商业模式

🛒 **学习目标**

**知识目标**

掌握网络零售的内涵；理解网络零售、B2B、G2B 等模式的业务流程；了解网络零售、B2B、G2B、新零售的应用与发展。

**技能目标**

能认识网络零售的盈利模式；能利用新兴电子商务开展业务。

**素养目标**

增强民族自信心和自豪感；厚植家国情怀和社会责任感，感受数字时代的中国产业变革与产业创新。

导入视频

浙江省商务厅数据显示，2022 年 1—10 月，浙江省实现网络零售额 19 789.7 亿元，同比增长 7.5%。其中，义乌实现网络零售额 1 588.85 亿元，同比增长 1.7%。

从分县（市、区）数据来看，义乌市、杭州市余杭区和滨江区 3 地网络零售额居浙江省前三名，杭州市萧山区、钱塘区、西湖区、上城区、拱墅区，以及永康市慈溪市等地紧随其后；前十县（市、区）累计实现网络零售额 9 826.6 亿元，占浙江省网络零售总额的 49.7%。从分行业数据来看，服饰鞋包、家居家装、3C 数码三大行业居全行业网络零售额前三名，占比分别为 26.1%、18.5%、17.3%。其中，这三大行业与义乌市场优势行业高度融合，篁园服装市场是浙中地区最大的专业服装市场，义乌国际商贸城、国际家具城、数码城是浙江省重要的采购基地。

从 2017 年开始，义乌网络零售额已连续 6 年位居浙江省首位，可谓一骑绝尘。这一切得益于义乌始终坚持将电子商务定位为战略性、先导性行业进行重点培育，有力地推动了义乌市电子商务的发展和应用，形成了线上线下融合、特色鲜明的区域电子商务经济体。

近年来，义乌电子商务发展迅速，先后获评"国家电子商务示范城市""跨境电子商务综合试验区"，形成了线上线下融合、极具特色的区域电子商务经济体。接下来，义乌将以数字赋能为重要路径，初步建成全球电商创新创业中心、全球电商直播经济中心和全球小商品数字供应链中心。

# 3.1 网络零售

随着互联网对各行各业的影响不断深入，数字技术、线上线下融合等新商业模式不断发展。随着我国居民消费水平的不断提升，高质量消费、个性化消费的新需求也在不断涌现。我国高速发展的互联网技术促进了消费行为和消费内容的变化，推动了消费模式的不断创新，使备受重视的网络零售市场日益发展壮大。

## 3.1.1 网络零售的解读

国家统计局官网数据显示，2023 年社会消费品零售总额 471 495 亿元，比上年增长 7.2%。全国网上零售额 154 264 亿元，比上年增长 11.0%。其中，实物商品网上零售额 130 174 亿元，增长 8.4%，占社会消费品零售总额的比重为 27.7%；在实物商品中，吃类、穿类、用类商品网上零售额分别增长 11.2%、10.8%、7.1%。我国网络零售市场保持稳步增长，成为稳增长、保就业、促消费的重要力量，为推动构建新发展格局做出了积极贡献。其中，值得关注的一点是，2013 年至 2023 年，我国已连续 10 年成为全球最大的网络零售市场。

### 1．网络零售的概念

随着人工智能、增强现实等技术的不断应用，网络零售以更加无边界的形态渗透到消费者生活的方方面面。线上的购物体验将借助技术的手段媲美"线下"，而线下的传统实体零售也将被数字化改造，进一步提高效率。那么，什么是网络零售呢？

网络零售是指交易双方以互联网为媒介进行的商品交易活动，即通过互联网进行信息的组织和传递，实现有形商品和无形商品所有权的转移。买卖双方通过电子商务（线上）应用实现交易信息的查询（信息流）、交易（资金流）和交付（物流）等行为。

网络零售也称网络购物，包括 B2C 和 C2C 两种形式。

### 2. 网络零售的发展趋势

从消费者的感知视角看，网络零售在强调精准、温度、融合、重塑信任的同时，正在形成场景无限、货物无边、人企无间的无界零售形态。其中，网络零售的即时性、社交化和内容化已渐成发展趋势。

（1）网络零售的即时性。即时性是指即时零售，即以实体门店为供应链、以即时履约配送体系为依托，为消费者提供便利性、时效性更强的到家业务，满足消费者应急需求或常态下即时性需求的零售新业态。

2022 年 9 月，商务部发布的《2022 年上半年中国网络零售市场发展报告》中首次明确提及即时零售，并肯定其在"线上线下渠道趋向深度融合"中的积极作用和重要价值。

即时零售伴随着零售数字化发展，可消除实体零售商线上线下的流通鸿沟，重塑供应链，通过即时配送方式，不断提升消费者体验。这种以提升消费者体验为核心，以实体企业数实融合为主导的发展模式，在不到 10 年的时间中，获得了持续性的高速增长。

（2）网络零售的社交化。我国电商行业经过多年发展，社交的互动、裂变，让拼多多能够以更低的成本获客，也得到了极大的曝光。微信小程序成了腾讯社交零售的排头兵，可为众多零售商赋能，实现线上线下互通，也实现了社交化。除了连接线上线下以外，社交也是互联网中最接近消费者的地方，如果说实体店是实体零售的"最后一公里"，那么社交就是互联网零售的"最后一公里"。显然，对于线上线下结合的网络零售新模式，社交化发展也是应有之义。

（3）网络零售的内容化。随着网络零售的不断发展壮大，单纯打价格战已不再行得通，消费者对价格的敏感度降低，购物也不再局限购买，消费者更加追求个性、品味。而为了配合消费者的消费升级，网络零售也在逐步转型，通过好的内容吸引消费者，从而拉动网络交易。

网络零售的内容化更好地满足了消费者"逛"的需求，商品被用图文、短视频等形式包装成更有消费价值的内容，并被推送给匹配的消费者。如拼多多在 2022 年将短视频的入口"多多视频"放在了 App 底部菜单栏的第二顺位，吸引了大量月活用户。另外，不存在流量问题的电商平台还将内容化当作变现的手段。如快手和抖音通过分析直播间的粉丝特征和结构为粉丝推荐更加合适的商品，然后通过更生动有趣的直播设计、更有效的商品介绍和展示等增强粉丝购买的意愿。

---

📖 **素养课堂 3-1**

#### 中国电子商务新模式不断涌现

中新网 2024 年 1 月 11 日消息，商务部新闻发言人束珏婷表示，五年来，我国电子商务规模效益显著提升，电子商务交易总额由 2018 年的 31.63 万亿元增长至 2022 年的 43.83 万亿元，实物商品网上零售额占社零总额的比重超过四分之一的成绩，我国连续 11 年成为全球最大网络零售市场。中国网络零售的用户数量、规模均呈现快速攀升的趋势，跨境电商、直播电商、生鲜电商、社交电商、数字藏品等新业态、新模式不断涌现。随着科技的发展，中国电子商务发展节节攀升，已经成为拉动消费需求、促进传统产业转型升级、发展现代服务业的重要引擎。

## ❋ 3.1.2　B2C 电子商务

B2C 电子商务是我国最早产生的电子商务模式，以 8848 网上商城的正式运营为标志。

### 1．B2C 电子商务的概念

B2C 电子商务是指以互联网为主要手段，由商家或企业通过网站向消费者提供商品和服务，并保证与其相关的付款方式电子化的一种电子商务模式。这里的商家或企业既可以是商品和服务的生产商，也可以是商品和服务的分销商。由于 B2C 电子商务与社会大众的日常生活关系比较密切，因此，这一模式首先被人们认识和接受。

B2C 电子商务的典型网站有：淘宝网、天猫商城、京东、苏宁易购、唯品会、当当网等。

### 2．B2C 电子商务的运营模式

B2C 电子商务的运营模式主要有以下一些常见的类型。

（1）综合型 B2C 电子商务商业模式。综合型 B2C 电子商务也可以称为自营百货零售型 B2C 电子商务。其特点是行业跨度广、物流由独立平台负责、付款由独立平台代收。京东、当当网等网站从垂直型网站成功转型为综合型网站反映了国内 B2C 电子商务的发展趋势。这些网站从垂直型网站转型为综合型网站的原因有：用户规模不断扩大，已经有能力扩展到其他行业；转型为综合型网站可以更好地满足用户的不同需求，提供一站式的商品和服务；扩展其他商品线，增加收入渠道，获得更多的利润。然而综合型网站也存在一些劣势：商品种类繁多，需要与众多供应商、制造商合作，运营成本必然剧增，仓储问题、员工的工作压力大等问题也会随之出现；同质化现象严重、竞争激烈，综合型网站需要用更多的精力来应对挑战。

（2）垂直型 B2C 电子商务商业模式。垂直型 B2C 电子商务商业模式是将特定行业的商家和消费者聚集在一起，让商家能很容易地找到用户的电子商务商业模式，典型代表如华为商城、凡客诚品、屈臣氏等。垂直型 B2C 电子商务商业模式的重要特征就是对市场和消费者需求的定位比较精准，其商品营销模式从"泛"到"专"，在业务流程、网购体验、互动性等方面相比于传统的电子商务都进行了一定的优化。

（3）平台型 B2C 电子商务商业模式。平台型 B2C 电子商务商业模式是指专业的电子商务平台开发商或运营商建设电子商务平台，多个买方和多个卖方通过这个集认证、付款、安全、客服和渠道于一体的统一平台，进行相关交易活动的商业模式。淘宝网、天猫是平台型 B2C 电子商务商业模式的典型代表，这些平台整合了上千家品牌商、生产商，为商家和消费者提供了一站式解决方案。此类交易平台成为那些没有资金和实力建设自有网上平台的中小企业开展电商活动的首选，往往具有现成流量大、平台知名度高、物流渠道选择空间大等特点，可以为中小企业节约大量的人力、物力、财力。

### 3．B2C 电子商务的业务流程

B2C 交易系统分为前台和后台：前台面向消费者，消费者通过浏览器在商家所建的网站上进行商品目录浏览、会员注册、在线订购及订单查询等操作；后台服务于商家，商家通过系统对消费者在网站中所购买的商品的数据加以分析，再将商品通过物流配送至消费者手中。资金的流动则需要金融机构的参与，消费者通过金融机构将资金转至商家。B2C 网站的后台管理流程与前台业务流程如图 3-1 所示。

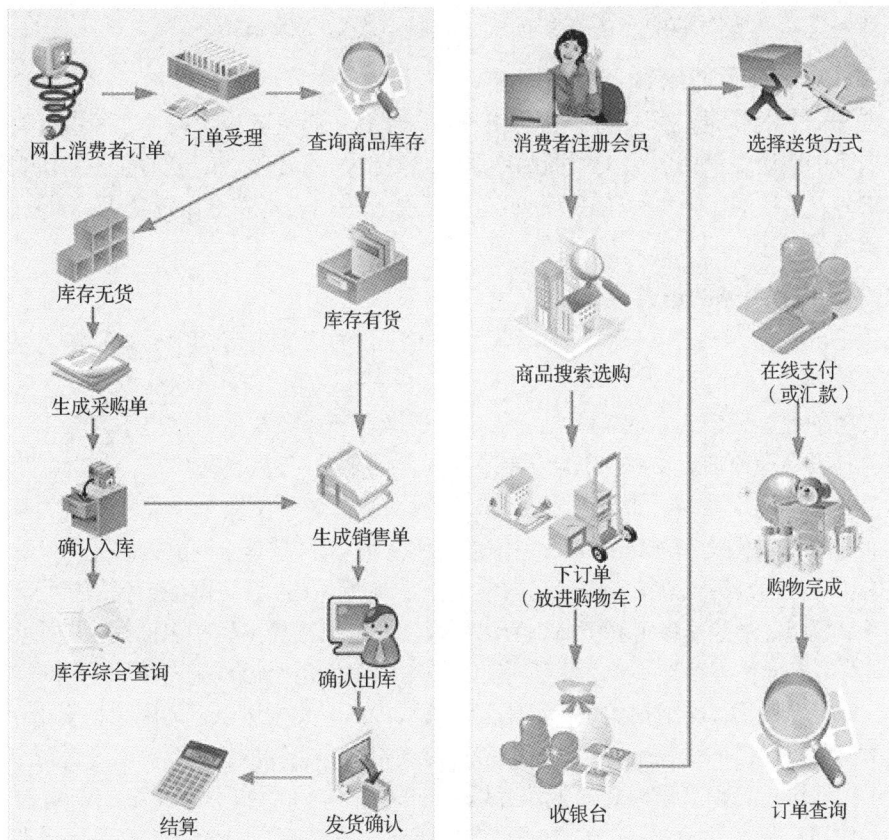

图 3-1　B2C 网站的后台管理流程（左）与前台业务流程（右）

#### 4．B2C 电子商务的盈利模式

B2C 电子商务一般有以下 4 种盈利模式。

（1）商品或服务销售。这种盈利模式是指通过 B2C 网上商城向消费者销售商品或服务来盈利，可细分为 3 种：平台型商城不是直接通过销售商品盈利，而是通过收取平台租金、会员费等来盈利，如淘宝网、天猫；自主型商城通过直接销售商品来盈利，如海尔商城、华为商城、小米商城；综合类商城兼有前两种盈利模式，如京东、当当网。

（2）网络广告。B2C 电子商务网站提供弹出广告、BANNER 广告、漂浮广告、文字广告等多种表现形式，目前广告收益是大多数电子商务企业的主要盈利来源。这种模式成功与否的关键是其网页能否吸引大量的广告、能否吸引广大消费者的注意力。

（3）会员费。会员费是指收取注册会员的会费，大多数电子商务平台实施会员制，收取会员费是 B2C 电子商务网站的一种主要的盈利模式。

（4）网站的间接收益。网站的间接收益主要包括交易佣金与物流收益。交易佣金是指 B2C 电子商务网站提供交易平台，通过撮合买卖双方达成交易，收取交易佣金，如淘宝网、艺龙旅行网等。物流收益是指 B2C 电子商务网站自主提供物流服务，以获取物流利润，为用户创造价值，如京东物流。

## 3.1.3　C2C 电子商务

在日常生活中，人们有很多个人物品想要交易处理，C2C 电子商务大大方便了这一类人。

C2C 电子商务是消费者对消费者的交易模式，其特点类似于跳蚤市场。

### 1．C2C 电子商务的概念

C2C 电子商务是指通过第三方经营的电子商务平台，消费者与消费者之间进行商品和服务的交易。简单地说，消费者会提供商品或服务给其他消费者。C2C 电子商务的代表网站有淘宝网、eBay、易趣网、闲鱼、转转等。此外，还有一些拍卖网站也比较常见，如嘉德在线、大中华拍卖网等。

### 2．C2C 电子商务的运营模式

按交易平台分类，C2C 电子商务的运营模式可以分为店铺平台运营模式和拍卖平台运营模式。

（1）店铺平台运营模式。店铺平台运营模式是指电子商务企业提供电子商务平台，个人在该平台上开设网上商店，该平台以会员制的方式收费，也可通过提供广告或其他服务收费，这种平台也可称作网上商城。个人在网上商城开设网上商店不但要依托网上商城的基本功能和服务，而且要依赖网上商城的访问者，因此，网上商城的选择非常重要。

（2）拍卖平台运营模式。拍卖平台运营模式就是开展网络拍卖，网络拍卖是指利用多媒体手段提供商品资讯，供买家参考和竞价，卖家再根据买家信誉和出价拍出商品。在拍卖平台运营模式下，网站本身并不参与买卖，没有烦琐的采购、销售和物流业务，只提供信息传递服务，并向卖方收取中介费用。网络拍卖是传统拍卖的在线模式。卖方可以借助网上拍卖平台，运用多媒体技术来展示自己的商品，这样就可以避免传统拍卖中实物的移动；竞拍方也可以借助网络，足不出户地进行竞拍。该模式的驱动者是传统的拍卖中间商和平台服务提供商。

此外，按照交易标的分类，C2C 电子商务的运营模式还可以分为实物交易平台模式和智慧交易平台模式。实物交易平台的商品种类繁多，从汽车、3C 产品到服饰、家居用品，品种齐全；智慧交易平台一般交易的是企业或个人的知识、能力、经验等，如威客网。

### 3．C2C 电子商务的业务流程

在大多数拍卖网站上，未注册用户只能在网站上浏览商品，不能参与竞拍，也不可以提供商品供他人竞拍。这类用户只有注册成为会员后才可以使用网站提供的所有功能与服务。其原因在于注册成为会员体现了用户出售商品或竞价求购的诚意。C2C 电子商务的业务流程如图 3-2 所示。

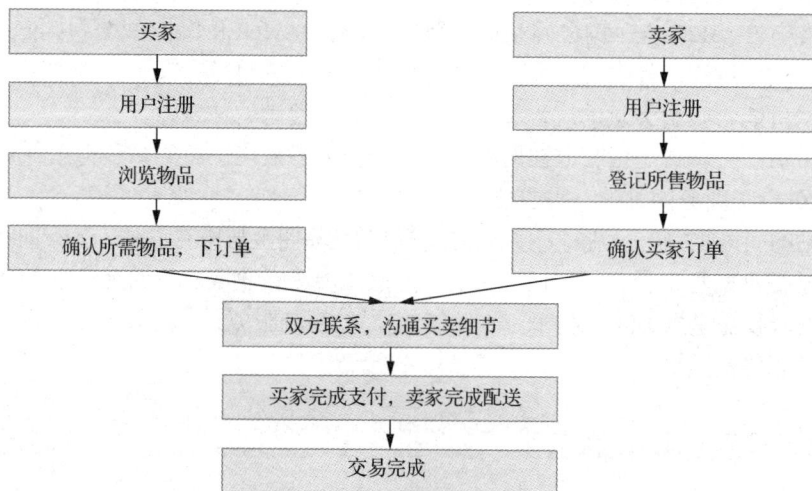

图 3-2　C2C 电子商务的业务流程

### 4．C2C电子商务的盈利模式

C2C电子商务的盈利模式主要有以下5种类型。

（1）会员费。会员费是指C2C电子商务网站为会员提供网上店铺出租、公司认证、商品信息推荐等多种服务组合而收取的费用。由于C2C电子商务网站提供的是多种服务的有效组合，在很大程度上能够满足会员的需求，因此，这种模式下的收费比较稳定，这种模式也成了C2C电子商务网站常用的盈利模式。

（2）交易佣金。交易佣金是C2C电子商务网站的主要利润来源。因为C2C电子商务网站是一个交易平台，它为交易双方提供交易机会，就相当于线下的交易所、大卖场，从交易中收取佣金是其市场本质的体现。

（3）广告费。广告费是指企业将C2C电子商务网站上有价值的位置设置为广告位，根据网站流量和网站人群精度标定广告位价格，然后再通过各种形式向用户出售。如果网站具有充足的访问量和较强的用户黏性，广告业务量会非常大，广告收益也非常可观。有的C2C电子商务网站担心广告过多会影响到用户体验，因此只安排个别广告位，并不定期开放。

（4）搜索竞价排名。搜索竞价排名是指通过竞争出价的方式，获得C2C电子商务网站的有利搜索结果排名位置。C2C电子商务网站上有大量的搜索行为，搜索结果排名越靠前越容易引起用户的关注，由此搜索关键字竞价业务应运而生。实践证明，搜索竞价排名是效果较好、投资回报率较高的网络推广服务，受到众多中小企业的追捧。

（5）支付环节收费。买家可以通过网上银行先把预付款打到支付公司的个人专用账户上，待收到卖家发出的货物后，再通知支付公司把货款打入卖家账户，这样买家不用担心付了款却收不到货，卖家也不用担心发了货而收不到款。同时，支付公司会按成交额的一定比例收取手续费。

---

📄 **同步案例 3-1**

## 京东供应链完整布局

2021年10月12日，京东小时购业务正式发布。消费者在京东App内选购商品时，若看到商品带有"小时购"标识，则意味着可以享受到商品小时级甚至分钟级送达的即时零售服务。京东小时购业务的发布，标志着京东多种供应链布局的全面完成。在以京东零售主站为代表的B2C模式和以京东生鲜、京喜、京东物流产地仓为代表的产地模式外，京东的本地零售模式已充分发挥价值。在本地零售模式中，有以京东小时购、京东到家为代表的到家模式，以京东便利店、七鲜超市、京东家电专卖店等实体门店为代表的到店模式，以及以京喜拼拼为代表的社区模式。由此，京东成为行业中唯一拥有"B2C模式+产地模式+本地零售模式"三大供应链模式的企业。

从履约模式来看，互联网零售的供应链模式可以分为3个"大"模式。一是以京东主站为代表的B2C模式，城市中心仓依赖强大的垂直一体化能力，配送时效高度可控，能为消费者提供值得信赖的体验。二是产地模式，产地仓可一地发全国。三是本地零售模式，即用距离消费者最近的前置仓或实体店库存履约的模式，其可以细分为3个"小"模式：其一是到家模式，即从门店配送到消费者手中，代表企业是达达、京东到家；其二是到店模式，即通过门店拓展广泛链接的形式连接消费者，代表企业如沃尔玛；其三是社区模式，商品集中配送给团长，代表企业有以短链物流见长的兴盛优选。

尽管模式不同，但这三大供应链模式的目标非常一致，就是优化零售行业的核心——

成本、效率、体验。例如，B2C 模式是把商品放到距离消费者最近的库房，实现更高效的送达；产地模式则是让保质期较短的生鲜商品离开田间地头后就迅速奔向消费者；而本地零售模式则充分利用实体店、前置仓，满足 3 千米内消费者的即时消费需求。

**思考：京东布局完整的供应链有什么意义？**

# 3.2 B2B 电子商务

当前中国经济正处于转型升级的重要时期，创新正在成为经济发展的新引擎，传统产业通过"互联网＋"和供给侧改革实现转型升级，已成不可逆趋势。这一时期更是 B2B 电商的战略机遇期。共研产业研究院报告数据显示，2022 年，我国 B2B 行业线上化市场规模为 15.5万亿元，较 2021 年增加 0.2 万亿元，同比增长 1.31%，预测市场规模在未来将会进一步得到提升，到 2025 年 B2B 行业线上化市场规模预计将达到 19.5 万亿元，如图 3-3 所示。

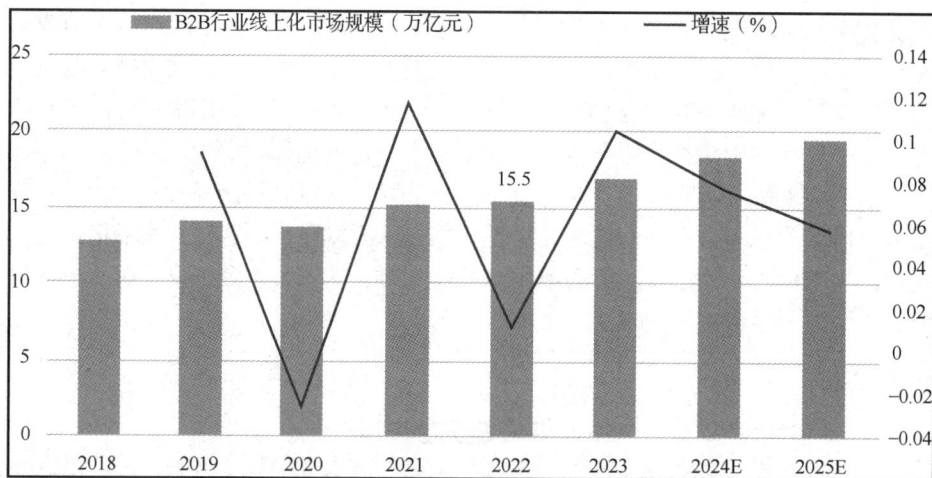

图 3-3　2018—2025 年中国电子商务交易规模统计及预测图

## 3.2.1 B2B 电子商务的定义

B2B 电子商务是发展最快的一种电子商务模式，已经有多年的历史。B2B 电子商务是按交易对象分类的一种电子商务模式，也是电子商务市场上的主流模式。

**1. B2B 电子商务的概念**

B2B 电子商务是指企业通过内部信息系统平台和外部网站，将面向上游供应商的采购业务和面向下游代理商的销售业务有机地联系在一起，从而降低彼此之间的交易成本，提高客户满意度的模式，如企业之间利用网络进行采购、接收订货、传递合同等单证及进行付款等。B2B 电子商务的代表企业有：阿里巴巴、上海钢联、怡亚通、慧聪集团、宝尊电商、国联股份和科通芯城等。

**2. B2B 电子商务的特点**

与别的模式相比，B2B 电子商务具有以下特点。

（1）交易金额较大。B2B 电子商务是企业与其供应商、客户之间进行大宗货物的交易与买卖活动的电子商务模式，其交易金额远大于 B2C 电子商务，但交易次数相对较少。

（2）交易对象广泛。B2B电子商务的交易对象可以是任何一种产品，既可以是原材料，也可以是半成品或产成品。

（3）交易过程复杂。B2B电子商务的交易过程是各类电子商务模式中最复杂的，主要涉及企业间原材料、产品的交易及相应的信息查询、交易谈判、合同签订、货款结算、单证交换、库存管理和物品运输等，如果是跨国交易，还会涉及海关、商检、国际运输、外汇结算等流程，企业间的信息交互和沟通非常多。

（4）交易操作规范。B2B电子商务由于交易金额大、交易对象广泛等，因此在交易过程中对合同及各种单证的格式要求比较严格，操作过程比较规范，同时比较注重法律的有效性。

## 3.2.2　B2B电子商务的运营模式

根据B2B电子商务交易平台的构建主体划分，B2B电子商务的运营模式可以分为基于企业自有网站的B2B电子商务交易和基于第三方平台的B2B电子商务交易。

### 1．基于企业自有网站的B2B电子商务交易

基于企业自有网站的B2B网站是一种以传统企业为中心的B2B电商网站，也叫面向制造业或面向商业的垂直B2B网站，一般依托于传统企业的自有网站。企业建立B2B电商网站的目的主要是自用，即利用这一网站实现供应链管理和客户关系管理的优化，以达到采购、营销和企业形象宣传等商务目的，典型代表有海尔企业购等。

### 2．基于第三方平台的B2B电子商务交易

第三方平台既不属于拥有产品的企业，也不属于经营商品的商家，而是由中介服务商提供、将销售商和采购商汇集在一起进行交易的平台。按照面向行业范围，基于第三方平台的B2B电商平台可以进一步划分垂直B2B电商平台（面向同一个行业）和水平B2B电商平台（面向多个行业）。前者比较典型的代表有中国化工网、上海钢联等，后者比较典型的代表有阿里巴巴、敦煌网、慧聪网等。

这类平台的基本功能包括：提供供求信息服务、提供附加信息服务、提供电子目录管理服务、提供交易配套服务、提供客户关系管理服务、提供定价机制服务、提供供应链管理服务等。基于第三方平台的B2B电子商务交易的运行机制如图3-4所示。

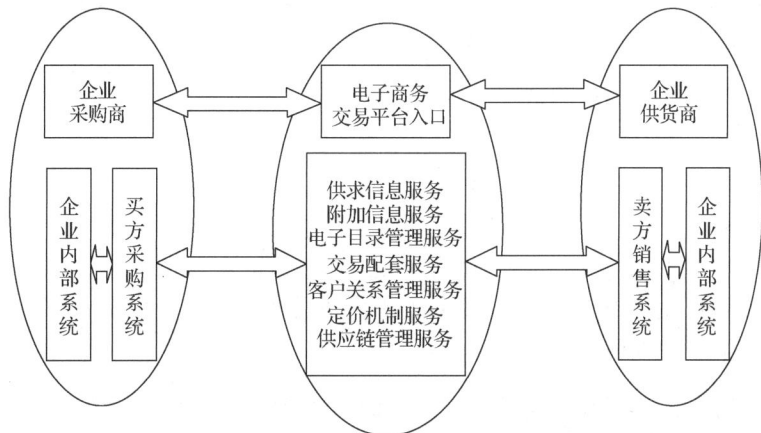

图3-4　基于第三方平台的B2B电子商务交易的运行机制

## ✳ 3.2.3 B2B 电子商务的盈利模式

B2B 电子商务的盈利模式有以下 8 种。

### 1．会员费

B2B 电子商务网站的盈利模式中占据主要地位的就是会员费。企业想要通过第三方电子商务平台参与电子商务交易，必须注册成为 B2B 电子商务网站的会员，每年缴纳一定的会员费，才能享受网站提供的各种服务。目前，会员费已成为我国 B2B 电子商务网站最主要的收入来源之一。

### 2．广告费

广告费是门户网站的主要盈利来源，同时也是 B2B 电子商务网站的主要收入来源之一。B2B 电子商务网站一般根据广告在首页的位置及广告的类型来收费。有弹出广告、漂浮广告、BANNER 广告、文字广告等多种广告可供用户选择，包括文字、图片、动态 flash 等广告方式。

### 3．竞价排名

企业为促进商品的销售，都希望自己的商品在 B2B 电子商务网站的信息搜索结果中排名靠前，而 B2B 电子商务网站在确保信息准确的基础上，会根据会员交费的不同对其排名顺序做相应的调整。例如，阿里巴巴的竞价排名提供诚信通会员专享的搜索排名服务，当买家在阿里巴巴搜索商品信息时，竞价企业的商品将排在搜索结果的前三位，会在买家搜索时被优先看到。

### 4．交易佣金

交易佣金也是 B2B 电子商务网站十分重要的收入来源。用户注册成为 B2B 电子商务网站的会员之后，才能参与 B2B 电子商务平台的交易活动。一部分 B2B 电子商务平台采取佣金制，免注册费，用户每年不需交纳会员费，就可以享受网站提供的服务，网站只在买卖双方交易成功后收取费用，这就称为交易佣金，如敦煌网。交易佣金比例一般为 2%～7%。

### 5．增值服务

B2B 电子商务平台除了为企业提供贸易供求信息外，还会为企业的网站运营提供一定的增值服务，比如企业认证、独立域名、提供行业数据分析报告、搜索引擎优化等。现货认证就是针对电子采购商提供的一个特殊的增值服务，因为电子采购商通常都比较重视库存。B2B 电子商务平台往往会根据行业的特殊性去深挖客户的需求，然后提供具有针对性的增值服务，以获取收益。

### 6．线下服务

B2B 电子商务网站除了提供线上服务，还会为企业提供一些线下服务。线下服务主要包括开办展会、发放期刊等。通过展会，供应商和采购商可以面对面地交流，一般的中小企业都比较青睐这种模式。期刊主要用于提供行业资讯等信息，其中也可以植入广告。

### 7．询盘付费

区别于传统的会员包年付费模式，询盘付费模式是指从事国际贸易的企业不按时间付费，而是按海外推广的实际效果付费，也就是按海外买家实际的有效询盘来付费。成功获得有效询盘并辨认清楚询盘的真实性和有效性后，企业只需在线支付询盘费用，就可以获得与海外买家直接谈判成单的机会，从而将主动权完全掌握在自己手里。这种模式适用范围广、效果容易测评，越来越受到 B2B 电子商务企业的青睐。

### 8．商务合作

B2B 电子商务网站为企业提供商务合作服务，包括广告联盟，政府，行业协会合作，传统媒体的合作等。广告联盟通常是网络广告联盟，亚马逊通过这种方式已经取得了不错的成效。我国比较典型的广告联盟是百度联盟。

## 3.2.4　B2B 电子商务的业务流程

运营模式不同，B2B 电子商务的业务流程也有较大的不同。

### 1．基于企业自有网站的 B2B 电子商务交易的流程

这一般分为基于采购商网站的 B2B 电子商务交易的流程和基于供应商网站的 B2B 电子商务交易的流程。

（1）基于采购商网站的 B2B 电子商务交易的流程。基于采购商网站的 B2B 电子商务交易也称为以买方为主导的 B2B 电子商务交易，主要是指采购商基于自有网站与其上游供应商开展各种商务活动，即网络采购。

网络采购即利用互联网或专用网络在企业间开展的商品、服务的购买活动。网络采购的主要目标是使那些成本低、数量大或对业务影响大的关键产品和服务订单实现处理和完成过程的自动化。在我国，网络采购主要采用网上招投标的方式进行。

网上招投标是指采购商通过互联网发布采购信息、接受供应商线上投标报价、线上开标及公布采购结果的全过程。网上招投标包括公开招投标和邀请招投标。公开招投标是指招标人以招标公告的方式邀请不特定的法人或者其他组织投标。公开招标的投标人应不少于7家。邀请招投标是指招标人以投标邀请书的方式邀请特定的法人或者其他组织投标。邀请招标的投标人应不少于3家。

网上招投标流程（见图 3-5）包括：①采购商新建招标项目；②采购商在自有网站上发布招标公告，寻找潜在的供应商，邀请供应商参加项目竞标；③供应商从网站上下载投标书，并以电子化的方式提交投标书；④截标后，采购商评估供应商的投标书，双方可能会以电子化方式谈判，以实现最佳交易；⑤采购商发布中标公告；⑥供应商查看中标公告；⑦采购商与符合其要求的供应商签订合同，生成销售单。

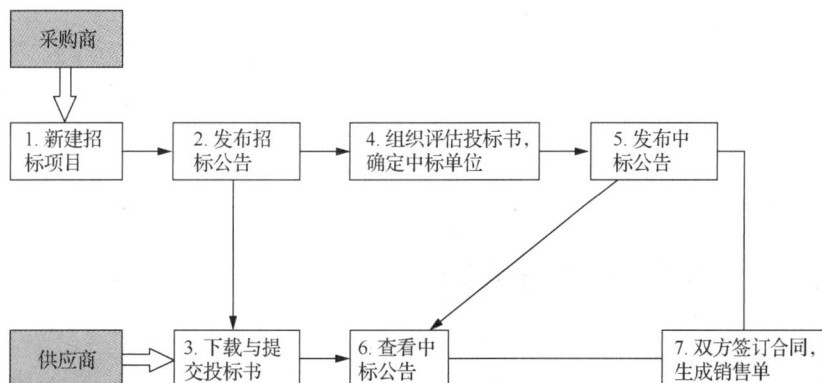

图 3-5　网上招投标流程

（2）基于供应商网站的 B2B 电子商务交易的流程。基于供应商网站的 B2B 电子商务交易也称为以卖方为主导的 B2B 电子商务交易，主要是指供应商基于自有网站与其下游的企业用户开展的以电子分销或网络直销为核心的各种商务活动。其流程（见图 3-6）包括：①供应商在自有网站的信息发布平台上发布买卖、合作、招投标等商业信息，采购商登录供应商网站，注册成为会员后查询有关信息；②采购商提出经销资格申请，供应商进行资格审查后授予经销资格；③在询价及商务洽谈的基础上，采购商通过供应商网站的信息交流平台下订单，供应商报价；④采购商下订单后，供应商接受订单，如有必要，双方还需签订合同；⑤采购商进行信息反馈，供应商进行订单跟踪；⑥双方进行货款结转，物流公司进行配送。

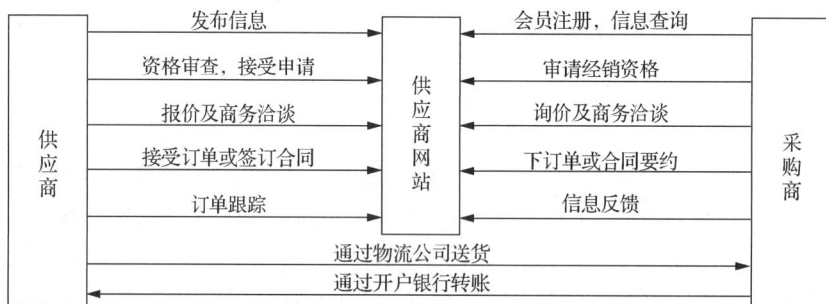

图 3-6　基于供应商网站的 B2B 电子商务交易的流程

### 2．基于第三方平台的 B2B 电子商务交易的流程

基于第三方平台的 B2B 电子商务交易的流程如下。

（1）第三方交易平台负责设计交易流程、制定交易规则并提供其他相关服务。

（2）交易双方（供应商、采购商）分别申领、下载认证授权证书。

（3）交易双方在第三方交易平台进行会员注册。

（4）第三方交易平台管理员对交易双方进行资格审查与信用调查后，审核通过交易双方的会员注册申请。

（5）交易双方通过第三交易平台发布各自的供求信息。

（6）第三方交易平台后台审核并发布交易双方发布的供求信息，同时在第三方交易平台提供大量详细的交易数据和市场信息。

（7）交易双方根据第三方交易平台提供的信息，选择交易对象，进行商务谈判，最终签订交易合同。

（8）交易双方在第三方交易平台指定的银行办理收付款手续；如果选择网上银行收付款，交易双方应该预先在网上银行开设账户，买家应在账户内存入足够的款项。

（9）物流配送部门将卖方货物送交买方。

（10）交易双方分别对对方信用进行评价，如有问题可通过第三方交易平台进行投诉。

## 3.3　其他新兴电子商务

除了一些发展较早的电子商务模式（网络零售、B2B 电子商务）外，近年来，随着数字信息技术的发展和电子商务模式的不断创新，相继出现了一些新兴电子商务的实践与应用，如 G2B 电子商务、O2O 电子商务、C2B 电子商务、C2M 电子商务等。

# ❋ 3.3.1 G2B 电子商务

随着计算机、网络和通信等现代信息技术的发展，电子政务成为实现政府组织结构和工作流程优化的重要手段。电子政务应用范围广泛，几乎涉及传统政务的各个方面。根据用户的不同，电子政务可以分为政府之间的电子政务（G2G）、政府与企业机构之间的电子政务（G2B）和政府与公民之间的电子政务（G2C）。这里着重介绍 G2B 电子商务。

### 1．G2B 电子商务的概念

G2B 电子商务是指政府与企业之间通过网络进行交易活动的商业模式，包括：政府通过互联网进行工程的招投标或政府采购；政府通过网络为企业办理征税、报关、出口退税、商检等业务；企业为政府提供虚拟工作空间，让双方可以通过共享公共网站来协调工作、会议和管理计划等。这样可以提高政府的办事效率，使政府的工作更加透明、廉洁。G2B 电子商务的代表网站有中国政府采购网、中国采购与招标网等。

### 2．G2B 电子商务的典型应用

G2B 电子商务的应用范围较广，包括电子招投标采购、电子税务、电子证照办理、信息咨询服务、中小企业电子服务、电子海关等。其中比较典型的应用是电子招投标采购、电子海关。

（1）电子招投标采购。电子招投标采购的过程可以简单理解为采购方或主办单位发出通知，说明准备采购的商品或兴办工程的要求，提出交易条件，邀请卖主或承包人在指定的期限内提出报价；卖主或承包人在规定的期限内提出报价，争取中标并达成协议。这一过程全部通过互联网完成，体现了"公开、公平、竞争、效益"的原则，减轻了信息发布、信息交换等方面的负担，提高了工作效率，缩短了招投标周期，降低了招投标成本，节约了资源。

（2）电子海关。我国电子口岸运用了现代信息技术，将国家各行政管理机关分别管理的进出口业务的信息流、资金流、物流电子底账数据集中存放到公共数据中心，在统一、安全、高效的网络平台上实现数据共享和数据交换。每个进出口企业都可以在网上直接向海关、检疫、外贸、工商、税务等政府机关申办各种进出口和行政管理手续，这种做法彻底改变了过去进出口企业为了办理一项进出口业务而往返于各政府机关的状况，实现了政府对企业的"一站式"服务。

---

📖 **素养课堂 3-2**

#### 电子政务进入数字化、智能化阶段

近年来，我国政府对电子政务行业发展的重视度较高，有关部门出台了多项政策来支持、规范电子政务的发展，多重利好因素推动下，电子政务建设速度加快，我国也逐步进入"政务发展指数非常高"国家序列。电子政务市场集中度较高，伴随市场竞争加剧，以及市场需求升级，头部企业有望持续扩大竞争优势。

2016 年 3 月，我国要求大力推行"互联网+政务服务"，实现部门间数据共享，让居民和企业"少跑腿、好办事、不添堵"；2016 年 9 月，我国发布《关于加快推进"互联网+政务服务"工作的指导意见》。2016 年以来，我国全面启动"互联网+政务服务"战略，"互联网+政务服务"逐渐发展成为我国电子政务行业的一个快速发展的新兴子领域。2019 年我国明确要求：建立健全运用互联网、大数据、人工智能等技术手段进行行政管理的制度规则。推进数字政府建设，加强数据有序共享。

2021年3月，我国审议通过了《中华人民共和国国民经济和社会发展第十四个五年规划和2035年远景目标纲要》，其中"第十七章 提高数字政府建设水平"中要求：全面推进政府运行方式、业务流程和服务模式数字化智能化；深化"互联网+政务服务"，提升全流程一体化在线服务平台功能。在互联网、物联网、云计算、大数据、人工智能、移动互联等技术的推动下，电子政务进入"互联网+"阶段，并开始向推动公共服务改善、营商环境优化、社会治理改革和行政效能提升的"数字政府"方向发展。

2022年4月，《关于加强数字政府建设的指导意见》强调：要全面贯彻网络强国战略，把数字技术广泛应用于政府管理服务，推动政府数字化、智能化运行，为推进国家治理体系和治理能力现代化提供有力支撑。

## ✳ 3.3.2　O2O 电子商务

与消费者在商家直接消费的模式不同，在 O2O 电子商务中，整个消费过程由线上和线下两部分构成。

### 1．O2O 电子商务的概念

O2O 是 Online-to-Offline 的缩写，其中文意思为"线上与线下"。O2O 电子商务是指将线下的商业机会与互联网结合，让互联网成为线下交易的平台。其前提条件是企业已经建有实体店（或体验店），如此企业可以在线揽客，消费者可以在线挑选服务、成交和结算，即可以实现全部信息流的网上传输。消费者通常在线上进行多方面的信息比较，同时也需要在线下进行体验，由于网络为消费者与企业的互动提供了高效且廉价的手段，因而线上营销功能得以实现。同时，O2O 电子商务还可实现不同商家的联盟，其代表网站有：美团网、大众点评、赶集网等。

### 2．O2O 电子商务的运营模式

O2O 电子商务的运营模式主要有以下一些类型。

（1）线上到线下。线上到线下是指从线上交易到线下消费体验，即企业先搭建一个线上平台，以这个平台为依托和入口，将线下商业流导入线上进行营销和交易，同时消费者到线下享受相应的服务。这个线上平台是这种模式运转的基础，应具有强大的资源流转化能力和促使消费者与平台进行线上线下互动的能力。在现实中，很多生活服务型企业都采用了这种模式。例如，腾讯凭借其多年的资源聚集、转化能力及形成的经济基础，构建了 O2O 平台生态系统。在 O2O 布局上，腾讯已经构建起腾讯系大平台，并搭建了 O2O 生态链条。以微信平台为入口，后端有腾讯地图、微信支付等做支撑，中间整合本地生活服务，如大众点评、猫眼电影等，由此构建起线上线下互动的闭环。

（2）线下到线上。线下到线上是指从线下营销到线上交易，即企业先搭建一个线下平台，以这个平台为依托进行线下营销，让消费者享受相应的服务，同时将线下商业流导入线上平台，在线上进行交易，由此促使线上线下互动并形成循环。在这种模式中，企业需自建两个平台，即线下实体平台和线上互联网平台。一般是先开实体店铺，后自建网上商城，再实现线下实体店铺与线上网上商城的同步运行。在现实中，采用这种模式的实体企业较多，苏宁云商构建的 O2O 平台生态系统即是如此。在线下，苏宁云商目前拥有1 600多家自建的实体店铺。在线上，其搭建的苏宁易购等网络平台已覆盖传统家电、3C 电器、日用百货等品类。

（3）线上到线下再到线上。线上到线下再到线上是指从线上交易或营销到线下消费体验再到线上消费体验，即企业先搭建一个线上平台进行营销，再将线上商业流导入线下实体店铺让消费者享受服务，然后让消费者到线上进行交易或消费体验。在现实中，很多团购、电商等企业都采用了这种模式，例如京东的 O2O 生态链条，京东先自建线上京东商城，以其线上平台进行营销，线下自营物流系统与实体店铺合作，让消费者享受线下服务，再让消费者到线上京东商城进行交易。

（4）线下到线上再到线下。线下到线上再到线下是指从线下营销到线上交易再到线下消费体验，即企业先搭建一个线下平台进行营销，再将线下商业流导入或借力第三方网上平台进行线上交易，然后让消费者到线下消费体验。在这种模式中，企业选择的第三方网上平台一般是现成的、颇具影响力的社会化平台，如微信、大众点评等，且可同时借用多个第三方网上平台，这样企业就可以借力第三方网上平台进行引流，从而实现自己的商业目标。在现实中，餐饮、美容、娱乐等本地生活服务类企业多采用这种模式，连锁餐厅比萨品牌棒约翰就是代表之一。消费者在线下的棒约翰门店通过线上 App 和第三方网上平台进行线上支付，再在线下的棒约翰门店享受服务。具体来说，在线下，棒约翰目前在全球已开设了 4 000 多家连锁餐厅。在线上，一方面，棒约翰开发了自己的 App，搭建了自己的网上订餐平台；另一方面，为借力第三方网上平台进行引流，棒约翰也入驻了微信和大众点评等平台。

## 3.3.3　C2B 电子商务

C2B 电子商务是互联网经济时代新的商业模式。在消费升级趋势下，人们不再仅为满足基本需求而购物，而是越来越愿意为自己的个性化需求买单，C2B 电子商务将变得越来越主流。

### 1．C2B 电子商务的概念

C2B 是 Customer-to-Business 的缩写，其中文意思为"消费者到企业"。在 C2B 电子商务中，应该先有消费者需求后有企业生产，即消费者先向企业提出需求，企业再根据消费者需求组织生产。一般情况是消费者根据自身需求定制商品和价格，或主动参与商品的设计、生产和定价。C2B 电子商务的代表网站有优定制、Priceline 等。

### 2．C2B 电子商务的经营模式

C2B 电子商务的经营模式有以下 3 种类型。

（1）聚定制模式。聚定制模式即通过聚合消费者的需求组织企业批量生产，让利于消费者。其流程是消费者提前交定金抢占优惠价名额，然后在活动当天交尾款，这也是该模式最大的亮点。这种模式对于企业的意义在于其可以提前锁定消费群，有效缓解 B2C 模式下企业盲目生产导致的资源浪费，降低企业的生产及库存成本，提高商品周转率，这对商业社会的资源节约也起到极大的推动作用。值得一提的是，团购也属于聚定制模式的一种。

（2）模块定制模式。聚定制模式只是聚合了消费者的需求，并不涉及 B 端商品环节本身的定制。模块定制模式为消费者提供了一种模块化、菜单式的有限定制，考虑到整个供应链的改造成本，为每位消费者提供完全个性化的定制还不太现实，目前更倾向于让消费者去适应企业既有的供应链。

（3）深度定制模式。深度定制也叫参与式定制，在这种模式中消费者能参与全流程的定制环节。企业可以完全按照消费者的个性化需求来定制商品，每一件商品都可以算作一个独立的库存量单位（Stock Keeping Unit，SKU），目前将深度定制模式应用得最成熟的当属服装类、鞋类、家具类行业。深度定制模式的典型代表是定制家具平台——尚品宅配网，它将计算机技术与互联网技术深度整合，通过设计系统、网上订单管理系统、条码应用系统、混合排产及生产过程系统实现了转型升级。

---

📋 **同步案例 3-2**

### 上汽大通的 C2B 大规模个性化智能定制模式

上汽大通自 2016 年率先将 C2B 大规模个性化智能定制模式引入汽车行业，成为第一家实施 C2B 战略部署的车企。上汽大通对于 C2B 大规模个性化智能定制模式的定义为：通过互联网和云计算，实现企业与用户及伙伴的数字化直联，用户参与全价值链的数据化互动和决策，企业与用户建立终身相伴的有温度的关系，为用户打造定制化的产品和服务。

首台运用 C2B 大规模个性化智能定制模式制造出来的车是上汽大通 D90，其于 2017 年 8 月上市。有的用户初次接触这种模式，很兴奋地表示自己想要的车终于要制造出来了。

2020 年年初，很多车企接到了生产负压救护车的任务，当用户的订单来到工厂，在结合了网络物理系统、物联网、云计算及人工智能的综合性制造技术的驱动下，生产流程变得透明、高效和智能。从产品定义、设计开发、汽车认证到自由选配、用户定价、反馈改进，从预测发布、用户下单、计划排产、零件入厂，直至整车生产、质检、发运，上汽大通将整个过程全程在线开放给用户。

根据 2020 年 11 月上汽大通的数据，上汽大通 MAXUS 单辆车向用户提供 40 个大类、100 项不同配置的定制服务，定制化车型的销量已经占到总销量的 40%。

以 C2B 大规模个性化智能定制模式为支点，上汽大通推动了整个制造体系的智能化升级，并成为以用户需求为中心的用户企业典范。借助 C2B 大规模个性化智能定制模式，上汽大通打通了产品、用户需求、制造过程中的数据壁垒，完成了从消费端到生产端产品全业务链的数字化闭环，从而能够准确、快速响应用户的个性化定制需求。上汽大通的业务数据化能力得到快速提升，比如，70% 的基盘用户可通过线上直联，200 多位工程师直联用户，可在 1 天内解决用户的售前售后问题。

**思考：**

1. 上汽大通的定制化生产有什么好处？
2. 消费端的数据对于上汽大通来讲意味着什么？

---

## ✿ 3.3.4 C2M 电子商务

工业互联网能够将人、数据和机器连接起来，结合软件和大数据分析，重组工业结构，从而激发生产力，为制造商和用户提供前所未有的解决方案。C2M 电子商务是在工业互联网的背景下产生的，由必要商城创始人毕胜于 2013 年率先在中国提出并实施，它是指现代制造业中由用户驱动生产的反向生产模式。

### 1. C2M 电子商务的概念

C2M 是英文 Customer-to-Manufacturer（用户直连制造）的缩写，C2M 电子商务是一种新型的工业互联网电子商务的商业模式，又被称为短路经济模式，如今已被应用于诸多行业和领域。

C2M 基于互联网、大数据、人工智能，通过生产线的自动化、定制化、节能化、柔性化，运用庞大的计算机系统随时进行数据交换，按照客户的产品订单要求，设定供应商和生产工序，最终生产出个性化产品。2015年7月，全球首家C2M电子商务平台必要商城上线。以必要商城为代表的 C2M 电子商务平台，正带动汽车、家居、箱包、服装、眼镜等行业的一批企业向C2M电子商务转型。

### 2．C2M电子商务的特点

（1）个性化生产。C2M电子商务强调以用户为中心，根据用户的个性化需求组织生产，并吸引消费者加入产品设计环节，有效激发市场活力和社会创造力。

（2）省去中间环节。C2M电子商务实现了用户到工厂的直连，去除所有中间流通加价环节，为用户提供"大牌品质，工厂价格"的商品。

（3）数字化制造。对于制造企业而言，C2M电子商务运用数字化技术提高了传统生产要素的生产率，推动企业生产线、供应链、内部管理制度乃至整个商业模式变革。

（4）提供更多流量。C2M电子商务与直播带货结合，将消费场景与内容深度结合，为具有强大供应链能力的生产企业提供了更多流量，助力其成长为国内新品牌。

### 3．C2M电子商务的业务流程

C2M电子商务的业务流程可以参考必要商城的业务流程，如图3-7所示。

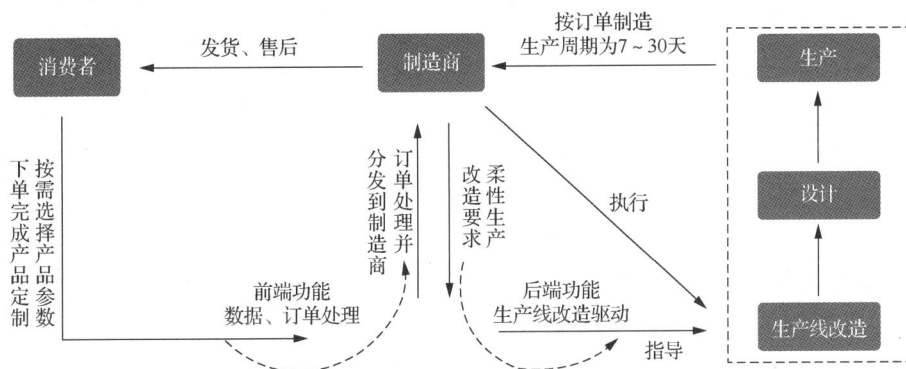

图3-7　必要商城的业务流程

必要商城于2015年7月上线，是国内较早推行工厂直连消费端商业模式的平台，当前已聚集500多家全球消费品工厂的供应链，涵盖美妆个护、服饰内衣、家居日用等930个品类。

## 3.4　新零售

经过多年的高速发展，传统电商因互联网和移动互联网终端的大范围普及获取的用户增长与流量红利逐渐减少。作为全世界规模最大的中等收入群体，我国消费者在移动支付、大数据、虚拟现实等技术的支持下，不断追求高质量的商品和服务的同时，也积极融入线下消费场景和进行社交消费。对于电商企业而言，唯有变革才有出路。

### 3.4.1　新零售的定义

新零售是互联网在实现社会信息化、数字化的过程中，零售行业发展、变化的一个阶段。新零售的发展已经远远突破了技术改良的层面，它引领了一次影响深远的商业革命，反映了消费升级的时代诉求。对于其定义，可以从以下一些有代表性的方面进行理解。

**1．新零售的概念**

未来的零售行业将会以消费者的消费体验为中心，而先进的互联网、计算机与人工智能等技术会对整个零售行业的产品与服务进行改造升级，从而满足消费者不断变化的个性化需求。

（1）阿里研究院的新零售概念。阿里研究院在《新零售研究报告》中将新零售定义为以消费者体验为中心的数据驱动的泛零售形态。该报告指出，新零售有三大特征：①以"心"为本。数字技术将无限逼近消费者内心需求，围绕消费者内心需求重构人、货、场，最终实现"以消费者体验为中心"，即掌握数据就能掌握消费者内心需求。②零售"物种"大爆发。借助数字技术，物流业、大文化娱乐业、餐饮业等多元业态均延伸出零售形态，更多零售"物种"即将孵化产生，如自然人零售等，未来有望实现"人人零售"。③零售二重性。任何零售主体、任何消费者、任何商品既是物理的，也是数字化的（即二维角度），同时，基于数理逻辑，企业内部与企业间的流通损耗最终可达到无限逼近于"零"的理想状态，最终实现价值链重塑。

（2）学术界的新零售概念。从 2017 年开始，学术界开始涉足新零售的研究。许多学者认为，新零售是指未来电子商务平台将会消失，线上、线下和物流结合在一起所产生的一种经营业务模式，即"线上+线下+物流"，线上是指云平台，线下是指零售门店或制造商，而物流将库存水平降到最低，核心是以消费者为中心的会员、支付、库存、服务等方面数据的全面打通。也有学者认为，新零售甚至应该称为"新新零售"，或者新零售就是"将零售数据化"。

（3）政府部门的新零售概念。我国商务部文件指出，或者新零售是以消费者体验为中心，以行业降本增效为目的，以技术创新为驱动的要素全面更新的零售。

微课堂
新零售的企业实践

（4）本书的新零售概念。综合多种概念，本书认为，新零售是指以提升消费者体验为重心，运用数字化技术，连接人、货、场三重要素，通过整合供应链来全面提升商贸流通业产业效率的一种商业模式。

**2．新零售的特征**

新零售本质上代表的是一种更高效率的零售，从传统零售到新零售的探索就是一个持续优化、提升零售效率的过程。新零售具有以下特征。

（1）生态化。新零售的商业生态建设将涵盖在线页面、实体店、支付终端、数据系统、物流平台、营销路径等多个方面，内含购物、娱乐、阅读、学习等多样化功能。同时，全面提升线上服务、线下体验、金融支持、物流支持四大能力，更好地满足消费者在购物过程中对便利和舒适的需求，增加用户黏性。

（2）无界化。新零售通过对线上和线下平台、有形和无形资源的高效整合，模糊业务流程中各主体的现有边界，全方位消除零售渠道之间的各种障碍，促进人员、资金、信息、技术和商品的合理顺畅流动，实现整个商业生态链的互联互通和共享，使消费者能随时随地以任何可能的方式与企业或其他消费者进行全方位的互动及商品和服务的购买。

（3）智能化。在产品升级、渠道整合、顾客至上的新零售时代，人们体验的购物流程和购物场景会具有典型的智能化特征。智能试装、空间感应、图片搜索、语音购物、VR购物、无人物流、自助结算、虚拟助手等功能将真正出现在消费者面前，甚至得到广泛应用和推广。

（4）体验化。体验化的经营方式就是通过利用线下实体店，将产品嵌入所创设的各种真实生活场景之中，赋予消费者全面深入了解商品和服务的直接机会，从而触发消费者视觉、听觉、味觉等方面的综合反馈，在增进消费者的参与感与获得感的同时，使线下平台的价值进一步被发掘。

## 3.4.2 新零售的基本架构

零售的本质是把人与货连接在一起的场，而场的本质是信息流、资金流和物流的万千组合。不论技术或商业模式历经多少次改造，其本质要素都离不开人、货、场，研究零售基本架构，其实就是对人、货、场的研究。2017年3月，阿里研究院发布的《新零售研究报告》将新零售划分为前台（表现层）、中台（支撑层）和后台（基础层）3层架构，如图3-8所示。

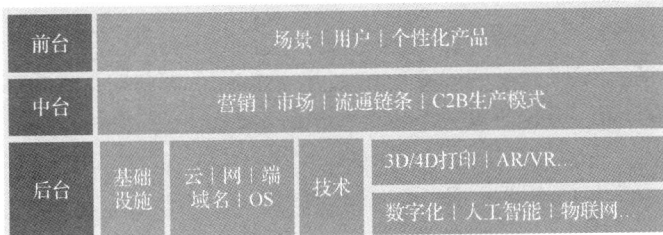

| 前台 | 场景｜用户｜个性化产品 | | |
|---|---|---|---|
| 中台 | 营销｜市场｜流通链条｜C2B生产模式 | | |
| 后台 | 基础设施 | 云域名｜网端｜OS | 技术 | 3D/4D打印｜AR/VR... |
| | | | | 数字化｜人工智能｜物联网... |

图3-8 阿里研究院划分的新零售架构

**1. 前台：人、货、场重构**

近年来，无论是盒马鲜生打造的"逛吃"体验，还是以苏宁极物为代表打造的集休闲、餐饮、3C数码、生活家居为一体的沉浸式生活空间，都是从消费者体验出发，实现消费场景的再造。究其原因，消费的不断升级正在推动人、货、场的重构——人从消费者升级到用户、货从标准工业品升级到个性化产品、场从卖场升级到场景。即从过去的"货—场—人"进化到"人—货—场"。

（1）人：消费者画像。在传统零售时代，商家借助多种调研手段得到的消费者画像往往是千人一面。在新零售时代，利用数据技术，商家可以对消费者的性别、年龄、收入等数据进行线上线下采集、建立标签、建模，进而可以重构人——针对人群去匹配各类标签组合，为每类人群建立非常清晰的画像，即人群的全息画像，完美地抽象出消费者的商业全貌。建立消费者全息画像的过程演示如图3-9所示。

图3-9 建立消费者全息画像的过程演示

（2）货：在新零售时代，消费者的诉求也从单纯的"商品+服务"演变为"商品+服务+内容+其他"，消费者不光关心商品的性价比、功能、耐用性等，更关心商品的个性化专业功能，以及商品背后的社交体验、价值认同和参与感。甚至在服务方面，基于数字技术的定向折扣、个性化服务、无缝融合的不同场景，都将给消费者带来全新的体验。

（3）场：在新零售时代，品牌与消费者的触点或消费场景产生了极大的变化，门店、电商、移动、电视等渠道更加多元化，消费者基本实现了随时随地购物，可以说，只要有网络的地方就可以达成商品的交易。随着 AR/VR 等技术的进一步成熟发展，消费场景将真正实现无处不在，"所见即所得"。这也将给消费者的体验带来极大的提升。

### 2. 中台：新营销、新市场、新流通链和新生产模式

（1）新营销。新营销是指以消费者运营为核心的全域营销，它用数据打通消费者认知、兴趣、购买、忠诚、分享、反馈的全链路，实现数据可视化、可追踪、可优化，为品牌策略、品牌传播和品牌运营提供精细化支持。

（2）新市场。在数字化的支持下，全球化、全渗透、全渠道的统一大市场形成，传统商业逻辑被打破，任意场景下的任何市场主体可瞬时达成交易。

（3）新流通链。新零售服务商重塑高效流通链。新生产服务（数字化生产、数字化转型咨询、智能制造）；新金融服务（供应链新金融）；新供应链综合服务（智能物流、数字化供应链、电商服务商）；新门店经营服务（数字化服务培训、门店数字化陈列）。

（4）新生产模式。新零售是消费方式逆向牵引生产变革（见图 3-10）的一种商业模式。在这种模式下，C2B 电子商务催生了高效企业，形成了以消费者为中心、个性化定制的生产模式。企业可以采集全链路的消费者信息，再将其及时反馈给生产环节，最终实现数据流牵引生产。

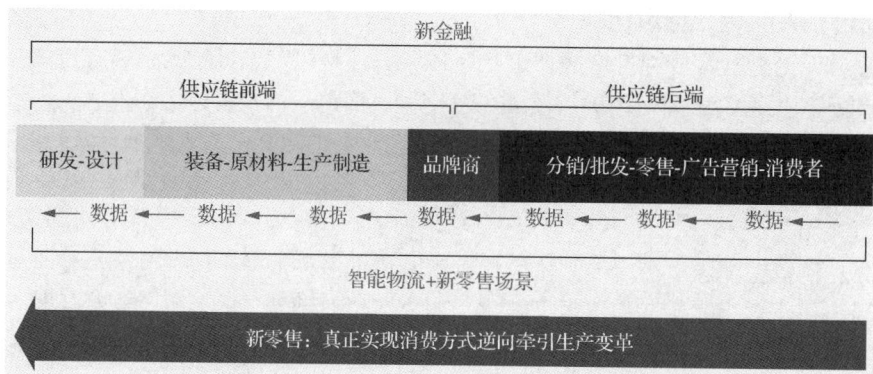

**图 3-10 消费方式逆向牵引生产变革示意图**

### 3. 后台：基础环境、新兴技术赋能发展

新零售基础设施主要是指数字经济技术设施，包括流量、物流、支付、技术、物业选址等，如图 3-11 所示。新兴技术赋能主要指 3D/4D 打印技术改变了产品生产方式、AR/VR 提升了消费体验、传感器和物联网提升了门店消费体验、人工智能贯穿于新零售全过程等。

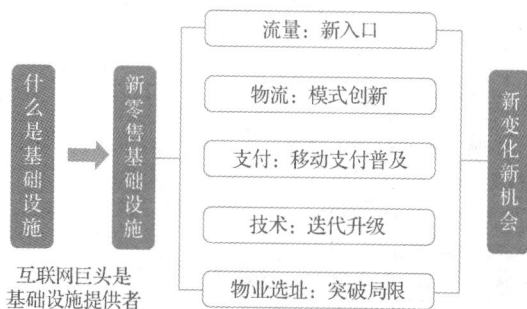

**图 3-11 新零售基础设施示意图**

### ✻ 3.4.3 新零售的经营模式

目前，比较典型的新零售的经营模式有品牌商自建模式、平台渠道模式、SaaS 模式等。

#### 1. 品牌商自建模式

品牌商的显著特征是具备研发能力，并具备较为充沛的现金流或背靠融资。在品牌商的组织架构中，有一支专业的产品/开发/测试/运维团队，面向个人的客户端（App 或小程序）、内部的 POS 机、财务管理系统、供应链管理系统等大都是自主研发的，只有少量是品牌商外部采购的。部分品牌商还有非常专业的数据团队，除了制作基本的报表、进行数据可视化分析外，该团队甚至可以为业务提供前瞻性的辅助决策信息。这种模式的代表品牌有盒马、超级物种、苏宁、百果园、NOME、名创优品、屈臣氏、钱大妈等。

#### 2. 平台渠道模式

采用这种模式的公司大部分都是从电商平台、O2O 平台旧的业务延伸出来的，它们以平台化的服务、轻量级的接入成本为零售提供线上增量销售。对于平台来说，采用这种模式一般具备规模效应。代表平台有京东到家、美团、饿了么等。

#### 3. SaaS 模式

采用这种模式的公司或业务的显著特征是首先紧紧抓住某个细分领域的关键客户，与其深度捆绑、合作，建立行业标杆，然后再进行复制，抢占市场份额。代表公司或业务有多点 OS、掌贝、腾讯智慧零售、零售通、淘鲜达、餐道等。

### 📊 本章小结

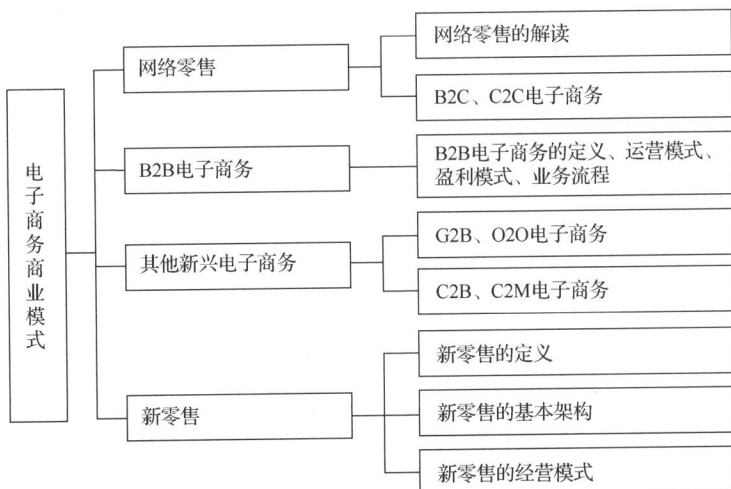

### 📊 课后实训

2022 年 11 月 10 日，京东官方数据显示，京东小时购业务 10 分钟内送达用户数同比增长超 100%，成为京东"双十一"期间备受用户喜爱的购物方式。"双十一"期间，超 20 万家线下实体店入驻京东到家、京东小时购，入驻门店数同比去年翻倍；超 1 800 个县、区、市的消费者体验到大促期间 10 分钟内送达的即时零售服务。

可以说，京东到家和京东小时购业务利用即时零售模式，进一步打通了线上线下渠道，实实在在地帮助实体店和品牌商实现大增长。

2021 年"双十一"前夕，京东携手达达集团打造的京东小时购业务正式发布，京东小时购业务开始启用"线上下单、门店发货、小时级乃至分钟级送达"的零售模式。

2022 年年初，达达集团融入京东，双方开始持续加码即时零售、即时配送业务，挖掘线下实体零售商与品牌商的新增量，京东初步完成对即时零售的布局。

一年过去，时间证明，京东小时购业务不仅提升了用户体验，还为商家与平台创造了巨大的价值。数据显示，2022 年第二季度，京东实现营收 2 676 亿元，高于市场预期的 2 616 亿元，同比增长 5.4%，也高于行业平均增速；净服务收入为 416 亿元，同比增长 21.9%，占净收入的比例达到 15.5%，创历史新高，其中，京东小时购业务增长了 400%。另据达达集团发布的 2022 年第二季度财报显示，截至 2022 年 6 月 30 日的 12 个月内，京东到家平台总交易额达 546 亿元，同比增长 68.9%。

由这些数据不难看出，京东小时购业务大大提升了京东的经营效率，同时，即时零售也为京东的线下业务带来了新的增长可能。

### 1．实训要求

分析京东即时零售的发展态势，并说明其背后的原因。

### 2．实训步骤

（1）学生分组，分别进入京东、天猫相关商城，查找、识别提供"次晨达"服务的商家（店铺），联系客服人员，结合消费者评价，对其综合即时零售服务能力进行分析、总结。

（2）结合自身购物经历与体验，分析、对比京东、天猫即时零售活动的异同，并对美团、抖音开展即时零售活动的前景做出分析。

## 重要名词

网络零售　C2M　B2B　O2O　新零售

## 课后练习

### 一、单项选择题

1．在电子商务分类中，B2B 电子商务是（　　）。

　　A．消费者与消费者之间的电子商务　　　B．企业间的电子商务

　　C．企业内部的电子商务　　　D．企业与消费者之间的电子商务

2．（　　）电子商务是消费者对消费者的交易模式，其特点类似于跳蚤市场。

　　A．B2C　　　　　　B．B2M　　　　　　C．G2B　　　　　D．C2D

3. B2B 电子商务网站的盈利模式中占据主要地位的就是（　　　　）。

    A. 广告费　　　　　　　B. 会员费　　　　　　C. 系统使用费　　D. 管理费

4. 与水平型网站相比，垂直型网站的主要特点是（　　　　）。

    A. 行业全　　　　　　　B. 服务全　　　　　　C. 专业性强　　　D. 内容丰富

5. 必要商城属于（　　　）电子商务平台。

    A. B2B　　　　　　　　B. C2M　　　　　　　C. C2B　　　　　D. O2O

## 二、多项选择题

1. 下列网站属于网络零售网站的有（　　　　）。

    A. 京东商城　　　　　　B. 淘宝网　　　　　　C. 美团　　　　　D. 大众点评

2. 按照交易标的分类，C2C 电子商务的运营模式还可以分为（　　　　）。

    A. 实物交易平台模式　　　　　　　　B. 智慧交易平台模式

    C. 电子报税模式　　　　　　　　　　D. 企业采购模式

3. B2B 电子商务的盈利模式有（　　　　）等。

    A. 会员费　　　　　　　B. 广告费　　　　　　C. 竞价排名　　　D. 加盟费

4. 根据 B2B 电子商务交易平台构建主体的不同，可以把 B2B 电子商务的运营模式分为（　　　）。

    A. 基于企业自有网站的 B2B 电子商务交易　B. 中介型 B2B 网站

    C. 水平型 B2B 网站　　　　　　　　D. 垂直型 B2B 网站

5. C2M 电子商务的特点有（　　　　）。

    A. 个性化生产　　　　　B. 数字化制造　　　　C. 商品品种有限　D. 省去中间环节

## 三、判断题

1. 网络零售也称网络购物，包括 B2C 和 B2B 两种形式。（　　　　）

2. 在大多数拍卖网站上，未注册用户只能在网站上浏览商品，不能参与竞拍。（　　　　）

3. B2B 电子商务的交易过程是各类电子商务模式中最复杂的。（　　　　）

4. 在 C2B 电子商务，一般情况是消费者根据自身需求定制商品和价格，或主动参与商品的设计、生产和定价。（　　　　）

5. 我国新零售进入了快速发展变革阶段。（　　　　）

## 四、简答题

1. 网络零售的发展趋势有哪些？

2. B2C 电子商务的盈利模式是怎样的？

3. G2B 电子商务的典型应用有哪些？

4. C2M 电子商务的特点有哪些？

5. 怎样理解新零售对人、货、场的重构？

## 五、技能训练题

1. 登录本地政府采购网站，查找自己所在学校或实习企业的招标信息，结合相关信分析网站的功能、意义。

2. 登录某一竞拍网站，尝试拍卖或竞拍某一商品，结合拍卖或竞拍经历，分析该网站的业务流程及盈利模式。

# 第 2 篇

# 环境篇

从《电子商务"十二五"发展规划》制定起，电子商务被列入国家战略性新兴产业，物联网、云计算等新兴技术在电子商务中的应用被重点扶持。至此，我国电子商务的战略性地位得以确定。国家信息化基础的完善，为电子商务未来深入发展奠定了用户群的基础；核心企业的形成，促进了电子商务产业的深入发展；配套产业链的形成，为电子商务发展提供了有力支持。

发展环境的不断优化，使得电子商务已经成为我国经济增长的新动力、经济转型升级的加速器、提质增效的突破口。电子商务不仅为中小企业创造了更多的发展机会和空间，而且在促进就业、带动传统产业转型升级、推动全球贸易便利化等方面发挥了日益重要的作用。

本篇主要内容：电子商务安全、电子商务支付、电子商务物流、电子商务客户关系。

# 第 4 章

# 电子商务安全

## 学习目标

### 知识目标

了解电子商务的安全威胁、电子商务的安全性要求；理解电子商务安全技术、电子商务安全管理。

### 技能目标

能运用电子商务安全技术；能利用数字证书实现电子支付安全管理；掌握电子商务活动中基本的安全防范措施。

### 素养目标

强化网络安全意识，营造良好数字生态；增强信息安全防范意识、信息安全防护责任感和维护国家数字经济发展安全的使命感。

导入视频

网络时代，黑客入侵有可能让一个城市的交通彻底瘫痪；新下载一个 App，手机中的一些隐私信息可能被过度收集；点击一个"钓鱼"链接，轻则带来不胜其烦的骚扰电话、短信，重则遭遇电信诈骗……大到国家机密，小到个人财产，网络风险虽然看不见、摸不着，却无处不在。意大利信息安全协会发布的研究报告显示，2021 年全球网络犯罪造成的相关损失超过 6 万亿美元，而 2020 年这一数据估计为 1 万亿美元。

网络安全不仅关乎社会经济的发展，更与公民个人权益息息相关。环顾网络生活的点点滴滴，有很多场景都在无形中关联着安全问题。下载应用程序，是否应该授权？网购及开展电子商务活动时，网上付款是否可靠？小区加装人脸识别认证，生物信息采集是否安全？

据统计，2022 年上半年，中央网络安全和信息化委员会办公室累计依法约谈网站平台3 491 家，给予罚款处罚 283 家，暂停功能或更新 419 家，下架移动应用程序 177 款，会同电信主管部门取消违法网站许可或备案、关闭违法网站 12 292 家。公安部部署开展专项行动，坚决打击侵犯用户信息安全违法犯罪活动，有效遏制此类违法犯罪活动蔓延势头。相关举措极大提升了我国互联网治理水平，推动网络安全工作向更高水平、更深层次迈进。

维护网络安全是全社会的共同责任，需要政府、企业、社会组织和广大网民共同参与，共筑网络安全"意识防线"。作为"网络原住民"的青少年一代正在成长，"银发一族"在网民中的占比也显著增长。将网络安全的种子根植于"一老一小"心中，不让他们成为"局外人"，是绷紧网络安全意识防线的工作重点。

面向未来，新业态、新模式驱动电子商务持续增长，新消费、新品牌助力线上消费提质扩容，电子商务还深度赋能产业链、供应链数字化转型。只有不断加强网络法治文明建设，加大科研力度，培养网络创新人才，才能全面构建起坚不可摧的安全屏障，筑牢数字经济发展底座，推动中国从网络大国向网络强国迈进。

# 4.1 电子商务安全概述

随着 5G、工业互联网等新一代信息技术与实体经济深度融合，网络安全问题跨领域传导的特征日趋明显。我国网民规模和网购交易规模均居世界第一，构建安全的电子商务网络环境刻不容缓。

## 4.1.1 网络安全的定义

梦魇般的计算机病毒，令人束手无策的勒索软件，肮脏黑暗的账号非法交易，各种漏洞带来的黑客入侵……万物互联时代，网络安全问题影响巨大，不容小觑。

### 1. 网络安全的概念

网络安全（Network Security，NS）是指网络系统的硬件、软件及其系统中的数据受到保护，不因偶然的或者恶意的原因而遭到破坏、更改、泄露，系统连续可靠正常地运行，网络服务不中断。

网络安全问题是目前网络管理中最重要的问题，也是一个很复杂的问题，不仅包括技术方面的内容，还涉及人的心理、社会环境及法律等多方面的内容。

**2．网络安全威胁的表现**

随着网络技术的发展，网络威胁呈现出多样化的发展态势。网络安全问题已经由一个技术问题上升为关乎社会经济，乃至国家安全的战略问题。

（1）个人计算机受到的威胁。个人计算机受到的威胁主要包括计算机病毒、恶意软件、木马程序、网络钓鱼等。①计算机病毒。《中华人民共和国计算机信息系统安全保护条例》明确定义：计算机病毒是指编制者在计算机程序中插入的破坏计算机功能或者毁坏数据，影响计算机使用，并能自我复制的一组计算机指令或者程序代码。②恶意软件。恶意软件是指在未明确提示用户或未经用户许可的情况下，在用户计算机或其他终端上强行安装运行的侵犯用户合法权益的软件，但已被我国法律法规定义为计算机病毒的除外。③木马程序。木马程序与计算机病毒不同，它不会自我繁殖，也不会主动感染其他文件，而是通过伪装自身来吸引用户下载，之后黑客可通过木马程序任意毁坏、窃取用户计算机中的文件，甚至远程操控用户的计算机。④网络钓鱼。网络钓鱼是指攻击者利用欺骗性的电子邮件和伪造的 Web 站点进行的网络诈骗活动，受骗者往往会泄露自己的个人信息，如银行卡账号、身份证号码等。攻击者通常会将自己伪装成网络银行、在线零售商和信用卡公司等，以骗取用户的个人信息。

> 📖 **素养课堂 4-1**
>
> ### 某汽车公司部分用户数据遭窃
>
> 　　2022 年 12 月 11 日，某汽车公司收到外部邮件，邮件发送者声称其拥有该公司用户数据，并以泄露数据勒索 225 万美元。该公司对于此次事件对用户造成的影响深表歉意，并郑重承诺对因此次事件给用户造成的损失承担赔偿责任。
>
> 　　据了解，在收到勒索邮件后，该公司当天即成立专项小组进行调查与应对，并第一时间向有关监管部门报告。经初步调查，被窃取数据为 2021 年 8 月之前的部分用户基本信息和车辆销售信息。该公司表示窃取、买卖此类数据是违法犯罪行为，坚决不会向网络犯罪行为低头，而是将协同有关执法部门深入调查此次事件，并依法坚决打击相关的数据窃取、买卖行为。
>
> 　　该公司还表示将汲取教训，加强技术力量，不断提升信息系统的安全防护能力，以充分保护用户信息安全。

（2）移动端受到的威胁。移动端受到的威胁主要有手机病毒、手机系统漏洞、无线网络钓鱼等。①手机病毒。手机病毒是一种具有传染性、破坏性的手机程序，可用杀毒软件查杀，用户也可以手动卸载相关手机程序。手机病毒通过发送短（彩）信和电子邮件、浏览网站、下载铃声、蓝牙传输等方式传播，会导致手机死机、关机，个人资料被删，对外发送垃圾邮件，个人信息泄露，自动拨打电话、发短（彩）信等后果，甚至会损毁SIM 卡、芯片等硬件，导致手机无法正常使用。②手机系统漏洞。手机系统漏洞是指手机应用软件或手机系统软件在逻辑设计上的缺陷或错误被不法者利用，不法者通过植入木马程序、手机病毒等方式攻击或控制手机，以窃取手机中的重要资料和信息。③无线网络钓鱼。无线网络钓鱼是指网络骗子通过建立无线接入点，诱使用户使用这些接入点，在用户使用这些接入点的过程中，网络骗子通过网络监听、密码强力破解等手段盗取用户的密码和个人资料。

## ✳ 4.1.2 电子商务的安全威胁

随着电子商务的快速发展与广泛应用，电子商务的安全威胁呈现出多样化的发展态势，而电子商务安全问题的解决正是网络安全技术的实践应用之一。

**1. 电子商务安全的含义**

电子商务安全是指采用一定的方法和措施，对电子商务系统进行有效的管理和控制，确保电子商务信息和交易环境受到有效的保护。

电子商务安全主要体现在 3 个方面：一是安全应用，即个人或企业一定要正确设置口令密码、安装安全控件，以及养成良好的安全意识与上网习惯；二是安全技术，即在电子商务活动中要注意采用相应的电子商务安全技术，如加密技术、认证技术等；三是安全管理，即在电子商务活动中要注意企业内部复杂的网络环境管理、人员管理、电子商务安全管理及与外部互联网相连的安全性与可靠性管理。

**2. 电子商务面临的安全威胁**

电子商务面临的安全威胁主要有以下 4 种。

（1）信息泄露。在电子商务活动中，信息流和资金流以数据的形式在计算机网络中传输。在传输过程中，如果没有采用加密措施或者保密强度不够，攻击者就可能通过互联网、公共电话网在电磁波辐射范围内安装截收装置获取传输的机密信息，从而造成商业机密和个人隐私的泄露，导致银行卡账号、密码、资金的数量、货物的数量等重要信息被窃取。

（2）信息篡改。攻击者熟悉了商务信息的格式后，可以通过各种技术方法和手段对传输的信息进行中途修改并发往目的地，从而破坏信息的完整性。例如，篡改信息流的次序或更改信息的内容，如更改商品的发货地址、删除或插入部分信息以让接收方接收错误的信息等。

（3）信息伪造。在电子商务活动中，交易双方不是面对面进行交易的，无法对彼此的身份直接进行验证，一些别有用心者就会冒充合法用户发送或者接收信息来欺骗其他用户。例如，冒充上级账号发布命令，调阅机密文件、冒充他人消费、冒充服务器，欺骗合法用户，窃取商家的商品信息和用户信息等。

（4）信用威胁。信用威胁包括多个方面：信息发送者事后否认曾发送过某条信息、信息接收者事后否认收到过某条信息、购买者下了订单不承认、商家因商品价格标低而不承认原有的交易等。例如，在电子商务平台上进行的企业采购活动，假设企业在采购某原材料时原材料的价格较低，但企业收到订单后价格上涨了，供应商如果否认交易的发生，采购企业就会蒙受损失。所以，信用威胁也是电子商务面临的一大安全威胁。

---

📖 **素养课堂 4-2**

### 某网约车公司被罚 80.26 亿元

2022 年 7 月 21 日，国家互联网信息办公室依法对某网约车公司开出 80.26 亿元的巨额罚款。根据《中华人民共和国网络安全法》《中华人民共和国数据安全法》等的相关规定，该公司属于国家公路水路运输行业领域的关键信息基础设施相关运营者，应依法接受网络安全审查，并对其所掌握的"关系国家安全、国民经济命脉、重要民生、重大公共利益等数据"实行严格管理，且禁止这些数据被传输到境外。但现实中该公司的做法却直接触犯了数据安全红线，这折射出我国数据安全治理面临的严峻局面，也对企业、行业的数据管理工作提出了更高要求。

对该公司的处罚，显示出国家治理信息安全、数据安全现存问题的态度和决心。

本次事件也提醒我们：大数据时代，信息安全隐患无处不在；在日常生活中使用互联网时，要注意对个人信息的保护；不要在网络平台提交涉及个人隐私的信息，尤其是与工作有关的个人隐私信息；更不要在互联网地图中随意上传、标注涉密单位地址等敏感信息。

## ✳ 4.1.3　电子商务的安全性要求

电子商务的安全性要求包含两个方面：计算机网络安全和商务交易安全，其中，计算机网络安全是基础。

### 1．电子商务安全的意义

一个完整的电子商务活动包含客户、商家、银行等诸多参与者，涉及的信息有个人信息、企业信息、订购信息、支付信息、物流信息等。在交易过程中，各个参与者都会担心自己的利益受到威胁。因此，电子商务安全是电子商务的生存保障，只有确保电子商务的安全，才能吸引更多的社会公众加入电子商务，才能使网络环境下电子商务活动的开展得到有效保障。

### 2．电子商务的安全性要求

概括来讲，电子商务的安全性要求包括信息的机密性、完整性、可用性、不可否认性，交易者身份的真实性和网络环境的可靠性等。

（1）信息的机密性是指信息在存储、传输和处理过程中不被他人窃取。

（2）信息的完整性是指信息在存储过程中不被篡改和破坏，发送的信息和收到的信息一致。

（3）信息的可用性也称信息的有效性，是指信息可被授权实体按要求正常访问。这包括在交易系统运行时，正确存取交易活动相关信息；系统在遭受意外攻击或破坏时，可以迅速恢复并能投入使用，为交易参与者提供服务。

（4）信息的不可否认性是指信息的发送方不可否认已经发送的信息，接收方也不可否认已经收到的信息。如因市场价格上涨或者信息传递延迟，卖方完全否认收到订单或否认收到订单的日期，从而给买方造成一定损失，卖方行为就违背了信息的不可否认性要求。

（5）交易者身份的真实性是指交易双方确实存在，不可假冒。如甲公司与乙公司在进行网上交易前，交易双方必须确认对方身份是否真实，并且互相信任。买方确认了商家的真实身份之后才能建立彼此信任的交易关系；此外，双方还要辨识是否有第三方假冒交易对象。

（6）网络环境的可靠性是指网络硬件和软件工作的稳定性，用来表示系统在规定的条件下实现规定功能的能力。从信息安全的角度看，网络环境的可靠性是指不会因为计算机故障或其他意外原因（如断电）而出现信息错误、失效或丢失。

### 📄 同步案例 4-1

### 个人信息被非法买卖

2023 年 1 月，安徽宣城公安机关接群众举报，该举报群众称其在一互联网借贷平台填写个人信息申请车辆贷款后，收到本地另一贷款公司的推广电话，怀疑个人信息被非法买卖。

经查，该举报群众申请贷款的平台既无借贷资质也不从事借贷业务，而是一家从事"居间助贷"的中介公司，该公司伪装成正规借贷公司在搜索引擎、网络短视频平台等发布广告，吸引有贷款需求的人员填写个人信息后，在当事人未授权的情况下，通过代理将相关信息出售给贷款人归属地的贷款公司牟利。

2023 年 5 月，安徽宣城公安机关对该案开展集中收网，抓获犯罪嫌疑人 39 名，打掉涉嫌侵犯公民个人信息的"居间助贷"公司 3 家，涉案金额 1 600 余万元。

思考：怎样才能防止个人信息泄露？

# 4.2 电子商务安全技术

电子商务安全技术在电子商务系统中的作用十分重要，它守护着商家与客户的重要机密，维系着电子商务系统的信誉和财产安全，同时又为服务方和被服务方提供着极大的便利。因此，企业必须采取必要和恰当的技术手段，充分提高电子商务系统的安全性，才能保证电子商务活动的顺利进行。除了网络安全技术外，电子商务系统中使用的安全技术主要包括加密技术、认证技术、数字证书、防火墙技术、区块链技术等。

## 4.2.1 加密技术

加密技术指利用技术手段把原始信息变为乱码（加密）传送，达到目的地后再用相同或不同的手段还原（解密）信息。原始信息通常被称为"明文"，加密后的信息通常被称为"密文"。

加密技术涉及两个元素：算法和密钥。算法将明文与一串字符（密钥）结合起来，进行加密运算后形成密文。密钥是在将明文转换为密文或将密文转换为明文的算法中输入的一串字符，可以是数字、字母、词语或短语。

由此可见，加密和解密过程都涉及信息（明文、密文）、密钥（加密密钥、解密密钥）和算法（加密算法、解密算法）3 项内容。

常见的现代加密体制有对称加密体制和非对称加密体制两种。此外，量子加密技术作为各国竞逐的新兴技术，也逐渐开始进入应用领域。

### 1．对称加密体制

对称加密体制是指发送方和接收方使用相同密钥的加密体制，即文件加密和解密使用相同的密钥。这种加密体制要求发送方和接收方在安全通信之前商定一个密钥。由于对称加密体制的安全性依赖于密钥，因此，只要在通信过程中采用了对称加密技术，密钥就必须保密。经典的对称加密体制算法为数据加密标准（Data Encryption Standard，DES）。

对称加密体制主要由 5 个部分组成：明文、加密算法、密钥、密文、解密算法。发送方用密钥和加密算法对明文进行加密，得到密文，然后通过互联网传输密文；接收方用密钥和解密算法对密文进行解密，得到原来的明文。对称加密体制的工作过程如图 4-1 所示。

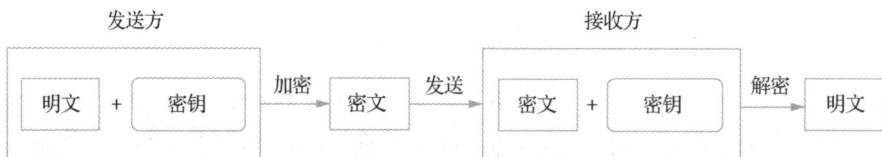

图 4-1　对称加密体制的工作过程

对称加密体制的优点是算法简单，系统开销小，加密数据效率高，速度快，适合加密大量数据；缺点是密钥难以共享、数量多、管理起来有困难，无法进行数字签名和身份验证，在网络通信中，发送、接收数据之前必须完成密钥的分发，而密钥的分发是该加密体制中最薄弱、风险最大的环节。

### 2．非对称加密体制

非对称加密体制使用的是密钥对，即公钥（Public Key）和私钥（Private Key）。公钥是公开的，可以以文件的形式存储在密钥管理中心；与之配对的私钥以口令或密码的方式由用户记忆并保管。通常用公钥加密、私钥解密来保证信息的机密性，用私钥加密、公钥解密来进行身份认证。

目前，在非对称加密体制的算法中，使用最多的是 RSA 算法。

非对称加密体制由明文、加密算法、公钥、私钥、密文、解密算法 6 个部分组成。发送方用接收方的公钥和加密算法对明文加密，得到密文，然后通过互联网传输密文；接收方用自己的私钥和解密算法对密文解密，得到原来的明文。非对称加密体制的工作过程如图 4-2 所示。

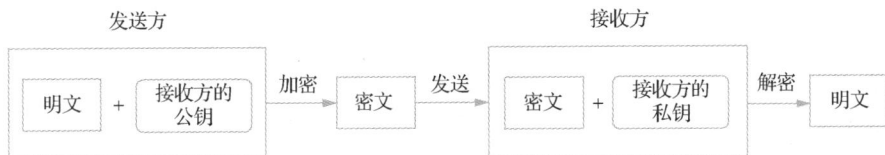

图 4-2　非对称加密体制的工作过程

非对称加密体制的优点是在网络中容易实现密钥管理，接收方只要管理好自己的私钥即可；同时，便于进行数字签名和身份认证，从而保证数据的不可抵赖性，也不必记忆大量的密钥，发送方只要得到接收方的公钥就可以给接收方发送信息。缺点是算法复杂，加密数据的速度较慢、效率较低，会加大报文加密的难度。

在实际应用中，通常将对称加密体制和非对称加密体制结合使用，利用对称加密体制进行大容量数据的加密，而利用非对称加密体制来传递对称加密体制所使用的密钥。通常，安全协议集成了两类加密体制的优点，既加快了加密速度，又可以安全、方便地服务于电子商务活动。

### 3．量子加密技术

量子加密技术是利用量子原理，进行密钥的生成、明文的混淆加密、密文的还原解密、密文的通信、反窃听等一系列活动的加密技术。量子通信被认为是迄今唯一被严格证明的"无条件安全"的通信方式，是安全通信领域的一面坚盾。量子通信具备保密性好、不受其他客观环境的影响、速度特别快和带宽特别宽等特点。2022 年 5 月 17 日，中国电信集团有限公司（简称"中国电信"）正式发布基于量子信息技术的 VOLTE 加密纯国产通信产品——天翼量子高清密话，国盾量子为其提供核心技术支持。目前，中国电信通过与国盾量子合作，已初步构建自主可控的量子安全能力体系，后续将推出"量子+加密组网""量子+安全物联网"等系列产品和解决方案。

📖素养课堂 4-3

**中国移动量子 VOLTE 加密通话系统研发成果发布**

2022 年 5 月 16 日，中国移动举办"量子数智，和创未来"成果发布会，发布了基于

VOLTE 的量子加密通话业务。据了解，为满足保密通信及量子密码应用的迫切需求，中国移动研究院将量子密码与 VOLTE 加密通话相结合，提出了基于量子密钥的 VOLTE 加密通话系统技术方案，并联合产业合作伙伴研发出了产品原型系统。该系统主要由量子密码安全服务中心、VOLTE 通信系统、专用终端及密码卡组成。其中，量子密码安全服务中心负责量子密钥的生成与分发，为 VOLTE 加密手机上的密码卡配置量子密钥，使其能够通过中国移动 4G/5G 网络实现 VOLTE 加密通话。

量子 VOLTE 加密通话系统利用量子不可分割和不可复制的特性生成量子密钥，对通话内容进行加密保护，从而防止用户的重要信息在通话过程中被窃听、泄露。该业务系统具有密钥"真随机"、端到端加密、一话一密等特点，采用国产商用密码算法实现，且支持高清话音，不仅具有更高的安全性，还具有良好的应用体验。

随着 5G、VOLTE 等技术的不断成熟与发展，中国移动将积极响应国家战略发展规划要求，在量子信息技术领域持续投入研发力量，引领产业快速发展。

## ❉ 4.2.2　认证技术

除了加密技术外，认证技术也是信息保护的重要手段。目前，认证技术有身份认证和消息认证两种方式。身份认证用于鉴别用户的身份是否真实、是否合法；消息认证用于验证所收到的消息是否来自真实的发送方且消息是否准确，也可以用于验证消息的顺序性和及时性。

### 1. 身份认证

身份认证的基本思路是通过验证被认证对象的属性来确保被认证对象的真实性。用户只有通过了身份认证，才能操作计算机系统，访问网络资源。因此，身份认证是安全系统的第一道关卡。实现身份认证主要有以下 3 种物理基础。

（1）用户所知道的。最常用的方法是密码和口令。这种方法简单、成本低，但是安全性也低。

（2）用户所拥有的。依赖用户拥有的信息（如身份证、护照和密钥盘等）来实现身份认证，其安全性比前一种物理基础高，泄露信息的可能性较小，但认证系统相对复杂。

（3）用户所具有的特征。这包括用户的生物特征，如指纹、虹膜、DNA、声音，以及用户下意识的行为。这类技术的安全性最高，也是当前信息安全研究的热点。

### 2. 消息认证

消息认证是指验证消息的完整性，当接收方收到发送方的消息时，接收方能够验证收到的消息是否真实和未被篡改。消息认证常用的方法是消息摘要（又称数字摘要、数字指纹），即发送方在发送的消息中附加一个鉴别码，经加密后发送给接收方；接收方利用约定的算法对解密后的消息进行鉴别运算，将得到的鉴别码与收到的鉴别码进行比较，若二者相符，则接收，否则拒绝接收。在电子商务活动中，消息认证一般会用到数字签名和数字时间戳。

（1）数字签名。数字签名也称电子签名，是指数据电文中以电子形式所含、所附用于识别签名人身份并表明签名人认可其中内容的数据。消息摘要能保护收发双方之间的数据交换不被第三方侵犯，但并不能规避双方的相互欺骗，这时就需要借助数字签名。数字签名能够确认两个方面：一是信息是由签名者发送的，二是信息自签发后到收到为止未被做过任何修改。

（2）数字时间戳。电子商务交易文件中，时间和签名同等重要。数字时间戳服务（Digital Time-stamp Service, DTS）是由专门的机构提供的对电子文件发送时间进行安全保护的服务。数字时间戳是一个经加密后形成的凭证文档，包括以下 3 个部分：①附有时间戳的电子文件；②数字时间戳发送和接收文件的时间；③数字时间戳服务的数字签名。

## ✳ 4.2.3  数字证书

数字证书又称为数字凭证或数字标识，类似于现实生活中的身份证，但是数字证书不是实体证照，而是经过电子商务认证中心审核签发的电子数据，可以更加方便、灵活地应用在电子商务和政务活动中。通过数字证书，电子商务认证中心可以对互联网上所传输的各种信息进行加密或解密、消息认证、数字签名认证等各种处理，同时保障数字传输过程不被第三方非法侵入，或者即使被侵入，第三方也无法查看其中的内容，即确保客户信息、商品信息、资金流信息的安全。

### 1．数字证书认证中心

数字证书认证中心也称 CA 认证中心（CA 认证机构），是提供网上安全电子交易认证服务、签发数字证书并确认用户身份的服务机构。CA 认证中心主要负责数字证书的颁发、数字证书的查询、数字证书的更新、数字证书的作废、数字证书的归档等。

### 2．数字证书的结构

个人计算机已安装的数字证书是由浏览器来存储与管理的，可以通过在浏览器中找到 Internet 选项或在计算机上直接运行 certmgr.msc 来查看相应的数字证书的结构与详细信息。数字证书的详细信息至少包含以下 8 项：①拥有者的姓名；②版本信息；③序列号；④所使用的签名算法；⑤发行机构的名称；⑥有效期；⑦数字证书所有人的公钥；⑧发行者对数字证书的签名。

### 3．数字证书的类型

（1）按照持有者划分。数字证书按照证书的持有者不同可以分为个人证书、单位（包含商家、银行等企业）证书、服务器证书等。这种分类方式可用于电子商务活动中识别各方的身份，并保证交易过程中信息的机密性、完整性、真实性、可用性、不可否认性等。

（2）按照支付平台划分。数字证书根据适用的支付平台可分为支付宝数字证书、微信支付数字证书等。支付宝数字证书是使用支付宝账户资金时的身份凭证之一，可以加密用户的信息并确保账户和资金安全。对于微信支付数字证书，用户在微信内点击"服务"—"钱包"—"消费者保护"—"安全保障"—"数字证书"，进入数字证书界面，再根据提示进行设置即可。

（3）按照安全协议划分。数字证书按照安全协议不同可以分为 SSL 证书和 SET 证书等。SSL 证书遵守安全套接层（Secure Socket Layer, SSL）协议，具有服务器身份验证和数据传输加密功能。SSL 协议是将公钥和私钥技术相结合的安全通信协议，是网景（Netscape）公司推出的基于互联网应用的安全协议。SET 证书遵循的安全电子交易（Secure Electronic Transaction, SET）协议，该协议在保留对客户信用卡认证的前提下，增加了对商家身份的认证，凸显了客户、商家、银行之间通过信用卡交易的数据完整性和不可否认性等优点。

### 4．数字证书的应用

用户要获取数字证书，须携带有关证件到各地的数字证书受理点或者直接到数字证书发放机构填写申请表并进行身份审核。

如果用户是在自己的计算机上进行操作，则操作前必须安装 CA 认证中心的根证书。一般所访问的系统如果需要使用数字证书，便会自动弹出提示信息，要求用户安装根证书，用户直接单击"确认"按钮即可安装；当然，用户也可以直接登录 CA 认证中心的网站，下载并安装根证书。操作时，系统会自动提示用户载入数字证书或者插入数字证书存储介质。用户插入数字证书存储介质后，系统会要求用户输入密码，此时用户需要输入申请数字证书时获得的信封中的密码；密码验证成功后，系统将自动调用数字证书进行相关操作。

## ❊ 4.2.4　防火墙技术

防火墙是指一个由软件和硬件设备组合而成的在内部网络和外部网络之间、专用网络与公用网络之间的界面上构造的保护屏障，是加强互联网与内部网络之间安全防范能力的一个或一组系统。它拥有限制外界用户对内部网络进行访问及管理内部用户访问外部网络的权限。防火墙技术是建立在现代通信网络技术和信息安全技术基础上的应用型安全技术，越来越多地应用于专用网络与公用网络的互联环境中，尤其以接入互联网最为重要。

### 1．防火墙的结构

防火墙主要包括服务访问规则、验证工具、包过滤和应用网关 4 个部分，防火墙就是一个位于计算机和它所连接的网络之间的软件或硬件。计算机流入流出的所有网络通信和数据包都要经过这道防线。

### 2．防火墙技术的类型

现有的防火墙主要分为网络层防火墙、应用层防火墙和数据库防火墙。

（1）网络层防火墙。网络层防火墙可被视为一种 IP 封包过滤器，其运作在底层的 TCP/IP 堆栈上，其可以以枚举的方式，只允许符合特定规则的封包通过，其余的一概禁止穿越防火墙（病毒除外，防火墙不能有效防止病毒侵入）。这些规则通常可以经由管理员定义或修改，不过某些防火墙可能只能套用内置的规则。操作系统及网络设备大多已内置防火墙功能。

（2）应用层防火墙。应用层防火墙是在 TCP/IP 堆栈的应用层上运作的，用户使用浏览器时所产生的数据流属于这一层。应用层防火墙可以拦截进出某应用程序的所有封包，并封锁其他的封包（通常是直接将封包丢弃）。理论上，这类防火墙可以完全阻绝外部的数据流进入受保护的机器。

（3）数据库防火墙。数据库防火墙是一款基于数据库协议分析与控制技术的数据库安全防护系统，可基于主动防御机制，实现数据库的访问行为控制、危险操作阻断、可疑行为审计。数据库防火墙通过 SQL 协议分析，根据预定义的禁止和许可策略通过合法的 SQL 操作，阻断非法违规操作，形成数据库的外围防御圈，实现 SQL 危险操作的主动预防、实时审计。

📄 同步案例 4-2

#### 阿帕奇 Log4j2 组件重大安全漏洞

2021 年 12 月 17 日，工业和信息化部发布《关于阿帕奇 Log4j2 组件重大安全漏洞的网络安全风险提示》，阿帕奇 Log4j2 组件是基于 Java 的开源日志框架，被广泛用于业务系统开发。近日，阿里云计算有限公司（以下简称"阿里云"）发现阿帕奇 Log4j2 组件存在远程代码执行漏洞，并将漏洞情况告知阿帕奇软件基金会。

12 月 9 日，工业和信息化部网络安全威胁和漏洞信息共享平台收到有关网络安全专业机构报告，阿帕奇 Log4j2 组件存在严重安全漏洞。工业和信息化部立即组织有关网络安全专业机构开展漏洞风险分析，召集阿里云、网络安全企业、网络安全专业机构等开展研判，通报督促阿帕奇软件基金会及时修补该漏洞，并向行业单位进行风险预警。

该漏洞可能导致设备远程受控，进而引发敏感信息被窃取、设备服务中断等严重危害，属于高危漏洞。为降低网络安全风险，工业和信息化部发布公告，提醒有关单位和公众密切关注阿帕奇 Log4j2 组件漏洞补丁发布情况，排查自有相关系统阿帕奇 Log4j2 组件使用情况，及时升级组件版本。

工业和信息化部网络安全管理局将持续组织开展漏洞处置工作，防范网络产品安全漏洞风险，维护公共网络安全。

**思考：** 系统组件出现漏洞有哪些危害？

## ✖ 4.2.5  区块链技术

区块链是指用分布式数据库识别、传播和记载信息的智能化对等网络，也称价值互联网。区块链在本质上是一个去中心化的分布式数据库，能实现数据信息的分布式记录与分布式存储。区块链是一类将区块以链的方式组合在一起的数据结构。区块链技术运用密码学的手段产生一类记录先后时间的、不可修改的、可信任的数据库，这类数据库是去中心化存储数据且数据安全能够得到有效保证，能够使参与者对全网交易记录的事件顺序和当前状态达成共识。

### 1．区块链的类型

区块链目前分为以下 3 类。

（1）公有区块链。公有区块链是指世界上任何个体或者团体都可以发送交易，且交易能够获得该区块链的有效确认，任何人都可以参与其共识过程的区块链。公有区块链是最早的区块链，也是目前应用较广泛的区块链。

（2）行业区块链。行业区块链由某个群体内部指定多个预选节点为记账人，每个区块的生成由所有的预选节点共同决定（预选节点参与共识过程），其他接入节点可以参与交易，但不过问记账过程，其他任何人可以通过该区块链开放的 API 进行限定查询。

（3）私有区块链。私有区块链是指完全私有的区块链，某个区块链的写入权限仅掌握在某个人或某个组织手中，数据的访问及编写等有着十分严格的权限。私有区块链具备区块链的去中心化、分布式记账等特征。目前公有区块链的应用已经工业化，私有区块链的应用还在摸索阶段。

### 2．区块链的特点

（1）去中心化。区块链使用分布式核算和存储方式，因此不存在中心化的硬件或管理机构，任意节点的权利和义务都是均等的，系统中的数据块由整个系统中具有维护功能的节点来共同维护。

（2）开放性。区块链的数据对所有人公开，任何人都可以通过公开的接口查询区块链数据和开发相关应用，因此整个系统的信息是高度透明的。

（3）自治性。区块链采用基于协商一致的规范和协议（如一套公开透明的算法），使整个系统中的所有节点都能够在去信任的环境中自由安全地交换数据，对人的信任变成了对机器的信任，任何人为的干预都将不起作用。

（4）信息不可修改。一旦信息经过验证并被添加至区块链，就会被永久地存储起来，除非用户能够同时控制系统中超过51%的节点，否则在单个节点上对数据的修改是无效的，因此区块链的数据稳定性和可靠性极好。

（5）匿名性。由于节点之间的交换遵循固定的算法，数据交互是无须信任的（区块链中的程序规则会自行判断活动是否有效），因此交易者无须通过公开身份的方式让对方对自己产生信任，这对信用的累积非常有帮助。

（6）全球流通。区块链资产首先是基于互联网的，在有互联网的地方，其可以进行流通。与中心化的方式相比，区块链资产在全球流通的转账手续费非常低。此外，区块链资产的到账速度非常快，一般在1小时内就能到账。

# 4.3 电子商务安全管理

电子商务安全管理是一项极其复杂的系统工程。如果说电子商务安全技术是电子商务安全的基础，那么，电子商务安全管理是电子商务安全的关键，电子商务安全法规是电子商务安全的保证。只有三者相互配合，才能有效地保证电子商务的安全。

## 4.3.1 电子商务监管

微课堂

商务部解读《行动计划》

电子商务活动涉及广告发布、合同成立、电子支付、快递物流等诸多环节，难以由统一的部门进行监管。因此，国务院有关部门依法按照各自职责，分别负责电子商务发展促进、监督管理等工作。

### 1. 电子商务监管体制

电子商务监管体制，是指政府履行电子商务活动监管职能的机构设置、管理权限划分及其相互关系的组织结构与制度。电子商务监管体制是完善电子商务监管的首要内容。

在我国，参与电子商务监管的部门主要是国家发展和改革委员会、工业和信息化部、公安部、财政部、交通运输部、商务部、文化和旅游部、中国人民银行、国家市场监督管理总局、国家互联网信息办公室、国家税务总局、海关总署、国家邮政局等部门。

目前，现有商务活动的监管体制仍可以延伸至电子商务领域，对电子商务交易、网络安全保障、信息服务市场秩序、电子商务的行业发展和规范制定等电子商务活动进行监督管理工作。参与电子商务监管的部门需要按照各自职责，以电子商务整个流程中的若干环节或具体电子商务行为为落脚点，单独开展或者与其他部门配合开展。

由于各地电子商务发展的水平不一致，地方各级人民政府可以单独设置电子商务主管部门，或者授权某一部门或者多个部门行使电子商务监督管理权力。

### 2. 电子商务监管职责

电子商务监管职责，是指政府各部门监督管理电子商务活动的职责。电子商务跨行业、跨领域的特征，决定了需要多个部门对电子商务活动进行监督管理。

《中华人民共和国电子商务法》第六条的规定："国务院有关部门按照职责分工负责电子商务发展促进、监督管理等工作。县级以上地方各级人民政府可以根据本行政区域的实际情况，确定本行政区域内电子商务的部门职责划分。"

《中华人民共和国电子商务法》第七条的规定："国家建立符合电子商务特点的协同管理体系，推动形成有关部门、电子商务行业组织、电子商务经营者、消费者等共同参与的电子商务市场治理体系。"

---

📄 **同步案例 4-3**

### 31 款 App 被工信部点名

2023 年 7 月，工信部发布了一份通报，公布了 31 款存在侵害用户权益行为的移动互联网应用程序（App）及第三方软件开发工具包（SDK），要求相关企业尽快完成整改。这些 App 涉及休闲娱乐、实用工具、出行服务等多个领域，其中包括北京公交、马蜂窝、好医生、众安保险等。

根据检查结果，这些 App 存在违规收取个人信息、强制或过度索权、欺骗误导强迫用户等问题。这一消息在公众中引起了广泛关注，也再次提醒了我们，移动互联网应用程序的监管问题需要得到更多重视。这些行为不仅严重侵犯了用户的合法权益，也给用户的网络安全带来了隐患。一些不法分子可能利用这些 App 收集到的用户信息进行诈骗、勒索或者其他犯罪活动。一些恶意的第三方 SDK 可能会在用户不知情的情况下植入病毒，对用户的设备造成损害或者窃取数据。

工信部的通报是对这些 App 的一次警示和惩戒，也是对广大用户的一次保护和教育。我们欣喜地看到，我国在网络安全方面已经建立了一套较为完善的法律法规体系，如《网络安全法》《个人信息保护法》《数据安全法》等，并且不断加强监管和执法力度，对违法违规的行为进行查处和曝光。这无疑有助于提升网络安全水平，维护网络秩序，保障公共利益。

**思考：** 这些平台为什么被政府部门通报？

---

## ❈ 4.3.2 电子商务机构管理

电子商务机构管理主要包括电子商务认证机构管理、电子银行管理、电子支付管理。

### 1．电子商务认证机构管理

电子商务认证机构是指在电子商务活动中为有关各方提供数字身份证书服务的独立法人单位，其设立与经营必须符合法律法规的要求。

电子商务认证机构管理包括外部管理和内部管理两部分。外部管理主要是指有关国家主管部门对电子商务认证机构的管理，内部管理是指电子商务认证机构对其自身的管理。

### 2．电子银行管理

电子银行管理通常包括：首先，金融机构应当保障电子银行运营设施设备的安全，应合理设置和使用防火墙等安全产品和技术，确保电子银行有足够的反攻击能力和防病毒能力，保证网络安全；其次，金融机构应采用适当的加密技术和措施，保证电子交易数据传输的保密性、真实性，以及交易数据的完整性和交易的不可否认性；最后，金融机构需要采取适当的技术和措施，鉴定与识别进行电子交易的客户的真实身份，并对其权限实施有效管理。

### 3．电子支付管理

电子支付在我国发展的时间还不长，用户对电子支付的安全意识还不足，全社会对电子支付的监管也不足。因此，我国要加强对电子支付的安全知识的宣传，培养民众的安全意识，提高用户对电子支付系统的使用水平，营造良好的电子支付环境。

首先，加强用户对身份验证或密钥的了解，使其对电子支付企业和第三方支付平台有足够的认知。其次，培养消费者的维权意识，研究制订电子支付消费者风险教育规划，及时发布维权提示。当消费者的合法权益受到侵害后，其应能够及时向有关部门投诉；对于涉嫌诈骗的严重案件，有关部门应能够及时处理，以保障消费者的合法权益。最后，加强电子支付信息保护。电子支付信息不仅涉及企业的商业秘密，还涉及个人隐私，具有很大的潜在商业价值，必须重点保护。

### ❋ 4.3.3　电子商务法律制度管理

电子商务安全问题不是单纯的技术问题，电子商务安全管理的不完善是电子商务安全的重要隐患，电子商务安全管理在整个网络安全保护工作中的地位十分重要。任何先进的网络安全技术都须在有效、正确的管理控制和合理的法律制度保障下才能得到较好的实施。

#### 1．电子签名制度

2004 年 8 月 28 日，第十届全国人民代表大会常务委员会第十一次会议通过了《中华人民共和国电子签名法》。2005 年 4 月 1 日该法正式施行，自此，电子签名与手写签名或盖章具有同等效力。2019 年 4 月 23 日，第十三届全国人民代表大会常务委员会第十次会议对该法进行了第二次修正。

#### 2．域名保护制度

2002 年，中国互联网信息中心制定了《中国互联网络信息中心域名争议解决办法》，并于当年 9 月 30 日起施行，这确立了我国的域名保护机制。其后，经过多次修订，最新一次修订的《中国互联网络信息中心域名争议解决办法》于 2014 年 9 月 1 日起施行。

#### 3．电子商务法

2018 年 8 月 31 日，第十三届全国人民代表大会常务委员会第五次会议通过了《中华人民共和国电子商务法》，该法自 2019 年 1 月 1 日起施行。这是我国第一部电子商务领域的综合性法律。

#### 4．电子商务安全保障的相关立法

2009 年 4 月，中国人民银行、中国银行业监督管理委员会、公安部和国家工商行政管理总局（现为国家市场监督管理总局）联合发布《关于加强银行卡安全管理预防和打击银行卡犯罪的通知》，国家监管部门开始加强对第三方支付企业的监管。

2010 年 5 月 31 日，国家工商行政管理总局出台的《网络商品交易及有关服务行为管理暂行办法》明确规定，通过网络从事商品交易及有关服务行为的自然人，应提交其姓名和地址等真实身份信息。

2010 年 6 月 14 日，中国人民银行公布了《非金融机构支付服务管理办法》，要求当时已运营的第三方支付公司必须在 2011 年 9 月 1 日前申请取得"支付业务许可证"，且全国性公司的注册资本最低为 1 亿元。《非金融机构支付服务管理办法》的出台意在规范当时发展迅猛的第三方支付行业。

2016 年 11 月 7 日，第十二届全国人民代表大会常务委员会第二十四次会议通过《中华人民共和国网络安全法》，该法明确了网络产品及服务经营者的相关责任和义务，为我国网络信息安全保驾护航。

2021 年 6 月 10 日，第十三届全国人民代表大会常务委员会第二十九次会议通过《中华人民共和国数据安全法》，该法自 2021 年 9 月 1 日起施行。《中华人民共和国数据安全法》是为了规范数据处理活动，保障数据安全，促进数据开发利用，保护个人、组织的合法权益，维护国家的主权、安全和发展利益而制定的法律。

## 本章小结

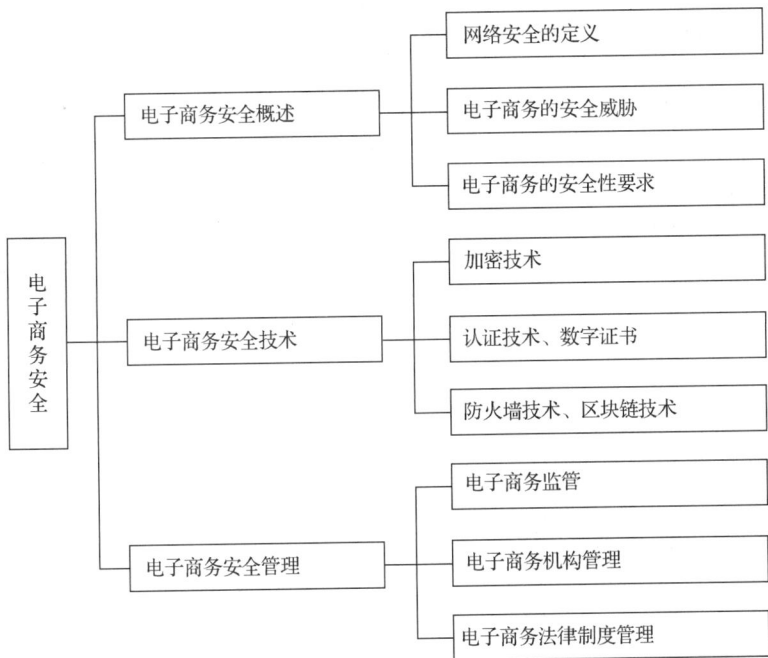

## 课后实训

新华社消息，国家计算机病毒应急处理中心再次曝光一批违法 App，引起网民关注。在被通报的违法违规行为中，"涉嫌超范围采集个人隐私信息"成为占比最高的一类。违法违规 App 覆盖游戏、办公、车票机票、银行、学习、健康、短视频等领域。

国家计算机病毒应急处理中心相关负责人介绍说，前 10 期通报中，App 多是涉嫌"捆绑恶意广告插件""严重干扰手机正常使用""涉及赌博""恶性扣费"等。自第 11 期开始，涉嫌侵犯隐私的情况逐步增多。

"未向用户明示申请的全部隐私权限"是最常见的隐私不合规行为，高达 451 款 App 出现过这个问题，占比约 60%。

违规搜集用户个人信息的手段包括"在征得用户同意前就开始收集""以默认选择同意隐私政策等非明示方式征求用户同意""申请的权限与隐私条款不对应""向第三方提供个人信息未做匿名化处理"等。记者发现，类似违规行为在通报中出现超过 210 次。

用户个人信息问题受理渠道不畅也成为"重灾区"。比如，有些 App "承诺受理个人信息安全投诉、举报时限超过 15 个工作日"，另一些 App "未建立并公布个人信息安全投诉、举报渠道"等，类似违规行为在通报中出现 140 多次。

相关部门一再整顿 App 泄露用户个人信息的违规行为，但违规行为为何仍会出现呢？

有专家认为，作为重要平台的"应用市场"未发挥应有作用，对一些 App 违规收集个人信息行为视而不见，从而给监管部门执法带来困难。一些 App 在初始协议里就征得将用户数据与第三方分享的授权，这相当于让用户放弃了对于未来个人信息流通转让的审查权利，这为数据共享层面的个人信息泄露埋下隐患。不少用户进行个人信息授权时难以判定必要信息、敏感信息，或为追求便捷对个人信息保护不以为意。由于拒绝授予权限就无法使用 App，用户对于众多 App 获取个人信息权限的情况普遍感到麻木，甚至无视这种情况。

同时，一些 App 往往选择在非必要的情况下使用高等级个人信息。比如，人脸、声纹、指纹、虹膜等生物信息开始用于移动支付等领域，这与个人金融安全密切相关。

### 1．实训要求

分析用户个人信息泄漏的原因，并从管理方、用户、App 商家三方角度提出解决问题的具体举措。

### 2．实训步骤

（1）学生分组，分别登录不同的 App，体验登录过程及要求，分析 App 对用户个人信息采集的范围是否合理，结合用户评价，对其综合服务能力进行分析、总结。

（2）结合自身的 App 使用经历与体验，分析 App 有无在非必要的情况下要求提交高等级个人信息的情形，试分析其与《中华人民共和国网络安全法》相抵触的地方，并从自身做起，总结归纳如何才能安全使用 App。

## 重要名词

网络安全　电子商务安全　加密技术　数字证书　防火墙　区块链

## 课后练习

### 一、单项选择题

1．加密后的内容被称为（　　）。

　　A．密钥　　　　　　B．密文　　　　　　C．算法　　　　　D．明文

2．信息的（　　）是指信息在存储、传输和处理过程中不被他人窃取。

　　A．稳定性　　　　　B．机密性　　　　　C．可用性　　　　D．不可否认性

3．在非对称加密体制的算法中，使用最多的是（　　）算法。

　　A．RSA　　　　　　B．PHP　　　　　　C．Python　　　　D．ODBC

4. （　　）是指用分布式数据库识别、传播和记载信息的智能化对等网络，也称价值互联网。

  A．物联网    B．人工智能   C．区块链   D．5G 网络

5. （　　）是指在电子商务活动中为有关各方提供数字身份证书服务的独立法人单位。

  A．电子商务服务商  B．国家管理部门  C．国际协作机构 D．电子商务认证机构

## 二、多项选择题

1. 电子商务安全主要体现在以下 3 个方面（　　）。

  A．安全应用    B. 安全技术   C. 安全管理   D. 安全防范

2. 对称加密体制的优点是（　　）。

  A．算法简单       B．系统开销小

  C．加密数据效率高     D．速度快，适合加密大量数据

3. 以下哪些属于用户的生物特征？（　　）

  A．指纹    B．虹膜   C．DNA

  D．声音    E．用户下意识的行为

4. 现有的防火墙主要分为（　　）。

  A．网络层防火墙     B．应用层防火墙

  C．数据库防火墙     D．系统逻辑防护火墙

5. 数字证书认证中心的主要作用有（　　）。

  A．数字证书的颁发     B．数字证书的查询

  C．数字证书的归档     D．数字证书的作废

  E．数字证书的更新

## 三、判断题

1. 网络安全问题只是网络管理中的一个技术问题。（　　）

2. 在实际应用中，通常将对称加密体制和非对称加密体制结合使用。（　　）

3. 防火墙就是一个位于计算机和它所连接的网络之间的硬件。（　　）

4. 区块链是一类将区块以链的方式组合在一起的数据结构。（　　）

5. 电子商务监管体制是完善电子商务监管的首要内容。（　　）

## 四、简答题

1. 电子商务活动经常面临哪些威胁？

2. 电子商务的安全性要求有哪些？

3. 什么是量子加密技术？

4. 区块链的特点有哪些？

5. 我国电子商务监管体制是怎样的？

## 五、技能训练题

1. 在 PC 端尝试登录自己的手机银行，查看下载数字证书的过程及要求，分析数字证书的功能及应用状况，并对其安全性进行归纳总结。

2. 登录中国数字证书网，在线申请免费数字证书，查看数字证书的备份和导入操作过程，并分析数字证书使用的签名算法和密钥长度，说明其意义与作用。

# 第5章

# 电子商务支付

## 🛒 学习目标

### 知识目标

了解电子商务支付系统、熟悉常用的银行卡功能；掌握网上银行及移动支付的使用方法；熟悉第三方支付模式的交易流程及安全注意事项。

### 技能目标

能利用网上银行及移动支付完成在线支付；能够利用互联网及移动网络平台进行结算业务，并能注意到相应风险。

### 素养目标

增强民族自信心和自豪感；厚植家国情怀和社会责任感，感受数字时代的中国电子支付系统。

导入视频

扫一下二维码，钱就付过去了。如今无处不在的"扫码支付"该由谁来保障资金安全？

银联早在2016年就正式推出银联二维码支付标准，对二维码受理设备、手机客户端、后台系统、数字签名的安全机制等提出了明确要求，以确保持卡人账户、资金等关键要素的安全性。目前，银联二维码支付标准已经成为支付行业的统一标准。

以安全为基础，银联还实现了线上线下消费场景扫码支付的互联互通，不论是线下商户，还是线上电商平台，只要选择云闪付支付，都能拥有安全快捷的消费体验。

安全为基，便利为翼。在安全前提下，浙江银联将各种便民服务嵌入了云闪付。2021年，浙江银联就以交通为抓手，在云闪付上添加了杭州地铁场景引流功能——根据用户进出定位。这样用户刚出地铁就能收到周边的吃、喝、玩、乐、住、行等信息。同时，浙江银联在云闪付嵌入云养向天鸽、浙里好券等应用，把旅游、出行、食宿、娱乐等优惠信息推送给用户。

值得一提的是，这几年，浙江银联将移动支付便民工程向县、乡镇延伸，通过发挥金融科技优势，发挥助农便农的作用。同时也持续做好政府服务工作，包括推动"断卡行动"打击电信网络诈骗、跨境赌博等违法行为；协助政府核查低保户，实现及时救助；承接政府消费券，保障资金安全有序发放；全面对接浙里办（一款浙江政务App），加强与各级政府社保、医保的合作；积极参与地方大数据"同源发布"，实现与城市大脑对接；等等。

除了深化场景数字化建设，拉动市场消费，近年来，浙江银联还积极向电信诈骗"亮剑"，结合"银联数据"大力推进公安部门的"断卡行动"，将问题银行账户分为黑客户和灰度客户，帮助客户、银行从源头上识别，实现风险防患。

以浙江某地小商品城为例，曾经该地地下钱庄活跃，付款人通过地下钱庄汇款。地下钱庄被查封后资金就会被冻结，导致经营商户损失严重。浙江银联利用大数据分析就能精准识别出灰度客户，用标签定义，帮助经营商户主动防范，确保企业及个人财产安全。

# 5.1 电子支付概述

电子商务的优越性吸引着越来越多的企业和个人参与到电子商务活动中来，而通过便捷的电子支付手段安全地完成支付，也已经成为电子商务活动顺利开展的关键环节。

## 5.1.1 电子支付的界定

随着互联网和电子商务的迅速发展，特别是信息安全技术的进步，电子支付技术也在不断发展，支付手段越来越多样化。

### 1. 电子支付的概念

根据中国电子商务研究中心的定义，电子支付是指从事电子商务交易的当事人，包括消费者、厂商和金融机构，通过信息网络，使用安全的信息传输手段，采用数字化方式进行的货币支付或资金流转的行为。

从以上定义可以看出，电子商务活动中的支付环节必须借助信息传输手段才能使资金从交易中的一方流向另一方。在这一过程中，电子支付实际上是把交易中使用的货币及各种单据用特定格式的数据流来表示，因此，电子支付过程实质上是对这些数据流进行交换和处理的过程。

### 2．电子支付系统模型

电子支付系统由提供支付服务的中介机构、管理货币转移的法规以及实现支付的电子信息技术手段共同组成，用来清偿经济活动参加者在获取实物资产或金融资产时所承担的债务，即把新型支付手段（包括电子现金、信用卡、借记卡、智能卡等）的支付信息通过网络安全传送到银行或相应的处理机构，以实现电子支付。

一般来讲，电子支付系统的当事人包括发行银行、支付者、商家、接收银行和清算中心等。它们在电子支付系统的一般模型中的关系如图 5-1 所示，图中实线代表电子支付操作流向，虚线代表资金或商品流向。

（1）发行银行。发行银行为支付者发行有效的电子支付工具，如电子现金、电子支票和信用卡等。

（2）支付者。支付者付款给发行银行，从发行银行处换取电子支付工具。

（3）商家。商家接收支付者的电子支付工具并为支付方提供商品或服务。

（4）接收银行。接收银行从商家处收到电子支付工具，并验证其有效性，然后提交给清算中心。

（5）清算中心。发行银行和接收银行将支付信息发送给清算中心，清算中心定期清算，将清算结果返回两家银行进行结算。

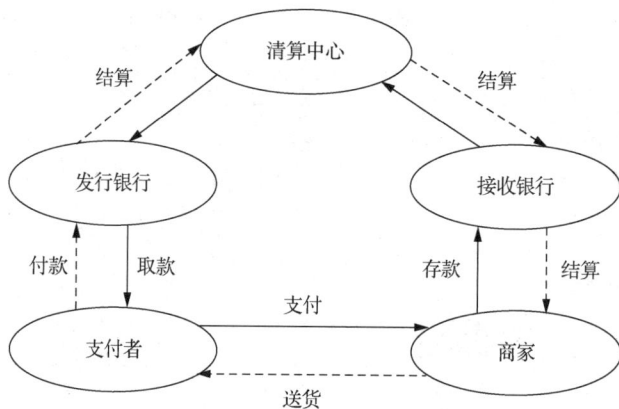

图 5-1　电子支付系统的一般模型

## ✳5.1.2　电子支付系统的特征

与传统的支付方式相比，电子支付系统具有以下一些特征。

### 1．数字化

电子支付系统运用先进的技术通过数字流转来完成信息交换与处理，其各种支付方式都是通过数字化的方式进行款项支付的；而传统的支付方式则是通过现金的流转、票据的转让及银行的汇兑等物理实体的流转来完成款项支付的。

### 2．开放性

电子支付系统的运作环境基于一个开放的系统平台（即互联网），而传统支付系统则基于一个相对封闭的系统。

### 3．先进性

电子支付系统运用的是最先进的通信手段，如互联网、企业外部网；而传统支付系统使用的则是传统的通信媒介。电子支付系统对软件、硬件设施的要求很高，一般要求联网的计算机、相关的软件及其他一些配套设施，而传统支付系统则没有这么高的要求。

### 4．便捷性

电子支付系统具有方便、快捷、高效、经济等优势，注册用户只要在联网的前提下拥有一台计算机、一部手机或平板电脑，便可足不出户，在很短的时间内完成整个支付过程。

## ✳ 5.1.3  常用的电子支付系统

一个电子支付系统能否在互联网或其他的开放网络上被广泛使用，不仅取决其是否具有提供全天候服务、可异地交易及交易费用低等优势，还取决其能否安全、方便、高效地完成支付。常用的电子支付系统主要有以下5种。

### 1．自动柜员机系统

自动柜员机系统（CD/ATM系统）是一种利用银行发行的银行卡，在自动取款机（Cash Dispenser，CD）或自动柜员机（Automated Teller Machine，ATM）上执行存取款、转账以及付费服务等功能的自助银行系统。

### 2．销售终端系统

销售终端（Point of Sales，POS）系统可通过自动读取设备读取商品销售信息（如商品名称、单价、销售数量、销售时间、销售店铺等）和银行卡的持卡人信息，商品销售信息通过通信网络和计算机系统被传送至有关部门进行分析加工以提高经营效率，持卡人信息通过银联中心和发卡行系统联系，以完成支付和结算。销售终端系统最早应用于零售业，后来逐渐扩展至其他行业，如金融、酒店等服务行业，应用范围也从企业内部扩展到了整个供应链。

### 3．电子汇兑系统

电子汇兑（Electronic Agiotage/Electronic Exchange）是指利用电子手段处理资金的汇兑业务，可以提高汇兑效率、降低汇兑成本。具体来说，电子汇兑就是银行以自身的计算机网络为依托，为客户提供汇兑、委托收款、银行承兑汇票、银行汇票等支付结算服务。电子汇兑系统是典型的大额支付系统，涉及的金额通常很大。它直接支持一国货币和资本市场的运作，支持跨国界、多币种交易。

### 4．网上支付系统

网上支付系统（Net Payment System，NPS）是指以金融电子化网络为基础，以商用电子化工具和各类交易卡为媒介，以现代计算机技术和通信技术为手段，通过计算机网络系统特别是互联网，把支付信息安全传递到银行或相应的机构来实现电子支付的系统。常见的网上支付系统模式有网银转账支付模式、用户直连网银支付模式和第三方支付模式。

（1）网银转账支付模式。网银转账支付模式依据转入账户和转出账户的不同，可以细分为同行转账模式和跨行转账模式。

（2）用户直连网银支付模式。在这种模式下，用户可直接用网上银行进行支付和结算。

（3）第三方支付模式。较早时期的第三方支付模式是指具备一定实力支付结算系统接口的支付平台的模式，如支付宝、财付通等。我国央行规定，2018年6月30日起，第三方支付机构不再和银行直联，必须接入网联清算有限公司（网联）的系统，通过网联和银行对接。

**5．移动支付**

移动支付（Mobile Payment）是指移动客户端利用手机等电子产品为其所消费的商品或服务支付费用的一种电子支付方式。移动支付将移动终端设备、互联网、应用提供商及金融机构相融合，为用户提供货币支付、缴费及理财等金融服务。移动支付开创了新的支付方式，使电子货币开始普及。常见的移动支付应用提供商有手机端支付宝、微信、云闪付、翼支付等。

在电子商务交易中，除了以上电子支付系统，还有银行汇款、货到付款、电子现金、电子支票、指纹支付和刷脸支付等支付方式。随着金融科技与移动支付的加速融合，生物识别支付也在快速兴起，成为推动无现金结算发展进程的主力。

**同步案例 5-1**

**微信便民，缴纳社保**

2022 年 3 月 18 日，微信发布的《微信支付智慧社保数据报告》(以下简称《报告》)显示，超 1.1 亿用户异地缴纳社保，离乡闯荡也能持续享受社会保障，近 650 万用户通过微信支付缴纳社保的参保地发生变化。

《报告》显示，2022 年，全国已有 31 个省（区、市）支持通过微信支付缴纳社保，年缴费超 7.5 亿笔，同比上涨逾 30%，用户人均缴费 523 元。“指尖缴费”的数量和金额均有所增加，用户对数字缴费的接受度日渐提升。全国支持微信小程序登录社保缴费的省（区、市）增加到 25 个。

在所有使用微信支付缴纳社保的用户中，通过微信公众号或小程序缴费的用户占比在 90%以上。“80 后”是通过微信支付缴纳社保的主力人群。过去一年，在所有使用微信支付缴费的用户中，“80 后”占比 32%，位居第一；其次是“70 后”，占比 26%；排在第三位的“90 后”占 2 个百分点。

社保缴纳高峰期间，有 41.2%的用户在非上班时间用微信支付缴费。其中，这个时期的 18:00—19:00 是用户选择最多的缴费时间段，每天该时间段平均缴费约 15 万笔，相当于 600 个办事大厅一天的办件量。数字化缴费方式大幅节省了行政资源，也提高了缴费效率。

**思考**：电子支付系统对于提升政务效率的意义有哪些？

## 5.2 电子支付工具

随着社会经济的不断发展，支付手段也发生了深刻的变革，多种便捷的电子支付工具应运而生。比较常见的电子支付工具有银行卡、电子现金、电子支票和电子钱包等。

### 5.2.1 银行卡

中国银行业协会发布的数据显示，截至 2021 年末，我国银行卡累计发卡量达 92.5 亿张，2021 年当年新增发卡量 2.7 亿张，同比增长 3%。银行卡已经成为中国主要的非现金支付工具。

**1．银行卡的概念**

银行卡是指经批准由商业银行（含邮政金融机构）向社会发行的具有消费信用、转账、结算、存取现金等全部或部分功能的信用支付工具。银行卡减少了现金和支票的流通，使银行业务突破了时间和空间的限制。

**2．银行卡的种类**

银行卡有很多种，可以根据结算方式、使用权限、使用范围、持卡对象及所用载体材料的不同进行分类。其中，按结算方式分类是常用的银行卡分类方法。按结算方式的不同，银行卡可分为信用卡和借记卡两种，信用卡又可分为贷记卡和准贷记卡。

（1）贷记卡。贷记卡是银行向可信赖的金融客户提供无抵押短期周转信贷的一种信用卡。它由银行或专门的信用卡公司签发，证明持卡人信誉良好并可以在指定的商店或其他场所直接消费。

发卡银行根据客户的信用等级给信用卡的持卡人规定一个信用额度，信用卡的持卡人可在任意特约商店先消费、后付款，也可在 ATM 上预支现金。依照信用等级的不同，信用卡可分为普通信用卡、银卡、金卡等。信用卡是银行最早发行的一种银行卡，我们所说的信用卡一般单指贷记卡。

（2）准贷记卡。准贷记卡是由银行发行的，持卡人按要求交存一定金额的备用金，当备用金账户余额不足以支付时，可在发卡银行规定的信用额度内透支的信用卡。在我国信用卡发行初期，这种卡发行较多。

（3）借记卡。在信用卡的基础上，银行推出了借记卡。借记卡的持卡人必须在发卡银行内有存款。持卡人消费后，通过收银台的 POS 可直接将银行中的存款划转到商店的账户上。除了用于消费，借记卡还可用于在 ATM 上提现。借记卡是目前使用最多的一种银行卡。

**3．银行卡的应用领域**

银行卡使用范围大、应用领域广，既可用于线下无现金购物、线上电子商务支付，也可通过 ATM、网上银行、银行 App 或银行柜台等进行账户操作。

## ❖ 5.2.2 电子现金

随着数字技术的快速发展，电子现金也成为电子支付的重要工具之一。

**1．电子现金的概念**

电子现金是一种以电子数据形式储存并流通的，被用户和商家普遍接受的，通过互联网购买商品或服务时可以使用的货币。其实质是纸币现金的电子化或数字模拟，它把现金数值转换为一系列的加密序列数，通过这些序列数来表示现实中各种金额的币值。

电子现金以数字形式存在，存储于发行者的服务器和用户的计算机终端上，通过互联网实现流通。

**2．电子现金的分类**

电子现金有不同的分类，根据其交易载体，可分为基于账户的电子现金和基于代金券的电子现金；根据支付时商家是否需要与银行进行联机验证，分为联机电子现金和脱机电子现金；根据是否可以合法多次支付，分为可分割电子现金和不可分割电子现金；根据发行者是否为央行，分为一国的法定电子现金及非法定的电子现金。目前，电子现金有多种类型，不同类型的电子现金都有自己的协议，协议用于在用户、销售商和发行者之间交换支付信息。每个协议由后端服务器软件——电子现金支付系统和客户端的"电子钱包"软件执行。

电子现金支付已经有几种典型的实用系统开始使用或试用，如 Net-Cash、E-Cash 等，它们以数字形式记录现金并进行集中管理和控制，是一种安全性很强的电子交易系统。

**3．电子现金的基本支付流程**

一般来说，使用电子现金要经过提取、支付和存款 3 个过程，涉及用户、商家和银行 3 方，具体使用流程如图 5-2 所示。

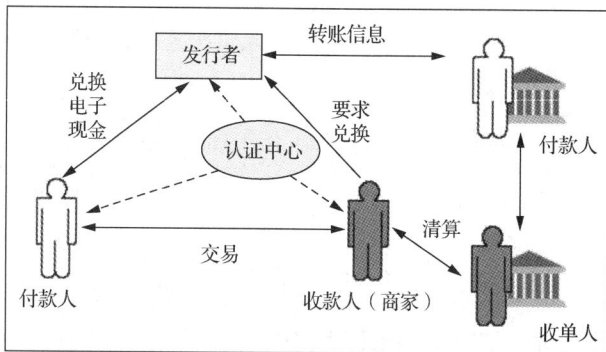

图 5-2　电子现金使用基本流程图

使用电子现金的基本流程如下。①付款人、收款人（商家）、发行者都要向认证中心申请数字证书并安装专用软件。付款人在发行者处开设电子现金账号，并存入一定数量的资金，利用客户端兑换一定数量的电子现金；电子现金收款人（商家）也在发行者处注册，与收单行签署协议，以便兑换电子现金。②付款人与收款人达成交易，并确认使用电子现金进行支付。③付款人将订单与电子现金一起发给收款人，收款人收到电子现金后，可以要求发行者兑换为实体现金。④发行者通过银行转账的方式将实体现金转到付款行，付款行与收单行联系，收款人与收单行进行清算。

## ✳ 5.2.3　电子支票

电子支票是网上银行常用的一种电子支付工具，电子支票与纸质支票一样，也是用于支付的一种合法方式。它使用数字签名和自动验证技术来确定其合法性。

**1．电子支票的概念**

电子支票是一种借鉴纸质支票转移支付的优点，利用数字传递将资金从一个账户转移到另一个账户的电子付款形式。将传统方式下的纸质支票改变为带有数字签名的电文，或利用其他数字电文代替纸质支票的全部信息，就是电子支票。

网上银行和大多数银行金融机构通过建立电子支票支付系统，在各个银行之间发出和接收电子支票，向客户提供电子支付服务。

**2．电子支票的优点**

（1）电子支票与纸质支票十分相似，但其功能更强大，客户的接受度也更高。

（2）电子支票数据传递速度快，可节省时间，节省处理纸质支票时的费用。

（3）电子支票减少了支票被退回情况的发生。电子支票的设计方式是使商家在接收电子支票前，先得到客户开户行的认证。

（4）电子支票在用于支付时，不必担心丢失或被盗。如果电子支票被盗，接收者可要求支付者停止支付。

（5）电子支票技术可通过公众网络连接现有的金融支付网络系统。

**3．电子支票的支付流程**

（1）开具电子支票。客户首先在提供电子支票服务的银行注册，开具电子支票。注册时需要输入信用卡和银行账户信息。

（2）电子支票付款。注册后，客户可以和商家取得联系，用自己的私钥在电子支票上进行数字签名，用商家的公钥加密电子支票，向商家进行支付。只有商家可以收到用商家公钥加密的电子支票。

（3）资金清算。商家收到电子支票后，可根据自己的需要自行决定将电子支票发送给银行的时间。银行收到电子支票后将其发往清算中心，由清算中心进行资金清算。

## 5.2.4　电子钱包

电子钱包一直是电子商务活动中的热门话题，也是实现全球电子化交易和互联网交易的一种重要工具，全球已有很多国家和地区正在建立电子钱包服务系统以便取代现金交易的模式，目前我国也正在开发和研制电子钱包服务系统。

**1．电子钱包的概念**

电子钱包是用户在网上购物中经常用到的一种电子支付工具，其实质是进行安全电子交易并存储电子货币的软件。用户可以在电子钱包内存放电子货币，如电子现金、电子零钱、安全零钱、电子信用卡、在线货币等。使用电子钱包进行购物通常需要在电子钱包服务系统中进行，即安装电子钱包软件，并申请相应电子钱包内银行信用卡的数字证书。

目前，我国常用的电子钱包有支付宝、微信支付等，另外，中国银联推出的电子钱包软件——云闪付 App 也很常用。

**2．电子钱包的功能**

（1）用户资料管理。用户下载安装电子钱包客户端软件之后，相当于电子钱包服务器为其开立一个属于个人的电子钱包档案，用户可在此档案中增加、修改、删除个人资料。

（2）网上付款。用户可在网上选择商品后，登录电子钱包，选择入网银行卡或电子现金，向支付网关发出付款指令进行支付。

（3）交易记录查询。用户可通过电子钱包客户端软件对通过电子钱包完成支付的所有历史交易记录进行查询。

（4）银行卡余额查询。用户可通过电子钱包客户端软件查询存放在电子钱包中的个人银行卡的余额。

（5）商户站点链接。电子钱包客户端软件内设有众多商户站点链接，用户可通过链接直接登录商户站点进行购物。

## 5.3　第三方支付

电子商务活动中，网上银行支付方式不能对交易双方进行约束和监督，支付方式比较单一；同时，在整个交易过程中，货物质量、交易诚信、货物退换等方面无法得到可靠保证。为了有效解决这些问题，第三方支付模式应运而生。

## ✸ 5.3.1 第三方支付的界定

凭借便捷、高效、安全的支付体验，第三方支付已经深入到大众生活中，成了人们日常必不可少的支付方式。

### 1．第三方支付的概念

第三方支付是指具备一定实力和信誉保障的独立机构，采用与各大银行签约的方式，通过与银行支付结算系统接口对接而促成交易双方进行交易的网络支付模式。

第三方支付模式中，买方选购商品后，使用第三方平台提供的账户进行货款支付（支付给第三方），并由第三方通知卖家货款到账、要求发货；买方收到货物，检验货物，并且进行确认后，再通知第三方付款；第三方再将款项转至卖家账户。

相比网上银行和传统的汇款方式，第三方支付有延期付款功能，买家可在收到货物后再确认付费，这规避了部分网购欺诈风险；卖家开通第三方支付账户后，可对接买家几乎所有的银行卡，免去了传统支付方式中买家要办理多张银行卡的麻烦，同时也免去了传统支付方式烦琐的业务流程（如去银行、邮局汇款等）。

我国第三方支付的核心业务是第三方网上支付，从事第三方支付服务的机构一般是非银行支付机构。从 2004 年开始，第三方支付进入快速发展阶段，在 2008 年和 2009 年呈爆发式增长，特别是随着 2010 年中国人民银行《非金融机构支付服务管理办法》及《非金融机构支付服务管理办法实施细则（征求意见稿）》的出台，第三方支付行业结束了发展的原始生长期，被正式纳入了国家监管体系，拥有了合法身份。2017 年 1 月 13 日，中国人民银行发布了一项支付领域的新规定《中国人民银行办公厅关于实施支付机构客户备付金集中存管有关事项的通知》，明确了第三方支付机构在交易过程中产生的客户备付金，之后将统一交存至指定账户，由央行监管，第三方支付机构不得挪用、占用客户备付金。2018 年 3 月，网联下发 42 号文督促第三方支付机构接入网联渠道，明确 2018 年 6 月 30 日前所有第三方支付机构与银行的直连都将被切断，之后银行不会再单独直接为第三方支付机构提供代扣通道。2024 年 5 月 1 日起施行的《非银行支付机构监督管理条例》将非银行支付机构及其业务活动进一步纳入法治化轨道进行监管。

第三方支付机构的官方称呼一般是非银行支付机构，支付宝、财付通是中国主要的第三方支付服务商，拉卡拉则是中国最大的线下便民金融服务提供商，而美国的 PayPal 则是欧美地区主要的第三方支付服务商。

### 2．第三方支付的特点

与其他支付方式相比，第三方支付具有以下 3 个显著特点。

（1）第三方支付平台提供一系列的应用接口程序，将多种银行卡支付方式整合到一个界面上，负责交易结算中与银行的对接，使网上购物更加快捷、便利。消费者和商家不需要在不同的银行开设不同的账户，这可以帮助消费者降低网上购物的成本，帮助商家降低运营成本，同时还可以帮助银行节省网关开发费用，并为银行带来一定的潜在利润。

（2）相较于 SET、SSL 等支付协议，利用第三方支付平台进行支付操作更加简单而易于接受。SET 协议是基于信用卡支付系统的比较成熟的技术，但在 SET 中，各方的身份都需要通过 CA 认证中心进行认证，程序复杂、手续繁多、速度慢且实现成本高。有了第三方支付平台，商家和客户之间的交涉由第三方来完成，这使网上交易变得更加简单。

（3）第三方支付平台本身依附于大型的门户网站，且以与其合作银行的信用作为信用依托，因此第三方支付平台能够较好地解决网上交易中的信用问题，有利于推动电子商务的快速发展。

## ✳5.3.2 第三方支付行业分类

从行业角度看，第三方支付机构可以分为以下 3 种类型。

### 1．互联网型支付企业

互联网型支付企业以支付宝、财付通、盛付通等为代表，这些机构以在线支付为主，依托一些大型电子商务网站，迅速做大做强。

### 2．金融型支付企业

金融型支付企业以银联电子支付、云闪付、易宝、拉卡拉等为代表，这些机构侧重服务行业需求和开拓行业应用。

### 3．独立的第三方支付机构

独立的第三方支付机构是指不依托于金融机构或大型电商平台的第三方支付机构，典型代表有快钱、易宝支付、汇付天下、乐富支付等。这类机构通过和国内外各大银行签约，具备很好的实力和信用保障，是在银行的监管下保证交易双方利益的独立机构，旨在消费者与银行之间建立一个某种形式的数据交换和信息确认的支付流程。例如，乐富支付向广大银行卡持卡人提供基于 POS 终端的线下实时支付服务，并向终端特约商户提供 POS 申请/审批、自动结账/对账、跨区域 T+1 清算、资金归集、多账户管理等综合服务。

## ✳5.3.3 常见的第三方支付平台

自 2011 年发放首批第三方支付牌照起，中国人民银行总计发出 271 张支付牌照，截至 2023 年 2 月 10 日缩减至 196 张，合计注销 75 张，这表明第三方支付行业已经迈入优化升级期。下面介绍几种比较典型的第三方支付平台。

### 1．支付宝

（1）基本概况。支付宝（中国）网络技术有限公司从 2004 年成立开始，一直致力于为企业和个人提供"简单、安全、快速、便捷"的支付解决方案，始终以"信任"作为产品和服务的核心，旗下有"支付宝"与"支付宝钱包"两个独立品牌，自 2014 年第二季度开始成为当前全球最大的移动支付厂商之一。支付宝与国内外 180 多家银行以及 VISA、MasterCard 国际组织等机构建立战略合作关系，成为金融机构在电子支付领域最为信任的合作伙伴之一。支付宝为上千万小微商户提供支付服务，已发展成为融合支付、生活服务、政务服务、理财、保险、公益等多个场景与行业的开放性平台。

（2）应用场景。支付宝支持余额宝，理财收益随时查看；支持各种场景关系，群聊、群付更方便；提供本地生活服务，买单打折尽享优惠；支持子女为父母建立亲情账户；可随时随地查询淘宝账单、账户余额、物流信息；可免费异地跨行转账，进行信用卡还款、充值、电费缴纳；等等。

### 2．财付通

（1）基本概况。财付通是腾讯公司于 2005 年 9 月正式推出的专业在线支付平台，致力于为互联网用户和企业提供安全、便捷、专业的在线支付服务。财付通作为综合支付平台，业务覆盖 B2B、B2C 和 C2C 等领域，提供网上支付及清算服务。它可为个人用户提供在线充值、提现、支付、交易管理等服务，为企业用户提供安全、可靠的支付清算服务和极具特色的 QQ 营销资源支持。

经过多年的发展，财付通企业客户覆盖的行业包括游戏、航旅、电子商务、保险、电信、物流、钢铁、基金等。结合这些行业的特点，财付通提供了快捷支付、财付通余额支付、分期支付、委托代扣、EPOS 支付、QQ 支付、微信支付等多种支付产品。

（2）应用场景。财付通个人端最主要的应用就是微信支付和 QQ 钱包，财付通企业端最主要的应用有银企支付和余额支付。银企支付是基于银行原有账户体系的订单支付，能实时推送订单支付信息给平台，协助平台掌握资金流，实现三流合一，交易的双方无须新开企业账户，可沿用原有银行对公户转账支付，并且支持担保、非担保、账期、合单等多种交易模式，满足交易场景各种需求；而余额支付是基于财付通账户体系的订单支付产品，提供账户开立、资金收付、鉴权验证、资金对账等一体化管理系统。

### 3．微信支付

（1）基本概况。2013 年 8 月，财付通联合微信发布微信支付，强势布局移动端支付。腾讯控股业绩报告显示，截至 2022 年 9 月 30 日，微信及微信支付月活达到 13.09 亿，日活跃用户数突破 6 亿，同比增长超 30%，其日均使用次数实现更快增长，同比增长超 50%。微信支付以"微信支付，不止支付"为核心理念，为个人用户创造了多种便民服务和应用场景，为各类企业及小微商户提供专业的收款能力、运营能力、资金结算解决方案及安全保障。

（2）应用场景。以微信支付为核心的"智慧生活解决方案"至今已覆盖数百万门店、30 多个行业，微信支付已实现刷卡支付、扫码支付、微信公众号支付、App 支付，并提供企业红包、代金券、立减优惠等营销新工具，满足用户及商户不同支付场景的需求。

### 4．PayPal

（1）基本概况。PayPal 于 1998 年 12 月由 Peter Thiel 及 Max Levchin 建立，是一个总部在美国加利福尼亚州圣荷塞市的在线支付服务商。PayPal 是全球使用最为广泛的第三方支付工具之一，是专门针对具有国际收付款需求的用户设计的。PayPal 账户有国际站与贝宝中国之分。通过 PayPal 账户国际站，用户能够进行便捷的外贸收款、提现与交易跟踪，从事安全的国际采购与消费，快捷支付并接收包括美元、加元、欧元、英镑、澳元和日元等 25 种国际主要流通货币；通过贝宝中国，用户可以进行人民币交易，添加一张中国银行卡之后，贝宝账户与银行卡账户之间就可以进行资金转账。

（2）支付流程。付款人使用 PayPal 付款时，一般会经历以下步骤。①只要有一个电子邮件地址，付款人就可以开设 PayPal 账户，通过验证成为其用户，并提供信用卡或者相关银行资料，增加账户金额，将一定数额的款项从其开户时登记的账户（例如信用卡）转移至 PayPal 账户下。②当付款人启动向第三人付款程序时，必须先进入 PayPal 账户，指定特定的汇出金额，并提供收款人的电子邮件地址给 PayPal。③接着 PayPal 向商家或者收款人发出电子邮件，通知其有等待领取或转账的款项。④若商家或者收款人也是 PayPal 用户，其决定接收后，付款人所指定之款项即移转于商家或者收款人。⑤商家或者收款人若没有 PayPal 账户，需要根据 PayPal 电子邮件内容指示进入网页注册一个 PayPal 账户，商家或者收款人可以选择将取得的款项转换成支票寄到指定的处所、转入其个人的信用卡账户或者转入另一个银行账户。

📖 **素养课堂 5-1**

#### 没带现金？扫码就行！

扫码骑单车、买电影票、逛商场购物、家里缴燃气费……这些天，广州市一家企业的"90 后"职员王伟打开一款移动支付应用的年度账单发现，一年中自己的大多数付款都是通过移动支付完成的。"我已经很久没有掏钱包了,现在付款总是习惯性地拿出手机扫一扫。"

不仅是年轻人,中老年人也开始喜欢扫码。去菜市场买菜没带现金?"带手机了吧,扫码就行!"在北京市通州区一个农贸市场里,摆摊卖菜的陈阿姨见到顾客没带现金,就会熟练地指一指收付款二维码。快60岁的她,每天都在和收付款二维码打交道。她说:"现在年轻人买菜都喜欢扫码,慢慢地我也学会了,收钱不用找零,快得很,多方便呀。"

中国支付清算协会发布的《中国支付产业年报2022》显示,截至2021年底,我国网络支付用户规模达9.04亿,占网民整体的87.6%。我国已经成为全球最大的移动支付市场。

移动支付应用场景覆盖百姓生活的方方面面,成为主流零售支付方式。相关报告显示,移动支付较为活跃的有商场、便利店及餐饮类中大型实体商户和小摊贩、菜场、水果店等小型实体商店,以及交通出行场所、电商平台等,移动支付生态圈逐步形成。网友说,移动支付受到人们的青睐,得益于其操作简单便捷、无须带现金或银行卡的特点。同时,市场主体的优惠促销活动多、移动支付应用场景不断拓展等,对用户支付习惯的培养也起到重要作用。

# 5.4 移动支付

近年来,我国移动互联网技术发展迅速,智能手机等移动终端设备的普及率不断提高,移动互联网接入进一步便利,支付方式的电子化、网络化、移动化趋势日益明显,移动支付的应用场景、产业链条得到不断拓展和延伸。

## 5.4.1 移动支付的界定

微课堂

移动支付如何改变消费者的消费方式

### 1. 移动支付的概念

移动支付是指用户使用移动终端对所消费的商品或服务进行账务支付的一种电子支付方式。

企业或者个人可以通过移动设备、互联网或者近距离传感设备向银行金融机构发送支付指令,产生货币支付与资金转账行为,从而实现移动支付的功能。移动支付所使用的移动终端可以是手机、PDA、移动PC等。

移动支付主要分为近场支付和远程支付两种。近场支付是指用户用手机刷卡的方式乘车、购物等,远程支付是指用户通过发送支付指令(如通过网上银行、电话银行、手机银行等发送支付指令)进行支付的方式。

### 2. 移动支付的特征

移动支付属于电子支付方式的一种,但因其与移动通信技术、无线射频技术、互联网技术相互融合,又具有自己的独特之处。移动支付的特征如下。

(1)移动性。移动终端随身携带的移动性,突破了距离和地域的局限。移动支付结合先进的移动通信技术,让用户可以随时随地获取所需要的服务、产品、信息。

(2)及时性。移动支付不受时间地点的限制,用户可随时查询账户、转账或进行消费。

(3)定制化。基于移动支付先进的移动通信技术和简易的手机操作界面,用户可定制自己的消费方式和个性化服务,使账户交易更加简单便捷。

（4）集成性。移动支付以手机为载体，通过与终端读写器近距离识别进行信息交互；运营商可以将移动通信卡、公交卡、地铁卡、银行卡以及其他多个生活服务场景信息整合到以手机为平台的载体中进行集成管理，并搭建与之配套的网络体系，从而为用户提供十分方便的支付以及身份认证服务。

## ✱ 5.4.2 移动支付的方式

移动支付将终端设备、移动互联网、应用提供商以及金融机构连接起来，为用户提供货币支付、生活缴费、投资理财等金融业务。目前按照实现形式的不同，移动支付主要包括条码支付、NFC 支付、生物特征识别支付等。

### 1．条码支付

作为基于账户体系搭建起来的无线支付方案，条码支付是支付机构应用二维码等条码技术，向客户提供的，通过手机等移动终端实现收款人与付款人之间货币资金转移的行为。根据支付指令的发起方式，条码支付可以分为主扫模式和被扫模式，即付款扫码和收款扫码。其中付款扫码是指付款人通过移动终端读取收款人展示的条码完成支付的行为（主扫模式），收款扫码是指收款人通过读取付款人移动终端展示的条码完成支付的行为（被扫模式）。

尽管出于支付安全的考虑，中国人民银行于 2014 年 3 月紧急叫停二维码支付业务，但基于其小额、便民、高频的应用场景，此后监管部门对其进行规范，二维码支付业务发展迅猛、应用广泛。近年来，由于各机构条码不能通用，出现了一些聚合支付服务商。

### 2．NFC 支付

NFC 支付是指消费者在购买商品或服务时，即时采用 NFC 技术，通过手机等移动设备完成支付，是一种新兴的移动支付方式。NFC 支付在现场进行，并且在线下进行，不需要使用移动网络，而是使用 NFC 射频通道实现与 POS 机或自动售货机等设备的本地通信。

相比扫码支付，NFC 支付在使用体验上更加方便、流畅，只需要把手机靠近 POS 机，便会启动支付程序，完成资金支付过程。但是，NFC 支付的实现需要手机等终端支持 NFC 功能、手机厂商与银行合作、POS 机支持等较多前期准备，涉及的部门和行业较多、推广成本较高。与条码支付相比，NFC 支付在国内还没有大范围普及。

### 3．生物特征识别支付

生物特征识别是通过人类生物特征进行身份认证的一种技术，人类的生物特征通常具有唯一性，可以测量或可自动识别和验证，具有遗传性或终身不变等特点，因此生物特征识别认证技术较传统认证技术存在较大的优势。随着人工智能、物联网等技术的发展，生物特征识别技术的安全性、准确性极大提高，从特定行业的少数场景应用引入到金融安全认证领域，广泛地应用于移动支付中，主要包括人脸、指纹、虹膜、声纹等支付方式。

与条码支付不同的是，生物特征识别支付主要依靠识别人的脸部、虹膜等生物特征，通过加密运算，可以突破其他移动支付方式需要通过移动终端等支付介质进行支付的限制，能够让老年人等弱势人群也可以使用移动支付。

📖 **素养课堂 5-2**

**移动支付安全大调查**

2023 年 2 月 17 日，中国银联发布《2022 年移动支付安全大调查报告》。该报告显示，

2022 年受访用户人均存在 1.2 个不安全的习惯，而 2021 年人均约有 2 个不安全习惯。25 岁以下的年轻群体在使用手机时的个人防范意识相对较差，不良行为高于平均水平。从类别看，2/3 的被访者表示曾遇到过电信诈骗，其中约 1/3 的群体财产遭受损失，平均损失金额为 2 759 元。消费者权益方面，个人信息安全问题较 2021 年有所减少。经调查，"填写问卷留下银行卡号、证件号、姓名等个人信息""在街头扫描二维码""变更移动支付绑定的手机号后没有通知银行"等银行卡使用中可能的不安全行为的发生率均不到 10%，这表明持卡用户对自身账户信息的保护意识普遍较强。

中国银联专家建议，为保障移动支付使用安全，保护个人权益，社会公众应做好以下几点：一是提升自我防范意识，养成良好的手机使用习惯，不随意扫二维码或留下自己的个人敏感信息；二是时刻提高警惕，不因贪图小利而让网络诈骗犯寻到可乘之机，造成巨大财产损失；三是投资有风险，理财需谨慎，不要为追逐短期高收益而轻信所谓的投资专家；四是如果不幸遭遇诈骗或其他类型的个人侵权行为，应及时向公安部门及官方求助，将损失降到最低。

此外，公众也可以主动了解学习各类防范措施与防骗技巧，提升防诈防骗的能力。

### ❉ 5.4.3　移动支付的商业模式

移动支付的商业模式主要有以下 3 种。

#### 1．以金融机构为主体的商业模式

以金融机构为主体的商业模式主要由金融机构提供手机银行服务。手机银行是金融机构通过移动通信网络为客户提供金融服务的移动应用，金融机构与客户间的主要中介是短信、电话和手机客户端。此模式下，各金融机构都需要搭建与移动运营商联结的网络，确认计费与认证系统，而且需要把手机卡更换为 STK 卡。在以金融机构为主体的商业模式下，一部手机只能与一个银行账户相对应，用户无法办理其他银行的移动支付业务。

#### 2．以移动运营商为主体的商业模式

这种商业模式以移动运营商代收费业务为主，银行完全不参与其中。在进行移动支付时（如用手机支付时），一般是将话费账户作为支付账户，用户通过购买移动运营商所发的电子货币来对其话费账户充值，或者直接在话费账户中预存款，当用户采用手机支付方式购买商品或服务时，交易费用就直接从话费账户中扣除。货款从话费中扣除，最后由商家和运营商进行统一的结算。

#### 3．第三方支付机构主导的商业模式

第三方支付机构主导的商业模式是一些具有实力的第三方支付机构以与不同银行签约的方式提供交易平台（如支付宝），而整个交易也在第三方支付机构的介入下责任明晰、分工明确。银行作为资金的供给方，保障资金的按时给付；运营商作为信息的传输渠道，向第三方支付机构以及银行发出指令；第三方支付机构则充当中介，保障交易的顺利完成。

## 5.5　网上银行

1995 年 10 月 18 日，全球首家网上银行——安全第一网络银行（Security First Network Bank，SFNB）诞生。其网站在开启访问后的短短几个月即有近千万人次的浏览量，给当时

的全球金融界带来极大震撼，若干银行紧随其后在网上开设银行，网上银行开始逐步走进人们的生活。

## ✸5.5.1 网上银行的界定

网上银行是信息革命、知识经济推动金融电子化的结果，它依托迅猛发展的计算机网络与通信技术，利用渗透到世界各地的互联网摒弃了银行的传统服务流程，将其业务活动直接放在了互联网上。

### 1．网上银行的概念

网上银行（Internet Bank or E-Bank）又称网络银行、在线银行或电子银行，它是各银行在互联网中设立的虚拟柜台，利用网络技术，通过互联网向客户提供开户、销户、查询、对账、行内转账、跨行转账、信贷、网上证券、投资理财等传统服务项目，使客户足不出户就能够安全、便捷地管理活期和定期存款、支票、信用卡及个人投资等。

网上银行包含两个层次的含义：一个是机构概念，指通过信息网络开办业务的银行；另一个是业务概念，指银行通过信息网络提供的金融服务，包括传统银行业务和因信息技术应用带来的新兴业务。在日常生活和工作中，我们提及网上银行，更多的指第二层次的概念，即网上银行的业务概念。网上银行服务不仅仅是传统银行产品简单向网上转移，其服务方式和内涵都发生了一定的变化，而且由于信息技术的应用，又产生了全新的业务品种。

### 2．网上银行的特征

与传统银行业务相比，网上银行具有以下几个特征。

（1）成本低廉化。网上银行直接在互联网上开展银行业务，虚拟的网上银行替代了部分传统银行的营业网点，节省了大量人力、物力。这在降低银行运营成本的同时，也有效提升其盈利能力。

（2）客户群扩大化。网上银行业务打破了传统银行业务的地域、时间限制，具有 3A 特点，即能在任何时候（Anytime）、任何地方（Anywhere）、以任何方式（Anyhow）为客户提供金融服务，这既有利于吸引和保留优质客户，又能主动扩大客户群，开辟新的利润来源。

（3）服务个性化。网上银行有利于服务创新，向客户提供多种类、个性化、一对一的金融服务。它可以充分利用信息化技术和大数据分析，在与客户互动的基础上，为其提供特色化或差异化的金融产品或服务来培育核心能力，从根本上为传统银行服务创造新的竞争优势。

（4）业务创新化。传统银行业务创新主要围绕资产业务展开，对商业银行的资产负债业务进行资产证券化，对金融产品进行改造与组合，以满足客户的需求。网上银行侧重于利用其成本优势和互联网信息化手段，提供企业资信评估、公司个人理财顾问、专家投资分析等创新业务，以提高信息的附加价值，强化银行的信息中介功能。

📖同步案例 5-2

#### 招商银行的"一卡通""一网通"

早在 1995 年 6 月，招商银行就以"客户号管理"思维，首推集多储种、多币种、多功能服务于一身的电子货币卡——"一卡通"，引领中国银行业从存折时代迈入银行卡时代；随后于 1997 年率先涉水互联网，推出"一网通"，并完成第一笔网上支付业务。以此为基础，招商银行逐步构筑包括自助银行、远程银行、网络银行等在内的网络服务体系，奠定了招商银行"科技立行"的品牌。

"一卡通""一网通"的推出是招商银行发展的关键节点，其据此建起了自己的第一个千万级客户群。招商银行抓住商业银行利用新技术的契机，将过去纸质的存折迁移到电子账户上。"'一卡通''一网通'对招商银行早期发展非常重要，一是吸引了前卫、时尚、年轻的客户，形成了差异化发展；二是树立了技术型银行的品牌，此后招商银行一直沿着技术创新的路径走，比如最早引进自动取款机。"招商银行内部人士表示。

招商银行在其网点没有优势的情况下另辟蹊径，抓住信息化和网络化的机会，在"一卡通"的基础上推出"一网通"，以弥补网点不足的劣势，大力发展零售银行业务，提高非利息收入占比。目前，招商银行正加大金融科技运用，打造客户金融服务体验优异的银行，构建起招商银行面向未来的核心竞争力。

**思考：**"一卡通""一网通"对于招商银行有什么意义？

## ✳ 5.5.2　网上银行的类型

按照不同标准，网上银行可以划分为以下类型。

### 1．按照有无实体分类

按照有无实体网点，网上银行可以分为两类。①纯网上银行：完全依赖于互联网的全新的电子银行，也叫直接银行或虚拟银行。这种网上银行没有实际的物理柜台作为支持，一般只有一个办公地址，没有分支机构，也没有营业网点，采用国际互联网等信息技术手段与客户建立密切的联系，提供全方位的金融服务。②传统银行网络化：在现有的传统银行的基础上，利用互联网提供传统的银行业务交易服务，即传统银行以互联网作为新的服务手段为客户提供在线服务，实际上是传统银行服务在互联网上的延伸。这是网上银行主要的存在形式，也是绝大多数商业银行采取的网上银行发展模式。

### 2．按照服务对象分类

按照服务对象不同，网上银行可以分为两类。①个人网上银行。个人网上银行主要适用于个人和家庭的日常消费支付与转账。客户可以通过个人网上银行服务，办理实时查询、转账、网上支付和汇款业务。个人网上银行服务的出现，标志着银行的业务触角直接伸展到个人客户的家庭 PC 桌面上，真正发挥了家庭银行的作用。②企业网上银行。企业网上银行主要针对企业与政府部门等企事业组织。企事业组织可以通过企业网上银行实时了解企业财务运作情况，及时在组织内部调配资金，轻松处理大批量的网上支付和工资发放业务，并可处理信用证相关业务。

## ✳ 5.5.3　网上银行的认证机制

为了确保安全，网上银行一般都会引进权威的第三方认证机制，使用第三方认证中心的证书完成网上交易，以可靠地解决网上信息传输安全和信用问题。目前国内的网上银行的第三方认证机构通常是 CFCA（中国金融认证中心），CFCA 是由中国人民银行牵头，中国工商银行、中国农业银行、中国银行、中国建设银行及深圳发展银行在内的 12 家商业银行参与组建的专门金融认证机构，为目前国内最具权威性的金融认证机构。

## 本章小结

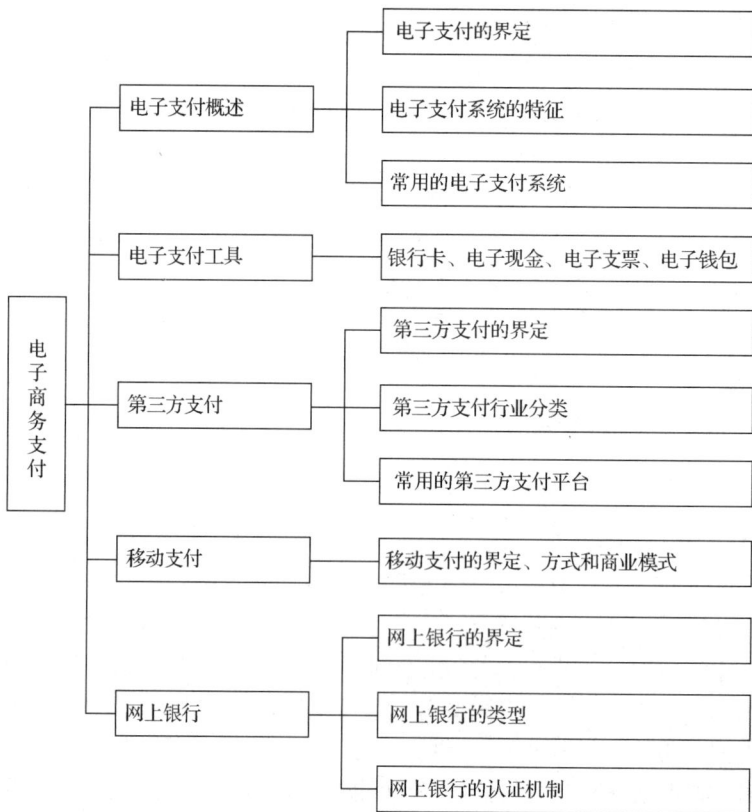

## 课后实训

云闪付于 2017 年 12 月 11 日正式发布，其前身为银联钱包（中国银联"二次创业"的首款移动支付产品，诞生于 2013 年移动支付兴起之时）。在移动支付市场兴起的头几年时间里，中国银联选择了重点发展 NFC 支付，与各大手机厂商合作推出手机 Pay，同时对线下POS 机进行非接触闪付改造，推动免密免签支付的落地。到 2017 年末，中国银联成立云闪付专项产品团队，开发运维云闪付，主推银联"码付"和电商支付。2019 年，地铁、线下大商城等几乎全面支持银联"闪付"和"码付"的付款形式，云闪付用户量超过 1 亿。

近年来，移动支付的市场竞争格局已经逐步稳定，形成了两大巨头——支付宝和财付通（含微信支付），二者的市场占比总和连续 3 年超过 90%。同时形成了四大梯队：第一，巨头梯队，支付宝和财付通；第二，国营梯队，中国银联的云闪付和中国电信的翼支付；第三，平台梯队，除巨头外其他互联网平台自建的支付产品，如京东支付、美团支付、百度支付等；第四，银行梯队，几乎每一家银行都有自建的手机银行，为了满足用户对储蓄账户、信用卡的"无卡"应用需求，许多银行都已经上线了自身的移动支付产品，如掌上生活（招商银行）、龙支付（中国建设银行）、动卡空间（中信银行）等。可见，在市场格局趋于稳定的情况下，云闪付的角色是一名挑战者，积极进场迎接挑战。

### 1．实训要求

分析云闪付面临的机遇与挑战，并说明这些现象背后的原因。

### 2．实训步骤

（1）学生分组分别登录云闪付、支付宝、微信进行个人业务办理，结合业务办理经历，对三者的服务能力进行分析、总结。

（2）观察云闪付、支付宝、微信的企业业务办理过程，分析、对比三者的异同，并对云闪付的发展前景做出分析。

## 重要名词

电子支付　电子现金　电子支票　电子钱包　第三方支付　移动支付　网上银行

## 课后练习

### 一、单项选择题

1. 电子支付系统中，发卡银行是指（　　　）。
   A．托收银行　　　　　B．代收银行　　　　C．客户开户行　　　D．通知银行

2. 电子钱包的实质是进行安全电子交易并存储电子货币的（　　　）。
   A．软件　　　　　　　B．硬件　　　　　　C．文件夹　　　　　D．文件包

3. 中国最大的线下便民金融服务提供商是（　　　）。
   A．拉卡拉　　　　　　B．支付宝　　　　　C．微信　　　　　　D．云闪付

4. 用户用手机刷卡的方式乘车、购物等属于（　　　）。
   A．远程支付　　　　　B．近场支付　　　　C．远场支付　　　　D．近程支付

5. 目前国内的网上银行的第三方认证机构通常是（　　　）。
   A．CIIC　　　　　　　B．CPA　　　　　　C．PICC　　　　　　D．CFCA

### 二、多项选择题

1. 电子支付系统的当事人包括（　　　）等。
   A．发行银行　　　　　B．支付者　　　　　C．商家
   D．接收银行　　　　　E．清算中心

2. 比较常见的电子支付工具有（　　　）等。
   A．银行卡　　　　　　B．电子现金　　　　C．电子支票
   D．电子钱包　　　　　E．电子支付手段

3. 电子钱包的功能包括（　　　）。
   A．用户资料管理　　　B．网上付款　　　　C．交易记录查询
   D．银行卡余额查询　　E．商户站点链接

4. 从行业角度看，第三方支付机构可以分为（　　　）。

    A. 互联网型支付企业　　　　　　　　B. 金融型支付企业

    C. 独立的第三方支付机构　　　　　　D. 金融科技企业

5. 移动支付的特点有（　　　）。

    A. 移动性　　　　B. 及时性　　　　C. 定制化　　　　D. 集成性

## 三、判断题

1. 电子支付过程实质上是这些数据流的交换和处理的过程。（　　　）

2. 准贷记卡是由银行发行的，持卡人事先不必交存一定金额的备用金。（　　　）

3. 通过 PayPal 账户国际站，用户能够进行便捷的人民币交易。（　　　）

4. 在以金融机构为主体的商业模式下，一部手机可以与多个银行账户相对应，用户可以办理其他银行的移动支付业务。（　　　）

5. 传统银行网络化又称作直接银行或虚拟银行。（　　　）

## 四、简答题

1. 电子支付系统的特征有哪些？

2. 电子现金的基本支付流程是怎样的？

3. 第三方支付的特点有哪些？

4. 移动支付的方式有哪些？

5. 网上银行的类型有哪些？

## 五、技能训练题

1. 登录云闪付，尝试完成以下业务活动并归纳总结其便捷之处。

（1）完成一笔电话费的充值业务。

（2）添加自己的银行卡，完成一笔转账业务。

（3）完成一笔信用卡还款业务。

2. 登录中国工商银行网站，比较其"个人网上银行"与"企业网上银行"在业务方面的异同点，下载安装数字证书，并将个人网上银行升级为专业版，总结个人网上银行专业版的功能。

# 第6章

# 电子商务物流

🛒 **学习目标**

**知识目标**

了解电子商务物流的基本概念、功能与特点；理解电子商务物流的配送环节与控制要点；熟悉电子商务供应链管理方法。

**技能目标**

能认识电子商务物流企业的活动方式；能比较电子商务活动中的不同物流组织形式，并说明其优缺点；掌握电子商务活动中物流管理的主要技术。

**素养目标**

培养创新精神，激发民族自豪感与自信心；强化生态文明意识，培养绿色仓配理念；提高职业认同感，具备数字化、智能化、精细、安全的仓储管理意识。

导入视频

2022 年 12 月 7 日，在北京市顺义区，一辆特别的快递车从京东快递后沙峪营业部出发，驶向街头。自主识别红绿灯、主动避让行人、保持靠右行驶……满载大小货物的智能快递车在道路上平稳行驶，直至中关村医学工程健康产业化基地才缓缓停下。随后，一位市民走到车旁，在车身屏幕上输入取件码后，打开车门，取走了快递。

京东物流智能快递车最大可载重 200 千克，可续航 100 千米，日均配送超 200 单，集成了高精度定位、融合感知、行为预测等十大核心技术，可以实现 L4 级别的自动驾驶。对于一些路途较远的送货片区，快递小哥也无须往返站点奔波，智能快递车可将快递运送到该片区，再由快递小哥送货上门。"通过'人车共配'模式，快递小哥能提高个人工作效率，并获得更多经济收益。"京东物流智能驾驶运营负责人曲丽丽说。

从无人机投递包裹到无人机送餐，现实生活中，精准续航、智慧灵动的无人机正在将"配送员"的身份演绎得非常到位。

早在 2018 年，顺丰就获得了覆盖阳澄湖全湖面及周围部分陆地的空域许可，从而可以利用无人机运送大闸蟹。"与陆运一致的目的地，无人机 10 分钟左右即可送达。"顺丰速运苏州区总经理李佳说，"无人机还配备冷运恒温箱和冷链记录仪，能通过后台实时查看温湿度情况，保证大闸蟹品质。"

整体来看，中国智慧物流市场呈现高速增长态势，但新一代信息技术在物流业务场景的应用仍然不充分，大量的物流作业仍停留在原始阶段。此外，智慧物流技术装备在技术的原创性上还有待加强和提高。

"随着物流产业的不断扩大，今后行业的最大挑战与变化一定是技术更新带来的。"京东集团副总裁、京东物流技术负责人何田分析，到 2025 年，智慧物流会进入全新时代，全域数据生态等人工智能技术将助力实现物流全链路的高效自动化发展。"未来，我们要持续进行高效的技术赋能，不断提升整体配送效率与服务质量，保障物流全环节的安全。"

# 6.1　电子商务物流概述

电子商务活动中，每一笔业务都会涉及商流、资金流、信息流、物流。作为"四流"之中最为特殊的一种，物流已经成为电子商务活动顺利进行的一个关键因素。

## 6.1.1　物流的界定

从诞生起，物流就在社会经济发展中发挥着非常重要的作用。因此，有人把物流形象地比喻为现代社会经济发展的"血管"，其畅通与否，直接关系着整个社会经济能否顺利运行。

### 1. 物流的概念

物流一词最早起源于美国，英文为"Physical Distribution"，缩写为 PD，在汉语中即实物配送的意思。1915 年，美国营销学者从市场分销角度首先提出了"Physical Distribution"的概念，有人将其译为"实体配送"，也有人将其译为"物流"。1927 年，美国营销学者布索迪在《流通时代》中首次使用"Logistics"一词来称呼物流。第二次世界大战期间，美国军方在军需供应领域采用"Logistics Management"（后勤管理）概念。战后，许多西方国家一直沿用"Logistics"来定义物流。

美国物流协会于 1998 年对物流的定义是："物流是供应链的一部分，是为了满足客户需求而对商品、服务及相关信息从原产地到销售地的高效率、高效益的正向和反向流动及储存进行的计划、实施与控制过程。"

中华人民共和国国家标准 2001 年《物流术语》对物流的定义是："物流是物品从供应地向接收地的实体流动过程。根据实际需要，将运输、储存、搬运、包装、流通加工、配送、信息处理等基本功能实施有机结合。"

中华人民共和国国家标准 2021 年《物流术语》（GB/T 18354-2021）对物流的定义是："根据实际需要，将运输、储存、装卸、搬运、包装、流通加工、配送、信息处理等基本功能实施有机结合，使物品从供应地向接收地进行实体流动的过程。"

从以上定义看，物流的内涵可以概括如下。

（1）物流是一种经济活动，是为满足社会需求而进行的原材料、中间库存、最终产品由供应地向接收地的转移。

（2）物流是物品从供应地向接收地的流动过程。

（3）物流包括运输、搬运装卸、储存、包装、配送、流通加工等基本功能。

（4）物流包括空间、时间、形状、性质的变动，是一种创造价值的活动。

（5）物流是物品有效率、有效益的流动。

（6）物流是不断满足客户需求的过程。

### 2．物流的职能

物流的基本职能是指物流活动应该具有的基本能力以及通过对物流活动最佳的有效组合，形成物流的总体功能，以达到物流的最终经济目的。一般认为，物流的职能应该由包装、装卸搬运、运输、储存保管、流通加工、配送、物流信息管理，以及与上述职能相关的情报信息处理等所构成。也就是说，物流目的是通过实现上述职能来完成的。

（1）包装职能。包装职能是指商品的出厂包装，包括生产过程中制成品和半成品的包装以及物流过程中的换装、分装和再包装等职能。

（2）装卸搬运职能。装卸搬运职能是加快商品在物流过程中的流通速度所必须具备的职能。装卸搬运是包装、运输、储存保管、流通加工等物流活动间的衔接活动，还包括在储存保管等活动中为进行检验、维护和保养所进行的装卸及搬运活动。

（3）运输职能。物流的运输职能主要是指物流企业选择运输方式，然后具体组织运输作业，在规定时间内将客户购买（或退换）的商品运抵目的地的职能。

（4）储存保管职能。储存保管职能包括堆存、保管、保养和维护等职能。

（5）流通加工职能。流通加工职能又称流通过程中的加工职能，其不仅存在于社会流通过程中，还存在于企业内部的流通过程中，它表现为物流过程中进行的辅助加工活动。

（6）配送职能。配送职能是指物流进入最终阶段时，以配货、送发的形式完成社会物流，最终实现资源配置的职能。《物流术语》对配送的定义为：根据客户要求，对物品进行分类、拣选、集货、包装、组配等作业，并按时送达指定地点的物流活动。

（7）物流信息管理职能。物流信息管理职能包括进行与上述各项活动有关的计划和预测，对物流动态信息及其有关的费用、生产、市场信息进行收集、加工、整理和分析的职能。目前的物流信息技术按照功能可以分为物流识别技术（如条形码识别和射频识别技术）、数据处理技术（如数据库）、数据交换技术、货物跟踪技术（如北斗卫星导航系统、GPS）、地理信息系统技术、电子订货技术（如电子订货系统）、销售时点技术（如销售时点系统）。

📖 **素养课堂 6-1**

### 我国物流市场保持稳步扩张

中国物流与采购联合会公布数据显示，2022 年，我国物流业总收入 12.7 万亿元，同比增长 4.7%。物流市场总体保持稳步扩张。2023 年全年，物流运行实现加速恢复的发展态势。

中国物流信息中心专家认为，近年来，面对复杂的外部环境，物流业内驱动力增强，向质量求发展，向服务要效益，供应链一体化服务能力进一步优化，这促进了物流市场规模稳定增长，物流服务供给的质量稳步提升。

数据显示，2022 年，我国社会物流总额达 347.6 万亿元，物流业总收入 12.7 万亿元，中国物流市场已连续 7 年位居全球最大规模的物流市场。全国 A 级物流企业已超过 9 000 家，中国物流 50 强企业收入合计近 2 万亿元，一批具有国际竞争力的物流企业开始涌现。物流市场总体保持稳步扩张。专业物流依然保持较强的供给能力，发展水平与占比稳步提升。物流作为兼具生产性服务业和生活性服务业的产业，服务不断向高质量迈进，在经济恢复期物流的价值进一步凸显。

2022 年，国家政策支持引导力度持续强化，物流发展支撑体系不断健全、制度环境进一步改善。物流在深化供给侧结构性改革，突破堵点、卡点、脆弱点，增强产业链、供应链的竞争力和安全性等方面均发挥了重要作用，产业地位和作用日益凸显。

#### 3．物流的分类

根据不同的分类标准，现代物流可以分为以下类型。

（1）按照物流活动范围，物流可分为地区物流、国内物流、国际物流。

（2）按照物流的社会作用，物流可分为供应物流、生产物流、销售物流、回收物流、废弃物物流。

（3）按照物流系统性质，物流可分为社会物流、行业物流、企业物流。

（4）按照物流服务对象，物流可分为一般物流、特殊物流。

（5）按照物流的其他特性，物流可分为绿色物流、军事物流、第三方物流、第四方物流、定制物流、虚拟物流。

## ✳ 6.1.2　电子商务物流的界定

近年来，随着信息技术和互联网技术的普及应用，电子商务得到了快速发展，网络购物已经成为人们日常生活中的重要组成部分。在电子商务市场规模保持快速增长的过程中，物流成为电子商务发展的重要助推器。

#### 1．电子商务物流的概念

简单讲，电子商务物流就是在电子商务条件下，运用计算机技术、互联网技术、电子商务技术及其他信息技术等进行的物流活动。

针对这一概念，可以从两个角度来进一步理解：从宏观行业看，电子商务物流是电子商务和物流两个行业的结合，是与电子商务这一新兴行业相配套，主要为电子商务客户提供服务的物流；从微观运作看，电子商务物流是信息管理技术和物流作业过程的结合，是运用现代信息技术整合物流环节，实现高度信息化的物流。

作为物流的一个分支，电子商务物流也包括了前述物流的基本职能，但是在信息化、自动化技术的应用及准确及时等方面要求更为严格，尤其强调了物流速度的快捷性、物流信息的流畅性和整体系统的合理化。与传统物流企业相比，电商物流企业还需特别提供一些额外的增值服务，如高便利度、快响应、低成本的服务和其他一些延伸服务等。

### 2．电子商务物流的特点

电子商务时代的来临使物流迎来了新的发展，物流因此具备了一系列新的特点。

（1）信息化。物流信息化是电子商务的必然要求，表现为物流信息的商品化、物流信息收集的数据化和代码化、物流信息处理的电子化和计算机化、物流信息传递的标准化和实时化、物流信息存储的数字化等。信息技术彻底改变了物流业的面貌。

（2）自动化。物流自动化的基础是信息化。物流自动化提高了物流作业能力和劳动生产率、减少了物流作业的差错。物流自动化设施非常多，如条码/语音/射频自动识别系统、自动分拣系统、自动存取系统、自动导向车、货物自动跟踪系统等。

（3）网络化。物流的网络化有两层含义：一是物流配送系统信息的网络化；二是组织的网络化，即建立企业内部网。例如，20世纪90年代的"全球运筹式产销模式"的基本特点是按照客户的订单组织生产，生产较分散，即将全世界能用于制造计算机的资源都利用起来，采取外包的形式将计算机的所有零部件、元器件交给世界各地的制造商生产，然后通过全球的物流网络将这些外包的零部件、元器件发往同一个物流配送中心进行组装，该物流配送中心再将组装后的计算机发送给客户。这一过程需要高效的物流网络的支持，物流网络的基础是信息技术和计算机网络。

（4）柔性化。柔性化是在"以顾客为中心"、敏捷制造（Agile Manufacturing，AM）等理念基础上提出的。20世纪90年代以来，国际生产领域纷纷推出柔性制造系统（Flexible Manufacturing System，FMS）、计算机集成制造系统（Computer Integrated Manufacturing System，CIMS）、企业资源计划（Enterprise Resource Planning，ERP）及供应链管理（Supply Chain Management，SCM）等技术和概念。这些技术和概念的实质是将生产、流通集成，根据需求端的需求组织生产、安排物流活动。因此，柔性化的物流正是为了适应生产、流通与消费的需求而发展起来的一种新型物流模式。

（5）集成化。电子商务物流系统在物流基础设施、信息基础设施、商品包装的标准化和物流运作模式等各个方面都日益社会化和一体化，在数据与功能、技术与设备、人员与组织等各个层次都在向集成化的方向发展。

（6）智能化。智能化是物流信息化、自动化的一种高层次应用。智能物流利用集成智能化技术，使物流系统能模仿人的智能，具有思维、感知、学习、推理判断和自行解决物流中的某些问题的能力。物流作业过程中大量的运筹和决策（如库存水平的确定、运输和搬运路径的选择、自动导向车的运行轨迹和作业控制、自动分拣机的运行、物流配送中心经营管理的决策支持等）问题都需要借助大量的知识才能解决。

（7）智慧化。智慧物流最早由IBM提出，是指通过智能硬件、物联网、大数据等智能化技术与手段，加强物流系统分析决策和智能执行的能力，以提升整个物流系统的智能化、自动化水平。

### 3．电子商务物流的运营模式

不同的电子商务用户可根据自身条件选用不同的物流方式。总体来说，目前有以下一些电子商务物流运营模式。

（1）自营物流。电子商务刚刚萌芽的时期，从事电子商务的企业多选用自营物流模式。这意味着电子商务企业自行组成物流配送体系，经营管理企业的整个物流运作进程。目前我国采取自营物流模式的企业主要有两类，第一类是资金实力雄厚且业务规模较大的电子商务企业，第二类就是大型的制造企业。自营物流模式的优点是企业对物流环节有较强的控制能力，缺点是投入的成本比较大，需要工作人员具有专业的物流管理能力。

（2）物流联盟。物流联盟是企业基于相互协议建立的物流合作联盟。加入物流联盟的企业谋取共同的利益，同时企业间也保持各自的独立性。物流联盟使企业间形成了相互信任、共担风险、共享收益的物流伙伴关系。企业在选择联盟企业的时候，要注意其物流服务、供应商的种类及产品经营策略。

（3）第三方物流。第三方物流是独立于买家和卖家的专业化物流公司，以长期合作的形式来承接委托的物流服务，全方位地为企业解决物流问题，使企业的产品快速向市场移动，从而降低物流成本、提高经济效益。第三方物流不参与商品的买卖，而是为企业提供个性化的物流代理服务。它也是电子商务的主要物流模式，更方便、快捷、高效。

（4）第四方物流。第四方物流的概念由著名管理咨询公司埃森哲首先提出，是指通过对物流资源、物流设施和物流技术进行整合与管理，提出物流全过程的方案设计、实施办法和解决途径的业务模式。这种模式是在第三方物流基础上进化和发展的，第四方物流并不实际承担具体的物流运作活动。

## 6.2 电子商务物流配送

在电子商务活动中，无论采取哪种物流运营模式，承担物流任务的企业都应该以最快的速度把货物送到客户手中，这种快速的货物送达方式就是电子商务物流配送。

### ✳ 6.2.1 电子商务物流配送的界定

《物流术语》对配送的定义是：根据客户要求，对物品进行分类、拣选、集货、包装、组配等作业，并按时送达指定地点的物流活动。

可以看出，配送作为物流活动中一种特殊的业务形式，几乎涵盖了物流中所有的要素与职能，是物流系统的一个缩影或一个小范围物流活动的全部体现。一般的配送集装卸、包装、保管、运输于一体，通过这一系列活动将货物送达目的地；特殊的配送还要以加工活动作为支撑，涵盖的范围更为广泛。如果说一般的配送是运输及保管，特殊的配送则是分拣配货及运输，更关注按待运输货物的目的地来将其区分，以便于物流操作。

#### 1. 电子商务物流配送的概念

电子商务物流配送是指物流配送企业采用网络化的计算机技术和现代化的硬件设备、软件系统及先进的管理手段，针对社会需求，严格、守信地按客户的送货要求开展分类、编码、整理、配货等一系列工作，定时、定点、定量地将货物交给客户，满足其对货物的需求。这种新型的物流配送模式带来了流通领域的巨大变革，越来越多的企业开始积极搭乘电子商务快车，采用电子商务物流配送模式。

#### 2. 电子商务物流配送的特点

与传统配送相比，电子商务物流配送具有以下特点。

（1）反应速度较快。电子商务物流配送服务提供者对上游、下游的物流配送需求的反应速度越来越快，配送的前置时间越来越短，配送时间越来越短，配送速度越来越快，商品周转次数越来越多。

（2）配送功能集成。电子商务物流配送着重于将物流与供应链的其他环节进行集成，包括物流渠道与商流渠道的集成、物流渠道之间的集成、物流功能的集成、物流环节与制造环节的集成等。

（3）配送作业规范。电子商务物流配送强调功能作业流程、作业内容的标准化和程序化，其能够使复杂的作业变得简单、易于推广与考核。

（4）配送手段先进。电子商务物流配送用先进的技术、设备与管理为销售提供服务，生产、流通、销售规模越大、范围越广，物流配送技术、设备及管理越现代化。

（5）配送组织健全。为了保证对产品促销提供快速、全方位的物流支持，电子商务物流配送要有完善、健全的物流配送网络体系。网络体系中点与点之间的物流配送活动保持系统性、一致性，这样可以保证整个物流配送网络体系有最优的库存总水平及库存分布，使运输与配送快捷、机动，既能铺开又能收拢。

（6）配送流程自动。电子商务物流配送流程自动是指运送规格标准，货箱排列装卸、搬运等按照自动化标准进行，商品按照最佳配送路线配送，等等。

## 6.2.2 电子商务物流配送流程

电子商务环境下的物流配送流程主要包括采购作业、仓储作业、配送作业、退货及后续处理作业等环节。一般的电子商务企业物流配送流程如图 6-1 所示。

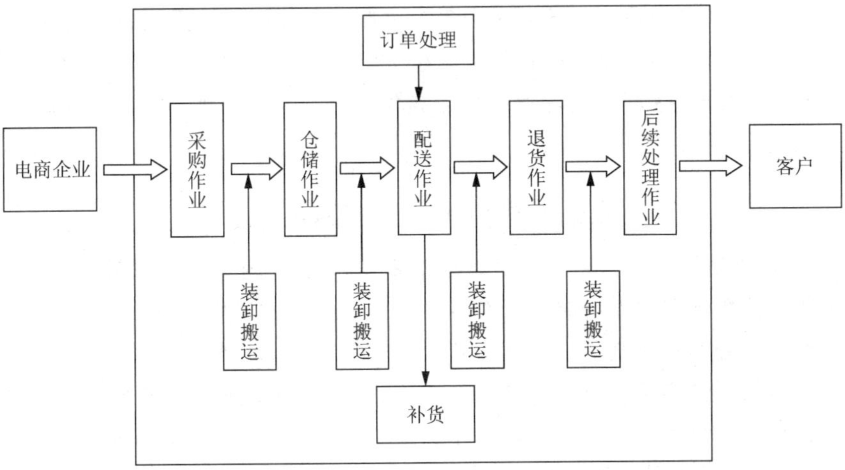


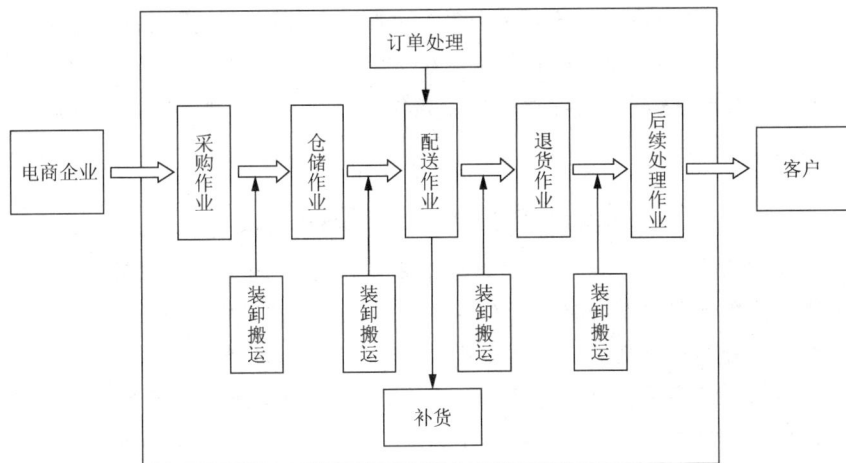

图 6-1 一般的电子商务企业物流配送流程

### 1. 采购作业

采购作业是指物流业务管理部门根据客户的要求及库存情况通过电子商务中心向供应商发出采购订单，供应商收到采购订单并加以确认后向业务部门发出供货通知，业务部门再向仓储中心发出接货的信息，仓储中心则根据货物情况准备合适的仓库，供应商将发货单通过互联网发送给仓储中心，货物则通过各种运输手段送至仓储中心。

在物流专业化的情况下，采购作业流程基本有两种模式：第一种模式是由提供配送服务的第三方物流企业承担采购任务，直接向生产企业和经销企业订货或购货；第二种模式是物流、商流两者分离的模式，由货主订货和购货，配送中心负责进货和理货等工作，货物所有权属于货主。

### 2．仓储作业

仓储作业是采购作业的延续，主要表现为以下过程。①仓储中心在收到供应商的送货单和货物后，在进货区对新进货物通过条码扫描仪进行验收，确认发货单与货物一致后，对货物做进一步处理（若验收不合格则退货）。②一部分货物直接放入发货区暂时储存，属于直通型货物。这仅仅适用于周转率高的货物，今天进仓、明天出货的货物最适合放置于仓库首层暂存区。③另一部分货物属于存放型货物，要进行入库储备处理，即进入拣货区。这是出于安全库存的考虑，按照一定时期配送活动的要求和到货周期，有计划地确定能够使配送活动持续进行的库存数量和形式。

### 3．配送作业

配送作业是物流配送的核心环节，主要职责有：配送部门由业务管理部门统一调度，根据客户的具体要求打印相应的送货单，在运输途中通过地理信息系统、定位系统进行实时监控，及时沟通和反馈配送信息，并在货物到达目的地，经客户确认无误后，凭回单向业务管理部门确认。

### 4．退货及后续处理作业

退货及后续处理作业流程是物流配送的最后一个环节。客户可能会因种种原因请求退货，企业应制定相应的退货处理机制。所退货物可集中由配送部门送回原仓储地点，由专人清理、登记、查明原因。如果是产品质量问题，应进行抽样检验，若产品达不到相应质量标准则应及时停止采购作业流程，并通知网站管理部门将网页上有关的信息及时删除；如果产品还可继续使用，则可重新进入库存系统。

除此之外，电子商务企业还应建立客户满意度调查和投诉反馈系统，对物流配送系统进行监督和考核。因为电子商务企业在将物流配送业务外包给专业物流配送企业时，如果缺少必要的监督和约束手段，物流配送环节往往会成为电子商务活动顺利运行的障碍。

---

📑 **同步案例 6-1**

#### 末端配送持续"无接触化"

2022 年"双十一"期间，末端配送持续"无接触化"。阿里达摩院联合菜鸟驿站，为全国 400 多所高校配备了"小蛮驴"无人车。截至 2022 年 11 月 11 日，"小蛮驴"配送包裹近 200 万件，较去年同期翻番。整个"双十一"期间，无人车配送总量达去年的两倍。

云南一所高校菜鸟驿站的负责人介绍，"双十一"前夕，无人车车队推出一项新功能"并行取件"，在原有的验证码取件方式之外，增加一套扫码取件系统，能让两名用户同时开柜门拿包裹。这个不起眼的小优化，让他的"小蛮驴"每次都能提前十多分钟回到驿站。将取件队伍一分为二的同时，技术团队又为"小蛮驴"配置"分批通知"技能，针对同一班次、同一站点的同学，分时段通知大家下楼。两措并举，平均为每个包裹的配送提速 10秒，累计为同学们省下 7 000 多小时的排队时间。

此外，"小蛮驴"技术团队还开发了多项"体验提升"功能，比如离线取件。通常，用户在屏幕上输码取件需要依赖车端和云端的实时通信，有些点位网络信号不佳，可能导致取件失败。过去这个问题发生的概率为万分之 2.9，如今降为 0。技术团队的离线取件方案可以在车端提前存储取件码信息，确保了断网点位的用户也能正常拿到快递。

**思考：**怎样看待物流领域的自动化、智能化、绿色化？

## ❊6.2.3　电子商务物流配送中心

电子商务物流配送中心（以下简称物流配送中心）是指开展配送业务的物流场所或组织。《物流术语》将配送中心定义为：具有完善的配送基础设施和信息网络，可便捷地连接对外交通运输网络，并向末端客户提供短距离、小批量、多批次配送服务的专业化配送场所。按照不同的划分标准，电子商务物流配送中心可以分为不同的类型。

### 1．根据运营主体划分

根据运营主体不同，物流配送中心可划分为以下4类。

（1）制造商为主体的物流配送中心，其中的货物由制造商生产制造，物流配送中心用于降低流通费用、提高售后服务质量、及时将预先配齐的成组元器件运送到规定的加工和装配工位。这种物流配送中心将货物制造、生产出来后，条码和包装的配合等多方面都较易控制，比较容易实现现代化、自动化。

（2）批发商为主体的物流配送中心，其中的货物来自各个制造商，物流配送中心所进行的一项重要的活动是对货物进行汇总和再销售，它的全部进货和出货活动都是由社会各部门完成的，社会化程度高。

（3）零售业为主体的物流配送中心。零售商在发展到一定规模后，就可以考虑建立以零售业为主体的物流配送中心，为专业商品零售店、超级市场、百货商店、建材商场、粮油食品商店、宾馆、饭店和个人客户等提供配送服务。

（4）仓储运输业为主体的物流配送中心。它具有很强的运输配送能力，且所处地理位置优越，如港湾、铁路和公路枢纽，可迅速将到达的货物配送给客户。该类型的物流配送中心可提供储位给制造商或供应商，货物仍归制造商或供应商所有，物流配送中心只是提供仓储管理和运输配送服务。这种物流配送中心的现代化程度较高。

### 2．根据主要功能划分

根据主要功能不同，物流配送中心可划分为以下3类。

（1）储存型配送中心。一般来讲，在买方市场中，企业销售成品需要有较大库存的支持，其物流配送中心应有较强的储存功能；在卖方市场中，企业的原材料、零部件供应需要有较大库存的支持，其物流配送中心也应有较强的储存功能。大范围配送的物流配送中心需要有较大库存的支持，也可能是储存型配送中心。我国一些物流配送中心采用集中库存形式，库存量较大，多为储存型配送中心。

（2）流通型配送中心。流通型配送中心没有长期储存功能，是以暂存或随进随出方式配货送货的配送中心，其典型模式是大量货物整批进入，按一定批量零出。流通型配送中心一般使用大型分货机，货物直接进入分货机传送带，被分送到各客户货位或直接分送到配送汽车上，货物在物流配送中心仅短时间停留。

（3）加工型配送中心。加工型配送中心是以流通加工为主要业务的配送中心。加工型配送中心具有加工职能，是根据客户的需要或者市场竞争的需要，对货物进行加工之后再进行配送的物流配送中心。这种物流配送中心内存在分装、包装、初级加工、集中下料、组装产品等加工活动。快餐连锁店肯德基和麦当劳的物流配送中心就属于这种类型。在建筑领域，混凝土搅拌物流配运中心也属于这种类型。

### 3．根据服务范围划分

根据服务范围划分，物流配送中心可以划分为以下2类。

（1）城市配送中心。城市配送中心是以城市为配送范围的物流配送中心，由于城市范围一般在汽车运输的经济里程之内，这种物流配送中心可直接配送到最终用户，还可以采用汽车进行配送。所以，这种物流配送中心往往和零售经营相结合，并且由于运距短、反应能力强，因而进行多品种、少批量、多用户的配送较有优势。

（2）区域配送中心。区域配送中心以较强的辐射能力和充分的库存准备向全省（州）、全国乃至国际范围的用户进行配送。这种物流配送中心配送规模较大，一般而言，用户也较多，配送批量也较大，而且往往是配送给下一级的城市物流配送中心，也配送给营业所、商店、批发商和企业用户，虽然也进行零星的配送，但不是主体形式。

#### 4．根据配送货物的属性划分

根据配送货物的属性，物流配送中心可以分为生鲜品配送中心、书籍产品配送中心、服饰产品配送中心、日用品配送中心、医药品配送中心、化妆品配送中心、家电产品配送中心、电子产品配送中心及汽车零件配送中心等。由于配送的货物不同，各物流配送中心的规划方向也不同。下面仅以生鲜、书籍、服饰配送为例进行说明。

（1）生鲜品配送中心。其主要处理的货物为蔬菜、水果与鱼、肉等生鲜产品，属于低温型配送中心。生鲜品配送中心由冷冻库、冷藏库、鱼虾包装处理场、肉品包装处理场、蔬菜包装处理场及进出货暂存区等组成，冷冻库的温度为-25℃，而冷藏库的温度为 0～5℃。

（2）书籍产品配送中心。一批新出版的书，先不上架，80%是直接理货并配送到各家书店，剩下20%的书存放在配送中心等待客户再订货。另外，书籍产品的退货率非常高，有时达三四成。因此，在规划书籍产品配送中心时，不能与食品、日用品的配送中心做相同安排。

（3）服饰产品配送中心。服饰产品有季节性、流行性等特性，而且较高级的服饰必须使用衣架悬挂，因此其配送中心的规划也有其特殊性。

## 6.3　供应链管理

随着电子商务时代的到来，物流上升为企业经营中的重要一环，其运营绩效直接决定着整体交易的完成效果和服务水准。与传统物流活动相比，电子商务环境下的物流更加强调集成化、综合化、系统性管理。

### 6.3.1　供应链管理的界定

简单讲，如果把企业从原材料和零部件采购、运输、加工制造、分销直至将产品最终送达顾客的这一过程看成一个链条，就是一个线性的供应链。

在信息时代，供应链从原有的区域性概念发展为一种全球性概念，原有的线性结构转变成围绕核心企业的网状结构，即供应链是围绕核心企业，通过对信息流、物流、资金流的控制，从采购原材料开始，制成中间产品以及最终产品，最后由销售网络把产品送到消费者手中，将供应商、制造商、分销商、零售商直到最终用户连成一个整体的功能网链结构。

#### 1．供应链管理的概念

《物流术语》对供应链管理（Supply Chain Management，SCM）的定义为：生产及流通过程中，围绕核心企业的核心产品或服务，由所涉及的原材料供应商、制造商、分销商、零售商直到最终用户等形成的网链结构。

简单讲，供应链管理就是指在提高客户服务水平的条件下，为了使整个供应链系统成本达到最低而把供应商、制造商、运输商、经销商和客户等有效地组织在一起，进行产品制造、转运、分销及销售的管理方法。狭义的供应链管理是通过提高生产制造、库存、销售的信息传递效率来减少库存，广义的供应链管理就需要考虑包含产品开发的市场企划以及针对经营模式进行再考量。

供应链管理是一种集成的管理思想和方法，它执行对供应链中从供应商到最终用户的物流的计划和控制等职能。从单一的企业角度来看，它是指企业通过改善上、下游供应链关系，整合和优化供应链中的信息流、物流、资金流，以获得企业的竞争优势。

供应链管理的目标是将顾客所需的正确的产品（Right Product）在正确的时间（Right Time）按照正确的数量（Right Quantity）、正确的质量（Right Quality）和正确的状态（Right Status）送到正确的地点（Right Place），即"6R"，并使总成本最小。

### 2．供应链管理的基本要求

（1）信息资源共享。信息资源是现代竞争的主要后盾。供应链管理采用现代科技方法，以最优流通渠道使信息迅速、准确地传递，在企业间实现信息资源共享。

（2）提高服务质量。电子商务活动中，客户大多要求提供产品和服务的前置时间越短越好，为此供应链管理通过生产企业内部、外部及流程企业的整体协作，大大缩短产品的流通周期，加快物流配送的速度，从而使客户个性化的需求在最短的时间内得到满足。

（3）实现多方共赢。供应链管理把供应链的供应商、分销商、零售商等联系在一起，并对之进行优化，使各个相关企业形成一个融合的网络整体。在这个网络整体中，各企业仍保持着个体特性，但它们为整体利益的最大化共同合作，最终会得到多方共赢的结果。

## ✽ 6.3.2　供应链管理方法

供应链管理最早多是以一些具体的方法出现的，常见的供应链管理方法有以下几种。

### 1．快速响应

快速响应（Quick Response，QR）是从美国纺织服装业发展起来的一种供应链管理方法，其目的是通过供应链企业间的信息共享、协同运行、流程优化，对最终客户的需求迅速做出反应，缩短原材料到销售点的时间、减少整个供应链上的库存，最大限度地提高供应链管理的运作效率，从而达到提高客户服务质量、降低供应链总成本的目标。

快速响应的发展经历了3个阶段：第一个阶段是商品条码化；第二个阶段是内部业务处理自动化；第三个阶段是实现更有效的企业间合作，要求供应链伙伴协同工作，通过共享信息来预测商品的补货需求，并不断地预测市场的发展趋势，探索和开发新产品以适应客户的需求变化。

### 2．有效客户响应

有效客户响应（Efficient Consumer Response，ECR）是指以满足客户需求、最大限度地降低物流过程费用为原则，以能及时做出迅速、准确的反应，使提供的物品或服务流程最佳化为目的而组成的协作系统。

有效客户响应是1992年从美国的食品杂货业发展起来的一种供应链管理策略，也是一个由生产厂家、批发商和零售商等供应链成员组成的，各方相互协调合作，以更好、更快并以更低的成本满足消费者需要为目的的供应链管理解决方案。

### 3．供应商管理库存

供应商管理库存（Vendor Managed Inventory，VMI）是一种以让用户和供应商双方都获得最低成本为目的，在一个共同的协议下由供应商管理库存，并不断监督协议执行情况和修正协议内容，使库存管理得到持续改进的合作性策略。这种库存管理策略打破了传统的各自为政的库存管理模式，体现了供应链的集成化管理思想，适应了市场变化的要求，是一种新的、有代表性的库存管理思想。图 6-2 为沃尔玛 VMI 管理模式。

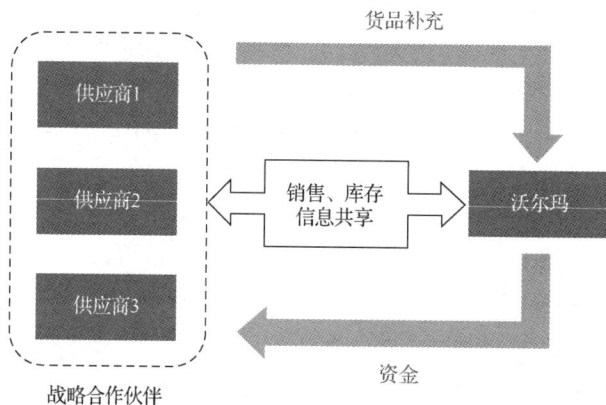

图 6-2 沃尔玛 VMI 管理模式

VMI 管理模式在 QR 和 ECR 的基础上发展而来，其核心思想是供应商通过共享用户企业的当前库存和实际耗用数据，按照实际的消耗模型、消耗趋势和补货策略进行有实际根据的补货。由此，交易双方都变革了传统的独立预测模式，尽最大可能地减少由于独立预测的不确定性导致的商流、物流和信息流的浪费，从而降低供应链的总成本。

📖 **素养课堂 6-2**

### 陕西苹果搭上京东"云梯"

乡村振兴的关键是产业振兴。一头连接产业链上游，一头连接消费者——京东智能城市是业内少数能模块化、规模化输出产业数字化解决方案的企业，能够通过用户数字化、运营与渠道数字化、供应链数字化、产品与生产数字化以及基础设施数字化 5 个方面全方位助力农业发展。

陕西白水县是全国公认的苹果最佳优生区之一，被誉为"中国苹果之乡""中国有机苹果第一县"。苹果产业也是带动白水县农民增收、推动乡村振兴的主要抓手。京东智能城市在当地搭建了苹果产业"管—产—存—流—销—运营"数字服务新体系，实现信息技术与苹果种植、加工、仓储、营销、管理及服务的全面深度融合，使白水县苹果产业发展在智能生产、智能流通、智能营销、智能管理四大方向全面连接京东平台及其生态合作伙伴的海量优质资源。

面向企业和农户，京东智能城市提供农资肥料、种植管理、新品孵化、人才培训等具体服务，帮助搭建白水县苹果产业服务平台和会员积分体系，还为产业链上下游企业提供电子签约、交易撮合和云上展馆等创新服务，实现全链路供应链管理的数智化升级和对产业的"精准滴灌"。

## ✳ 6.3.3 新零售时代的供应链

互联网、物联网、大数据、人工智能等技术的发展，为供应链朝着"精准"服务方向发展提供了技术保障。新零售对供给与消费之间的准确契合提出了严苛的要求，其供应链必然是基于数字的智慧化全链条协同，能够在精准把握终端消费数据的基础上，更准确地指导生产、采购，从源头上杜绝因消费端信息反馈不敏捷导致的生产计划、采购计划的误判，避免在物流配送等环节的无效调配，充分发挥供应链的高效协同作用，使生产到零售的每一个环节更高效、更智慧。

新零售时代的供应链是由消费者驱动的，其具体特征如下。

### 1．供应链可视化

供应链可视化就是利用信息技术，采集、传递、存储、分析、处理供应链中的订单、物流活动及库存等相关指标信息，按照供应链的需求，将这些信息以图形的方式展现出来。供应链可视化可以有效提高整条供应链的透明度，增强可控性，从而大大降低供应链风险。

盒马鲜生是目前新零售业态的典型代表，其在运营中对商品广泛使用了电子标签，使线上线下数据同步，如 SKU 同步、库存同步、价格同步、促销同步，实现线上下单、线下提货，后台统一促销和价格，这些都为供应链可视化的实现打下了基础。

在未来，新零售时代下的供应链可视化将持续向消费者、SKU、店员延伸，并且由传统网络向云计算系统转化。通过可视化集成平台，战略计划与业务紧密连接，需求与供应的平衡、订单履行策略的实施、库存与服务水平的调整等具体策略将得到高效的执行。

### 2．供应链人工智能化

新零售活动中，大量消费者、商品、销售、库存、订单等零售运营数据在不同的应用场景下产生，结合不同的业务形态和业务目标，如商品品类管理、销售预测、动态定价、促销安排、自动补货、安全库存设定、供应计划排程、物流计划制订等，再匹配合适的算法，管理人员就可以通过数学建模，对这些场景做出分析判断。简单来说，其逻辑就是获取数据—分析数据—建立模型—预测未来—支持决策。

就人工智能在新零售业态中供应链应用而言，有两大类核心模型，一是预测模型，二是决策模型。预测模型主要是指在大量历史数据的基础上，通过回归、分类、时间序列等算法建立统计模型，对未来的销售进行预测；而决策模型则通过启发算法、整数规划、解析求解等算法建立运筹模型来对以上具体应用场景进行决策。

### 3．供应链指挥智慧化

新零售企业的运营指挥控制系统是企业的"大脑"和"中枢"，新零售企业需建立由不同业务应用模块组成的运营指挥系统，这些应用模块各自具有管理一个领域的功能，可显示实时的运营动态（如货龄、售罄率、缺货率、退货率、订单满足率、库存周转率、目标完成比率等），同时又相互连接和协同，最终形成通用运营决策建议（如智能选品、智能定价、自动预测、自动促销、自动补货和下单等）。相信未来的新零售企业，可以做到各种决策自动化的 SKU 将超过 90%。

### 4．供应链数智化

供应链数智化就是以供应链的思维来思考数字化转型，通过整体供应链大循环中的数字化管理，实现从供应链长链条中寻找增长机会，实现产业联结、数智创新及生态融合，降低社会成本、提高社会效率。数智化的供应链用数智化技术连接和优化社会生产、流通、服务的各个环节，站在更高处统揽全局。

供应链数智化是支持现代化产业体系的必经之路。产业链、供应链的数字化能力，国产化的数字基础设施是供应链自主可控的重要组成部分。近年来，我国供应链基础设施建设持续推进，数智化社会供应链在推动产业转型升级、畅通双循环和助力实体经济高质量方面发挥了重要作用。

### 📖 同步案例 6-2

#### 数智化供应链助力产业升级

制造业是实体经济的基础，实体经济是构筑未来发展战略优势的重要支撑。在推动制造业转型升级的过程中，京东智能城市联合清华长三角研究院在浙江台州玉环市建设泵阀（水暖阀门）产业大脑，针对销售渠道开拓难、数字化转型贵、产业链把控难等难题设计了一套完整的数智化供应链解决方案，最终降低了企业采购成本，打开了产品销路，打造了企业信用评级系统，改造了 50 家企业数字化车间。2022 年 4 月，浙江省经济和信息化厅将玉环市"泵阀（水暖阀门）产业大脑"评为"2021 年数字经济系统优秀细分行业产业大脑"。

在江苏常州，京东智能城市联合智云天工、常州移动共同打造"5G+AI 工业制造云平台+超级虚拟工厂"，有效聚合区域产能，提供从工业设计、智能制造、供应链管理到渠道通路的系列化服务，实现产业结构转型升级，全面提升中国制造价值。"常州模式"已接入 300 余家工厂的 3 万台设备，覆盖 20 个行业，消化价值近 15 亿元的剩余产能，有力推动了"江苏制造"向"江苏智造"转变。

**思考：** 数智化供应链在产业升级中有哪些作用？

### 📊 本章小结

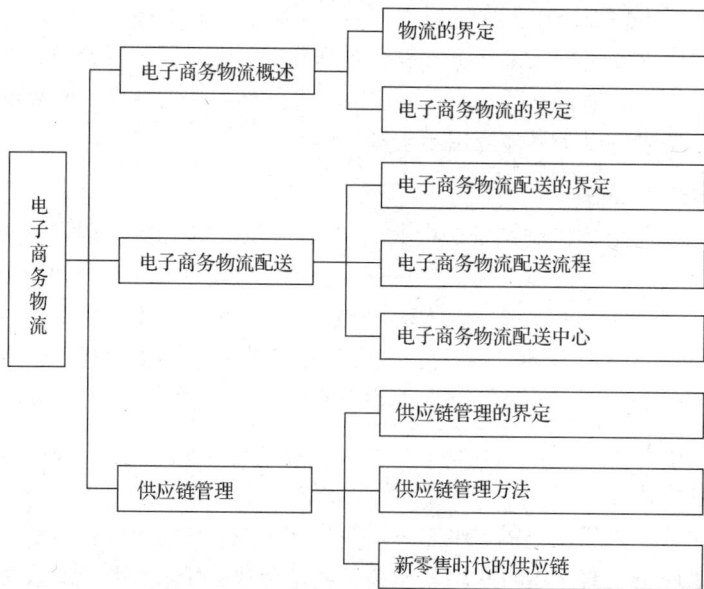

### 📊 课后实训

2022 年 5 月 20 日，京东于"6·18"活动启动之际，首次公布了其"织网计划"的建设成果：以 43 座"亚洲一号"大型智能物流园区和全国范围内运营的约 1 400 个仓库为核心，搭建了高度协同的多层级物流基础设施和仓配网络。

在配送效率上，京东表示，这让约 90% 的京东自营线上订单实现当日达和次日达，以及全国 93% 的区县、84% 的乡镇实现当日达和次日达；在仓储管理效率上，帮更多的企业实现了库存管理优化、运营成本减少以及内部资源的高效分配；同时，在推动区域经济发展上，京东为全国 1 000 多个农特产地和产业带提供了供应链服务，形成产地产业转型与消费升级的正向循环。

除了配送效率和仓储管理效率，在分拣效率上，智能化设备的大力投入也推动了操作货量的增加。京东物流在全国已布局近 400 座分拣/转运中心，并投入智能分拣设备，分拣效率成倍提升。据了解，2022 年"6·18"大促期间，京东全国单日峰值操作货量超过 6 000 万件。在运力方面，京东物流已开通超过 5 万条运输线路，每日发车近 7 万次。

在仓储、物流、分拣"大网"的支撑下，京东于"6·18"提出要打造极致的物流服务体验。启动会上，京东宣布将通过包含 185 项基础服务及上百项环节保障的"全链路服务"，为用户提供全周期、全渠道、全场景、全时段的服务保障。

在场景上，京东将联合数百万家线下实体门店，实现线上线下同频，通过京东智能城市消费促进平台发放消费券，涵盖线上线下众多消费场景。同时，京东零售的即时零售业务也将联合沃尔玛、华润万家、苹果授权经销店、丝芙兰、孩子王等全国超 15 万全品类线下实体门店，为超 1 700 个县区市的消费者带去同城好物小时达甚至分钟达的即时零售体验。更多消费场景和多元化、多形式的购物体验，得益于京东物流"大网"的强力护航。

### 1．实训要求

分析京东"织网计划"的出发点、具体举措以及取得的效果。

### 2．实训步骤

（1）学生分组，登录京东官网，收集其"织网计划"的有关数据资料，对比分析不同年度取得的绩效，结合消费者评价，对其综合服务能力进行分析、总结。

（2）结合在京东商城的购物经历与体验，分析其全渠道、全场景、全时段的服务保障情况，并总结归纳京东物流管理的独特之处。

## 重要名词

物流　电子商务物流　电子商务物流配送　供应链　供应链管理

## 课后练习

### 一、单项选择题

1. 物流的基本职能不包括（　　）。

A．储存功能　　　B．配送功能　　　C．运输功能　　　D．保价功能

2. 将部分废弃物料收集后分类、加工形成新产品的物流活动属于（　　）。

    A. 生产物流　　　　B. 回收物流　　　　C. 废弃物物流

    D. 配送功能　　　　E. 国际物流

3. 物流按作用的不同，可分为生产物流、供应物流、销售物流和（　　）等。

    A. 废弃物物流　　　B. 行业物流　　　C. 地区物流　　　D. 社会物流

4. 自动搬运车属于（　　）工具。

    A. 生产　　　　　　B. 运输　　　　　C. 仓储　　　　　D. 搬运

5. （　　）作业流程是采购作业流程的延续。

    A. 仓储　　　　　　B. 运输　　　　　C. 分拣　　　　　D. 搬运

## 二、多项选择题

1. 按照作业模式，物流配送中心可分为（　　）两种。

    A. 集货型　　　　　B. 散货型　　　　C. 零售型　　　　D. 批发型

2. 按照活动的空间分类，物流可分为（　　）。

    A. 地区物流　　　　B. 国家物流　　　C. 国际物流　　　D. 供应物流

3. 在电子商务环境下，物流的新特点包括（　　）等。

    A. 信息化　　　　　B. 快速化　　　　C. 自动化　　　　D. 网络化

4. 根据主要功能不同，物流配送中心可划分为（　　）。

    A. 储存型配送中心　　　　　　　　B. 流通型配送中心

    C. 加工型配送中心　　　　　　　　D. 退换货配送中心

5. 供应链管理的基本要求包括（　　）。

    A. 信息资源共享　　　　　　　　　B. 提高服务质量

    C. 实现多方共赢　　　　　　　　　D. 数智化方向发展

## 三、判断题

1. 物流是"物"的虚拟运动。（　　）

2. 物流本身不创造价值。（　　）

3. 物流就是指电子商务物流配送。（　　）

4. 分拣作业是物流活动中工作量非常小的一个环节，通常人工就可以实现。（　　）

5. 有效客户响应是以企业的观点去达成企业的目标。（　　）

## 四、简答题

1. 按照物流的社会作用，物流可以分为哪几类？

2. 物流活动可以创造哪些价值？

3. 电子商务环境下物流的实现方式有哪些？请分别对它们进行分析。

4. 简述电子商务环境下的物流配送流程。

5. 简述新零售时代供应链的具体特征。

## 五、技能训练题

1. 参观本地连锁零售企业的物流仓库，分析其运作原理以及在运转效率提升方面的独特举措，并对其主要功能进行归纳总结。

2. 参访京东"亚洲一号"物流中心，重点观察其自动化立体仓库、自动分拣机的运行情况，分析其主要功能并进行归纳总结。

# 第 7 章

# 电子商务客户关系

## 学习目标

### 知识目标

了解电子商务客户关系管理的基本概念、意义与特点；理解电子商务客户关系管理的内容与控制要点；熟悉电子商务客户关系管理系统分类。

### 技能目标

能认识电子商务客户关系管理的活动方式；能针对电子商务客户关系管理活动中的不同情形提出对策；掌握电子商务客户关系管理的主要技术。

### 素养目标

培养精细务实的服务理念、诚信至上的可贵品质和创新精神；感受我国人工智能技术的发展与应用；增强职业认同感，树立正确的世界观、人生观、价值观。

导入视频

2022 年 11 月以来，ChatGPT 热度骤增，这款人工智能聊天工具成了各行各业关注的焦点。据媒体报道，ChatGPT 通过了美国一些高校的法律、医学等专业考试。有专家预言，以 ChatGPT 为代表的人工智能技术将会取代人工进行进行越来越多的工作，或可致 20 个工种的从业人员失业。

一直以来，客服都被看作是人员密集型、低技术含量的岗位。可是对于企业而言，客服部门却是企业和客户之间沟通的桥梁，是影响企业产品体验、销售和口碑的重要一环。一个优秀的客服人员，应该具备良好的观察能力、沟通能力、应变能力、学习能力、共情能力，以迅速洞察客户需求，高效解决客户问题，灵活应对各种突发情况，快速熟悉公司产品，增进服务技巧。那么，ChatGPT 能否完全取代企业的客服人员呢？

就目前的情况看，ChatGPT 固然能够满足客户服务的基本要求，但是在面对更个性化的服务需求、更情绪化的场景、更临时的突发状况时，却始终存在无法弥补的短板，即缺乏个性思维和情感。

很多企业已经开始利用各类客服系统软件和人工智能机器人处理多数客服场景。这在降低企业成本的同时，为客户提供了更优质的客户体验。ChatGPT 等人工智能技术非常适合将日常的客户服务任务自动化，例如了解潜在客户的需求，对潜在客户进行资格预审，或者帮助客户解决基础的问题。但是在实际的客服工作过程中，往往存在客户表达不清需求或者存在情绪导向的情况，不然网上也不会有那么多客服吐槽工作和客户的内容。

因此，与其说 ChatGPT 等人工智能技术将会取代客服人员，不如说它将成为企业的利器，帮助客服部门高效完成工作和管理，减少冗余工作，提升客服人员整体素质与业务水平。两者的搭配，才能让企业在提升客户服务水平方面产生超强能量。

# 7.1 客户关系管理概述

客户永远是企业最重要的资源。市场竞争的本质就是企业对客户的争夺，谁能赢得客户，谁就能赢得市场竞争。随着经济全球化的发展、市场竞争的加剧，客户争夺日趋白热化，开发和利用客户资源也就成为企业最关心的课题。

## 7.1.1 客户关系的界定

说到客户关系，不得不提及现代市场营销观念中的关系营销理论。关系营销理论是在 20 世纪 80 年代初由美国学者首先提出来的，它以管理企业的市场关系为出发点，核心思想是建立发展良好的关系，使客户能够保持较高忠诚度。这一理论认为，发展有利的商业关系需要企业与客户及其他利益相关人（包括供应商、分销商及其他合作者）之间建立起相互信任的关系，强调不仅要争取客户和创造市场，更重要的是维护和巩固已有的关系。

### 1．客户关系的概念

传统营销观念中，企业与客户交往的核心就是商品交换，某种意义上讲，这只是一种短期行为。而在关系营销理论中，双方交往的核心是关系，意指在双方之间建立一种联系，而且特指的是双方长期联系的概念。那么，什么是客户关系呢？

客户关系是指企业为达到其经营目标，主动与客户建立起的某种联系。这种联系可能是单纯的交易关系，也可能是通信联系，也可能是为客户提供一种特殊的接触机会，还可能是为双方利益而形成某种买卖合同或联盟关系。

显然，客户关系包含的意义远远超过商品交换。如果在两个或多个商业合作伙伴之间存在相互信任的关系，交换发生的概率会大大提高。从本质上讲，关系营销不过是对人类商业与贸易活动本源关系的回归，同时顺应了新时期商业和营销环境的挑战。因此，争取稳定的客户群，建立良好的客户关系显得尤为重要。

进入移动互联时代，大量企业与个人开发出数量众多的 App，实际上就是建立客户关系的一个重要入口。

### 2．客户关系的形成

从管理实践看，客户关系的形成与发展也需要经历一定的过程。客户关系的形成和发展过程如图 7-1 所示。

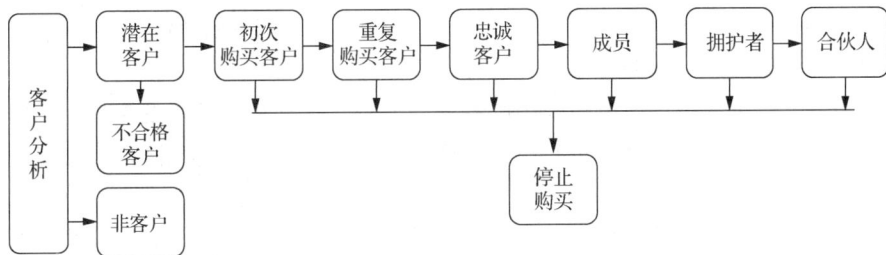

图 7-1　客户关系的形成和发展过程示意图

企业在客户分析中，首先，会寻找那些对企业产品或服务有强烈潜在兴趣和有购买能力、可能会购买的人或者组织，并将其确定为潜在客户；其次，企业希望将合格的潜在客户发展成现实客户（即初次购买客户、重复购买客户、忠诚客户），把不合格客户剔除；再者，努力将现实客户中的初次购买客户转变为重复购买客户，把重复购买客户转化为忠诚客户；接下来，把忠诚客户转化为成员，为其提供一套利益相关的成员计划方案，再把成员转化为拥护者；企业的最后一个挑战是把拥护者转化为合伙人，让他们与企业共同工作，建立客户关系联盟。

从图 7-1 中可以看出，整个客户关系的形成和发展过程也是双方关系越来越紧密的过程，特别是在现实客户发展到合伙人的过程中，客户随时都有可能停止购买行为。一般来讲，开发一个新客户的成本是维系一个老客户成本的 5 倍，同时，老客户对于企业产品或服务的价格等影响满意度要素的敏感度较低，对企业的某些失误更包容。因此，企业客户管理人员应该在与客户建立更紧密关系的同时，尽量减少客户的流失。

### 3．客户关系的类型

客户关系一般包括以下一些类型。

（1）买卖关系。一些企业与其客户之间的关系维持在买卖关系水平，客户将企业作为一个普通的卖主，销售被认为仅仅是一次公平交易，其目的也很单纯。企业与客户之间只有低层次的人员接触；企业在客户处知名度低，双方较少进行交易以外的沟通；企业得到的客户信息极为有限。

（2）优先供应关系。企业与客户的关系可以发展成为优先选择关系。处于此种关系水平的企业，销售团队与客户处的许多关键人物都有良好的关系；企业可以获得许多优先的甚至独占的机会，与客户之间信息的共享得到扩大；在同等条件下乃至竞争对手有一定优势的情况下，客户对企业仍有偏爱。

（3）合作伙伴关系。当双方的关系存在于企业的最高管理者之间，企业与客户的交易长期化，双方就产品与服务达成认知上的高度一致时，双方处于合作伙伴关系水平。

（4）战略联盟关系。战略联盟是指双方有着正式或非正式的联盟关系，双方的目标和诉求高度一致，双方可能有相互的股权关系或成立合资企业。这时两个企业通过共同安排争取更大的市场份额与利润，竞争对手进入这一领域存在极大的难度。

## ❋ 7.1.2 客户关系管理的界定

20 世纪 90 年代末期，互联网应用越来越普及，客户信息处理技术得到了长足发展。结合新经济需求和新技术发展，美国高德纳咨询公司（Gartner Group Inc）提出了客户关系管理（Customer Relationship Management，CRM）的概念。

### 1. 客户关系管理的概念

关于客户关系管理的概念，不同机构、不同学者有着不同的理解与表述。高德纳咨询公司认为，客户关系管理是一项商业策略，是按照客户的细分情况有效组织企业资源，培养以客户为中心的经营行为，执行以客户为中心的业务流程，并以此为手段来提高企业的获利能力、收入以及客户满意度。此外，还有不少机构分别从客户价值、商业流程、管理理念、软件技术等方面做了解释。

我们认为，客户关系管理是指企业为提高其核心竞争力，利用现代信息技术收集和分析客户信息，把握客户需求特征与行为偏好，积累和共享客户知识，以便有针对性地为客户提供创新式、个性化的产品或服务的过程。其目的是吸引新客户、保留老客户以及将已有客户转化为忠实客户，以实现企业收益最大化。

从以上解释可知，客户关系管理是一个获取、保持和增加可获利客户的方法和过程，是一种商业活动策略，其核心思想是以客户为中心、提高客户满意度、改善客户关系，从而提高企业的竞争力。

### 2. 客户关系管理的内涵

综合众多研究机构和跨国公司对客户关系管理定义的理解，现实中的客户关系管理内涵可以理解为理念、模式、系统 3 个层面，如图 7-2 所示。其中，理念是客户关系管理成功实施的关键，是核心部分；模式是指客户关系管理是一种旨在改善企业与客户关系的新型管理机制；系统是指客户关系管理外在表现为一种基于互联网的应用软件系统。

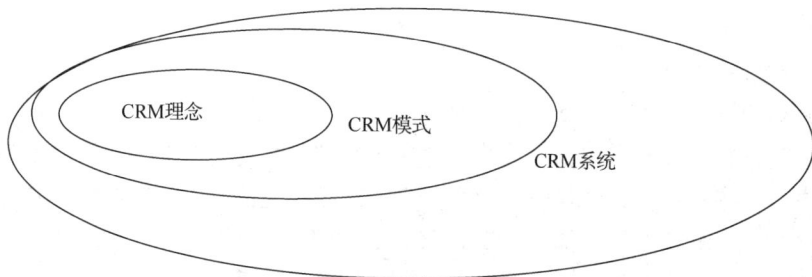

图 7-2　客户关系管理 3 个层面示意图

（1）客户关系管理是一种先进的经营管理理念。作为一种经营管理理念，客户关系管理起源于"以客户为中心"的市场营销观念，同时，还吸收了数据库营销、关系营销、一对一营销等最新管理思想的精华。其核心思想是将企业的客户（包括最终客户、分销商和合作伙伴）视为最重要的企业资产，通过完善的客户服务和深入的客户分析来满足客户的个性化需求，提高客户满意度和忠诚度，进而保证客户终身价值和企业利润增长的实现。

（2）客户关系管理是一个崭新的管理模式。客户关系管理将市场营销、销售管理、客户关怀、服务和支持等集成在客户关系管理软件系统中，客户关系管理软件通过向企业的销售、市场和客户服务专业人员提供全面的、个性化的客户资料，强化其跟踪服务、信息分析的能力，帮助他们与客户之间建立和维护一种亲密信任的关系，从而为客户提供更快捷周到的优质服务，提高客户满意度和忠诚度。

（3）客户关系管理是一套完整的管理应用软件系统。作为一个软件系统，客户关系管理将客户关系管理软件与企业的管理状况、最佳的商业实践与数据挖掘、工作流、呼叫中心、企业应用集成等信息技术紧密地结合在一起，为企业的销售、客户服务和决策支持等领域提供了一个综合而又智能化的解决方案。

显然，尽管客户关系管理最初的定义为企业商业战略，但随着信息技术的参与，客户关系管理已经成为管理软件、企业管理信息解决方案的一种类型。因此另一家著名咨询公司盖洛普（Gallup）将客户关系管理定义为：策略＋管理＋信息技术。这在强调信息技术在客户关系管理战略中的地位的同时，也从另一个方面强调了客户关系管理的应用不仅仅是信息技术系统的应用，还和企业战略、管理实践密不可分。

## 7.1.3　客户关系管理的内容

客户关系管理是企业为提高核心竞争力，达到竞争制胜、快速成长的目的，树立以客户为中心的发展战略，并在此基础上展开的包括判断、选择、争取、发展和保持客户所需的全部商业过程。客户关系管理的最终目标是客户终身价值最大化。客户关系管理的主要内容包括客户关系管理环节、客户关系管理系统与客户关系管理战略 3 个方面。

### 1. 客户关系管理环节

抽象地看，我们可以把客户关系管理看作是流程化的一项具体工作。客户关系管理主要是围绕识别与选择客户、获取客户、保持客户以及客户价值扩展四大环节来开展工作的，其中，重在对现有客户的维护与开发，如图 7-3 所示。

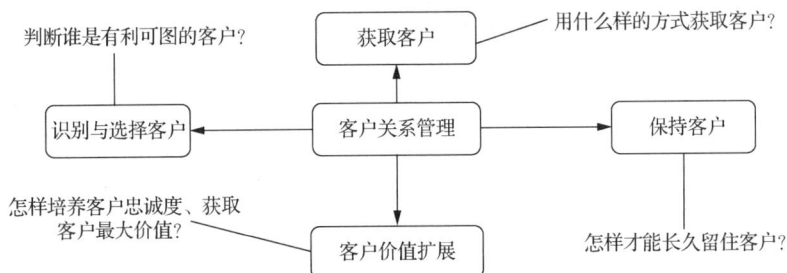

图 7-3　客户关系管理的主要内容

### 2. 客户关系管理系统

客户关系管理系统主要包括如何运用呼叫中心、数据仓库和数据挖掘、专家系统和人工智能、互联网、电子商务、移动设备、无线设备等现代技术手段来辅助客户关系管理。

### 3．客户关系管理战略

客户关系管理战略主要包括如何进行基于客户关系管理理念的销售和营销、客户服务与支持的业务流程重组、经营方式的转变和人员机构的调整，以及如何让客户关系管理系统与其他信息化技术管理手段（如 ERP、OA、SCM 等）协同与整合。

---

📖 **素养课堂 7-1**

#### 中国客服 30 年

2021 年 9 月 15 日，国际知名市场研究机构沙利文发布的《2021 年中国智能客服市场报告》显示，腾讯企点在协作能力、服务场景多元化、全渠道服务、研发潜力以及知识建设能力上均占据明显的竞争优势。

报告提到，中国客服行业自 1990 年发展至今，已经从最初的电话呼叫中心向全场景智能客服演进，客服软件渠道从单一向多元化、智能化方向发展。

尤其是近 5 年来，伴随着互联网、大数据、云计算、人工智能等技术的发展，越来越多的企业开始建设客服中心。中国客服中心坐席规模逐年增长，保持 17% 的年复合增长率，到 2020 年已经突破 300 万个。

在市场规模层面，2020 年中国智能客服行业市场达到 30.1 亿元，同比增长 88.1%，呈现快速增长态势，预计到 2025 年中国智能客服市场或将突破百亿。

腾讯企点作为中国智能客服市场的领先者，经历了 PC、移动互联网时代，在客服领域有着 15 年企业级 SaaS 服务经验。2021 年上半年，腾讯企点客服产品线进一步迭代升级，先后推出微信客服、音视频客服和客户通，成为行业首家实现全通路融合的产品。截至 2021 年 9 月，腾讯企点客服覆盖超过 100 万家企业，连接用户 3.5 亿，涵盖年会话数达 42 亿。

---

## 7.2 电子商务客户关系管理

随着电子商务的不断发展，商家与客户之间的交流方式也在不断创新与丰富。商家可以通过对客户大数据的深入分析与有效互动，增强客户黏性，提高客户满意程度，从而提升企业的核心竞争力。

### 7.2.1 电子商务客户信息管理

在电子商务客户关系管理中，客户信息（Customer Information）一般包括客户喜好、客户细分、客户需求、客户联系方式等一些关于客户的基本资料。客户信息主要分为描述类信息、行为类信息和关联类信息 3 种。电子商务客户信息管理主要包括客户信息收集、客户档案建立、客户信息分析等工作。

#### 1．客户信息收集

客户信息收集是企业营销活动的一项系统性工作，面临着如何高效获取并不断更新客户信息的问题，而且不同维度客户信息来源途径和获取程度也存在各种差异。

（1）内部收集客户信息。客户信息的内部来源主要是销售部门、财务部门、客服部门、公共关系部门、信息管理部门等已经登记的客户信息、销售记录、与客户互动过程中的信息、开展电子商务活动获取的 Web 使用信息等。

（2）外部收集客户信息。外部信息主要是指在企业以外产生的、与企业密切相关的各种信息。企业可以从数据研究机构、营销组织、零售商、调查公司、政府部门、相关网站等渠道获取这些信息。

---

**同步案例 7-1**

### 亚马逊客户信息采集

亚马逊公司的营销人员将客户在网站内的所有行为都通过系统记录下来，根据数据的特点进行分类处理，按照商品类别形成不同的推荐栏目。例如"今日推荐"就是根据当天客户浏览的信息记录，推出一些点击率最高或者购买率最高的产品；而"新产品推荐"则是根据客户搜索的内容为客户提供的大量新产品的信息；"用户浏览商品推荐"则是将客户曾经浏览过的商品信息再一次推向客户，让客户考虑购买或者进行二次购买。

**思考：** 电商平台客户信息来源多样化，企业怎样才能根据所掌握的数据信息调整经营策略，获得竞争优势？

---

#### 2．客户档案建立

通过客户信息收集，企业获得了包括商品、客户和潜在客户等表示客户"基本状态"的信息。这些信息需通过系统记录、整理、保存、归档才能为后续的客户分析、目标市场选择、销售管理、跟踪市场等提供帮助。

客户档案的主要内容就是企业收集到的在与客户交往过程中所形成的客户信息数据资料，包括客户描述数据、市场促销数据、客户交易数据、客户资信数据等。为了更好地利用客户信息，企业会设计出包括这些内容的名册、表格、资料卡、客户数据库等，按照一定规律编号，并用人工或计算机的方式建立客户档案。

#### 3．客户信息分析

在收集客户信息、加工整理和建立客户档案的基础上，企业营销人员可以针对组织客户与个人客户进行信息分析，以便快速掌握客户基本特征、兴趣与参与度。

（1）组织客户信息分析。组织客户信息主要包括组织客户名称、所在地区、所属行业、经营范围、经营规模、产品项目、主要需求、目标市场等。分析这些数据可以形成企业的客户结构类型等。

（2）个人客户信息分析。个人客户信息主要包括客户姓名、性别、年龄、民族、身高、文化程度、工作单位、职务、特长、兴趣爱好、家人（数量、年龄、身高、文化、爱好）、联系方式（家庭电话、办公电话、手机、邮箱、QQ、微信）、用户位置、设备类型和操作系统等，这些信息可以用于为客户制定个性化的营销策略。

## 7.2.2 电子商务客户分级管理

电子商务企业的资源与销售人员的精力都是有限的，为了创造更多利润，企业必须在将有限的资源最大化的同时，尽可能地把精力投放到高价值客户身上。

#### 1．客户分级管理的概念

客户分级管理是指企业根据客户带来利润和价值的多少将其划分为不同级别，并按照客户级别设计不同的客户服务和关怀项目的管理活动。

20/80 法则告诉我们，20%的客户贡献了 80%的销售，特别是在电子商务行业，不同层级的客户为企业提供的贡献的差异是非常明显的。一旦这 20%的客户流失，可能导致企业利润大幅减少。所以，要想更好地服务好不同层级的客户，特别是 20%的关键客户，客户分级管理就显得尤为重要。

---

**同步案例 7-2**

### 渤海银行的个人客户分级

个人客户分级依据客户在本行的财富类和个贷类资产总额进行评定，当客户连续 3 个月满足如下任一标准即可被认定为相应等级的客户，如表 7-1、表 7-2 所示。

表 7-1 标准 1：适用于在本行无个贷类资产的客户

| 客户类型 | 月日均财富资产（存款+理财+保险+基金等） |
|---|---|
| 浩瀚·钻石 | ≥500 万元 |
| 浩瀚·白金 | ≥100 万元 |
| 浩瀚·金 | ≥10 万元 |
| 大众 | ＜10 万元 |

表 7-2 标准 2：适用于在本行有个贷类资产的客户

| 客户类型 | 月日均财富类资产+个贷类资产余额 | 其中：月日均财富类资产（下限） |
|---|---|---|
| 浩瀚·钻石 | ≥800 万元 | ≥350 万元 |
| 浩瀚·白金 | ≥200 万元 | ≥30 万元 |
| 浩瀚·金 | ≥50 万元 | ≥5 万元 |
| 大众 | | ＜5 万元 |

**思考：** 渤海银行的个人客户分级依据是什么？这样划分有什么意义？

---

**2．客户分级的实施**

客户分级的目的在于区分客户价值，相应地，客户分级的方法也是基于客户价值分析。同样是客户分级，已有客户分级通常以客户已创造的价值为依据，一般有现实的交易数据作为判断客户价值的客观基础；潜在客户分级则主要以客户未来可能创造的价值作为依据，更多的是对客户需求的主观分析。

（1）确定客户分级依据。客户分级依据来源于对客户情况的分析，一般按照以下几点对客户进行评分：客户的信用状况、客户的下单金额、客户的发展前景、客户对企业利润的贡献率、综合加权等。

（2）搭建客户金字塔模型。为了进行客户分级，企业可以按照客户给企业创造的利润和价值的大小对客户按由小到大的顺序排列，就可得到一个客户金字塔模型。给企业创造利润和价值最大的客户位于客户金字塔模型的顶部，给企业创造利润和价值最小的客户位于客户金字塔模型的底部。我们将客户金字塔模型进行 4 个层级的划分，这 4 个层级是重要客户、主要客户、普通客户和长尾客户，如图 7-4 所示。

（3）监测客户级别变化。客户金字塔模型建立起来之后，它不但可以帮助管理人员对企业在某一时刻的客户分布有精确的了解，而且如果管理人员将不同时期的客户金字塔模型进行对比，还可以用它来动态地监控客户的变化（客户在金字塔上的升降和进出）和这种变化对企业的影响。另外，管理人员还可以利用客户金字塔模型来判断企业发展的方向。例如，下一阶段要使多少客户在金字塔上有提高、要使多少客户从中客户上升到大客户等。

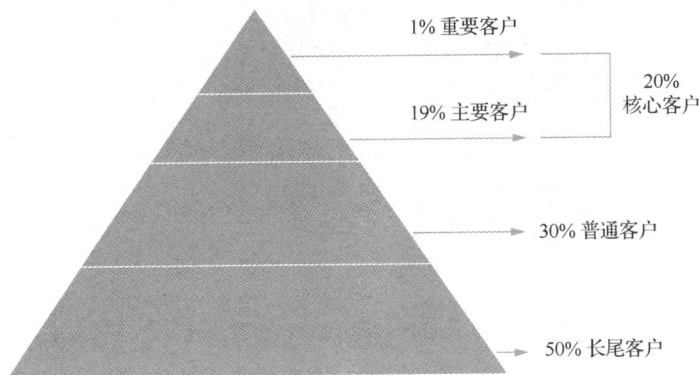

图 7-4 客户金字塔模型

客户分级本身不是目的,而是为了集中有限的企业资源,为忠诚客户提供更高价值的服务。客户级别是可以相互转化的,客户服务部门的工作职责就是要不断提升客户价值。

## 7.2.3 电子商务客户服务管理

电子商务客户服务管理主要包括客户关怀、客户满意度管理、客户忠诚度管理等。

### 1. 客户关怀

客户关怀就是企业通过对客户行为的深入了解,主动把握客户的需求,通过持续的、差异化的服务手段为客户提供合适的产品或服务,最终提高客户满意度与忠诚度。

(1)客户关怀的要点。客户关怀工作中有多个关键点需要把握。①通过客户行为了解客户需求。客户需求不是仅靠简单地询问客户就可以得到的,企业必须在与客户日常持续的互动中注意观察客户行为、分析其心理并识别其真实需求。②客户关怀不是市场活动,也不是一段时间内的短期行为。一旦企业明确了客户差异化的体验标准,客户关怀行动就必须成为企业日常工作的组成部分。③客户关怀不是营销。客户关怀并不是追求让客户买一件产品或一种服务,而是首先追求让客户尽可能长时间留下来。在此基础上,通过客户的整个生命周期价值来获益。

(2)电子商务客户关怀的策略。电子商务客户关怀的策略包括购物全流程关怀与客户全生命周期关怀。

购物全流程关怀包括下面 7 个环节,如图 7-5 所示。①咨询关怀:主要是在客服接待环节,通过寒暄问好的形式拉近与客户的距离,让客户感受到被重视,可以采取个性化问好、特殊注意事项提醒等手段。②下单关怀:主要是核对订单信息、核对特殊需求、提醒付款,目的是增强客户的服务感知,快速促成交易,可以采取客服聊天、短信消息等手段。③付款关怀:主要是确认订单信息、物流预期提醒、防骗提醒等,目的是强化服务印象,管理客户的心理预期。④发货关怀:主要是发货信息告知、物流预期提醒、分包拆包提醒,目的是强化服务过程,管理客户的收货预期。⑤签收关怀:主要是针对物流过程中出现的异常问题的主动跟踪服务,目的是让客户感受到店铺的服务主动性,在客户找来之前主动解决问题,可很大程度上提升客户的好感和信任度。⑥使用关怀:主要是产品特殊注意事项说明,目的是强化服务印象,提升客户的使用体验。⑦售后关怀:主要是产品/服务满意度回访、邀请评价,目的是通过回访调研了解问题,加强服务感知,提升好评率。

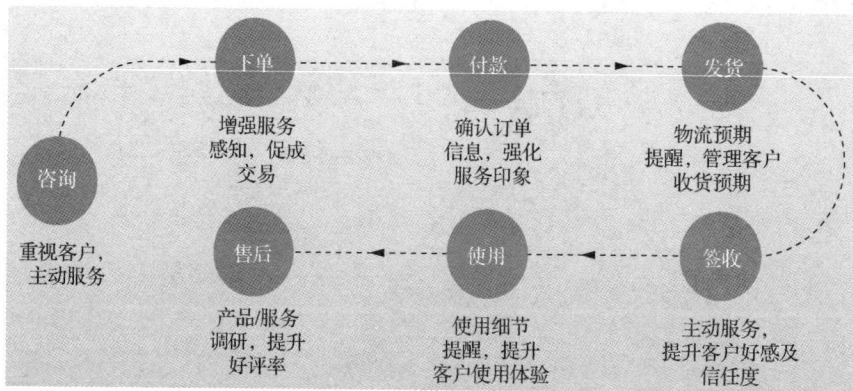

图 7-5　购物全流程关怀

客户全生命周期关怀包括下面 5 个环节，如图 7-6 所示。①新客关怀：客户全流程关怀结束后，如果产品销售没有明显低于预期，说明整体上新客对于店铺的体验是认可的，只需要辅助相应的关怀刺激，那么回购的概率就比较大，包括补货提醒、关联推荐、满月礼等。②复购客户关怀：通过 2 次及以上的购买记录和互动情况可以对客户进行基本的画像，对客户的属性、偏好有基本的了解，这时候就可以根据客户的需求，触达一定的营销关怀，包括偏好产品促销提醒、偏好活动提醒、偏好产品类型上新提醒等。③活跃客户关怀：在店铺多次购买并且互动的活跃客户，对品牌的服务和印象都比较满意，同时因与企业产生的连接更多，对该类客户的分析和画像会更精准，可以挖掘他的个性化需求，做更深入的营销和服务关怀，包括营销提醒、阶段性账单、回访等。④流失客户挽回：可根据客户流失前的价值贡献设置不同力度的流失挽回方案，普通客户可通过大型促销活动进行流失挽回，高价值客户则需要高度重视，分析其流失的原因，定向挽回。⑤死亡客户激活：通过流失期的挽回动作而没有反应，进入死亡期的客户，基本上激活的可能性比较小了，只能在超级大促的时候，通过全民购物的氛围，加上适当提醒和促销刺激，尝试进行激活。

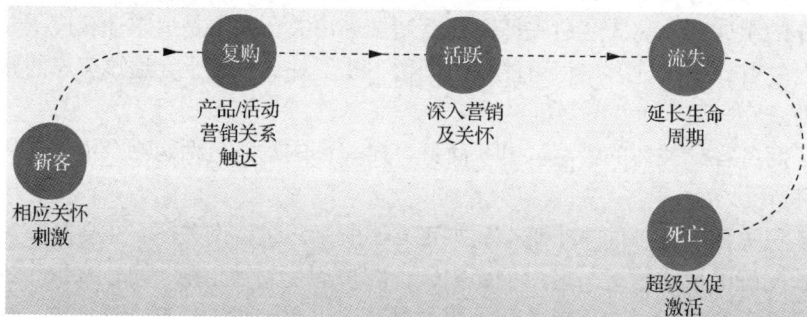

图 7-6　客户全生命周期关怀

## 2．客户满意度管理

美国学者理查德·L.奥立弗（Richard.L.Oliver，1997）认为客户满意是客户得到满足后的一种心理反应，是客户对产品或服务的特征或者产品或服务本身满足自己需要的程度的一种判断，判断的标准是这种产品或服务满足客户需求的程度。换句话说，客户满意是客户对所接受的产品或服务过程进行评估，以判断是否能达到他们所期望的程度。

简单来讲，客户满意是指客户的需求被满足之后，呈现出的一种愉悦感或心理状态。延伸来讲，客户满意度是指企业提供的产品或服务与客户期望的吻合程度。

客户满意包括产品满意、服务满意和社会满意3个层次。根据客户的成长特性和行为习惯特点，客户满意具有主观性、层次性、相对性、阶段性4个基本特征。因此，企业的整个经营活动要以客户满意度为指针，要从客户的角度、用客户的观点而不是企业自身的角度和观点来分析考虑客户的需求，尽可能全面尊重和维护客户的利益。

### 3．客户忠诚度管理

美国学者理查德·L.奥立弗认为，客户忠诚就是客户对偏爱产品或服务有深度承诺，是在未来一贯地重复购买并因此而产生的对同一品牌或同一品牌系列产品或服务的重复购买行为，不会因市场情景的变化和竞争性营销力量的影响产生转移行为。

在营销实践中，客户忠诚度被定义为客户购买行为的连续性。它是指客户对企业产品或服务依赖和认可、坚持长期购买和使用该企业产品或服务所表现出的在思想和情感上的一种高度信任和忠诚的程度，是客户对企业产品或服务在长期竞争中所表现出的优势的综合评价。

简单来讲，客户忠诚是指客户对某企业产品或服务的一种长久的心理偏爱，表现为一再重复性的购买行为；延伸来讲，客户忠诚度是客户满意程度的直接表现。

客户忠诚实际上是客户的一种持续性行为，不同的客户所具有的客户忠诚差别较大，不同行业的客户忠诚也不尽相同。能够为客户提供高质量、高水平的产品或服务的电子商务平台服务企业往往具有较高的客户忠诚度。

## 7.3 客户关系管理技术与应用

电子商务时代，我国对于客户关系管理的市场教育和普及工作正开展得如火如荼，许多行业都已经意识到了客户关系管理技术与应用的重要性。

### 7.3.1 客户关系管理系统

现代客户关系管理离不开信息技术的支持，特别是当客户群体较大时，客户信息的调查、收集、登记、处理都需要建立一个平台和相应的软件系统来完成。

#### 1．客户关系管理系统的概念

简单来讲，客户关系管理系统是一个大型信息技术概念，是企业应用信息技术获取、保持和增加可获利客户的一对一营销过程。

客户管理系统的主要工作是帮助记录、管理所有企业与客户交易和交往的记录，并分析、辨别哪些客户是有价值的，以及这些客户的特征，等等；实现自动化管理，动态跟踪客户需求、客户状态变化及客户订单，记录客户意见；通过自动的电子渠道，承担对客户进行某些自动化管理的任务。

#### 2．客户关系管理系统的主要功能

（1）接触功能。客户关系管理系统能使客户以各种方式与企业接触，典型的方式有呼叫中心、面对面的直接沟通、传真、移动销售、电子邮件、互联网等。

（2）业务功能。客户关系管理系统的业务功能主要包括市场管理、销售管理、客户服务与支持3个部分。①市场管理。市场管理是指通过对市场和客户信息的统计与分析，发现市场机会，确定目标客户群和营销组合，科学制定市场和产品策略；对市场活动进行跟踪、分析和总结。②销售管理。销售管理是指销售人员通过各种销售工具方便、及时地获得有关生

产、库存、定价和订单处理的信息。另外，借助信息技术，销售部门还能自动跟踪多个复杂的销售线路。③客户服务与支持。客户服务与支持的主要任务是实现对客户服务与支持的两大功能。一方面，有计算机电话集成（Computertelephony Integration，CTI）技术支持的呼叫中心可以为客户提供每天 24 小时不间断的服务，并将客户的各种信息存入共享数据库，以便及时满足客户需求；另一方面，技术人员可以对客户的使用情况进行及时追踪，以便为客户提供个性化服务，并对服务合同进行管理。

（3）技术功能。客户关系管理系统有 6 个主要技术功能，即信息分析、对客户互动渠道进行集成、支持网络应用、建设集中的客户信息仓库、对工作流进行集成、与企业资源计划集成。

（4）数据库功能。数据库是客户关系管理系统的重要组成部分，从某种角度说，数据库功能甚至比其他各种业务功能更为重要。其功能体现在帮助企业根据客户生命周期价值来区分各种现有客户；帮助企业准确地找到目标客户群；帮助企业在最合适的时机以最合适的产品满足客户需求，降低成本、提高效率；帮助企业结合最新信息和结果制定出新策略，塑造客户忠诚。

### 3．客户关系管理系统的类型

美国调研机构 Meta Group 将客户关系管理系统分为运营型客户关系管理系统、分析型客户关系管理系统、协作型客户关系管理系统。

（1）运营型客户关系管理系统也称为操作型系统或"前台"客户关系管理系统，包括营销自动化、销售自动化和客户服务管理等与客户直接发生接触的部分，其目的是在企业直接面对客户时能够提供自动化的业务流程，为各个部门业务人员的日常工作提供客户资源共享服务，减少信息流动滞留点，从而为客户提供高品质的服务。

运营型客户关系管理系统是最为原始、最为根本的系统。其设计产生的背景主要基于以下两点。一是在互联网时代，人们联系方式的便捷化导致客户耐心指数大大降低，企业与客户进行交流时，稍有迟缓就会导致客户流失。二是当下信息高度畅通，客户很容易从多个渠道获取信息，对供应商的选择余地很大。对于企业来讲，维护老客户变得越来越难。为此，必须加强与客户的多渠道信息沟通。

（2）分析型客户关系管理系统通常也称"后台"客户关系管理系统或战略客户关系管理系统。它主要从运营型客户关系管理系统所产生的大量交易数据中提取各种有价值的信息，为企业的经营管理和决策提供有效的量化依据。

分析型客户关系管理系统主要面向客户数据分析，针对一定企业的业务主题，设计相应的数据库和数据集市，利用各种预测模型和数据挖掘技术对大量的交易数据进行分析，对将来的趋势做出必要的预测或寻找某种商业规律。作为一种企业决策支持工具，分析型客户关系管理系统用来指导企业的生产经营活动，提高经营决策的有效性和成功度。

（3）协作型客户关系管理系统是指企业通过各种途径直接与客户互动的一种状态，它能全方位地为客户提供交互服务和收集客户信息，形成与多种客户交流的渠道。

协作型客户关系管理系统由呼叫中心服务、传真与信件服务、电子邮件服务、Web 站点服务和现场接触服务等几部分组成。协作型客户关系管理系统的参与对象也包括两种不同类型的人，即企业客户服务人员和客户。如呼叫中心人员通过电话指导客户修理设备，在修理这个活动中有企业客户服务人员和客户共同参与，他们之间是协作关系。而运营型客户关系管理系统和分析型客户关系管理系统只包括企业员工自己单方面的行动，客户并未直接参与。显然，协作型客户关系管理系统有其本身的特点，企业员工和客户由于要同时完成某项工作，都希望尽快解决问题。这就要求客户关系管理系统的应用必须能帮助企业员工快速、准确记录客户请求内容，并快速找到问题的解决方案。

## ✳ 7.3.2　大数据技术应用

企业客户关系中形成的大量数据为企业未来的经营提供了有价值的参考。随着数据挖掘技术的日益成熟和科学技术的发展，客户关系管理系统的应用不断深入，数据挖掘逐渐成为获取有价值信息的重要技术和工具。

微课堂

大数据、人工智能
在电子商务客户
关系管理中的应用

**1. 数据挖掘的概念**

简单来讲，数据挖掘是通过算法从大型数据中提取人们感兴趣的知识的过程。这些知识是隐含的、未知的、有用的信息，提取的知识表现为概念、规则、规律、模式等。

数据挖掘是知识发现的重要步骤，可以从技术角度和商业角度两方面来定义。

从技术角度看，数据挖掘是从大量的、随机的实际应用数据中提取隐含在其中、人们事先不知道、但又潜在有用的知识的过程。其中，数据必须是真实无伪的、大量的、有噪声的，即有干扰数据，从中提取出来的知识是未曾预料的，不能凭直觉去发现，甚至有时会违背直觉，但有一定的新颖性和独创性，是用户感兴趣的，并且可以为用户所理解、接受和有效利用。

从商业角度看，数据挖掘是一种新的商业信息处理技术，用于对商业数据库中的大量业务数据进行抽取、转换、分析和其他模型化处理，以从中提取辅助商业决策的关键性数据。显然，对数据的分析并不仅仅是为了研究，更是为了为商业决策提供有价值的信息，进而帮助企业获取利益。

**2. 数据挖掘技术应用**

数据挖掘技术在客户关系管理的所有领域，如新客户获取、交叉销售、客户保持、客户个性化服务、发现重点客户等都可能产生深远的影响。

（1）新客户获取。数据挖掘技术能够根据客户信息和客户的市场反应行为模式辨别潜在客户群，帮助企业完成对潜在客户的筛选工作，并与客户关系管理系统中的销售自动化模块相结合，把由数据挖掘技术得出的潜在客户名单和这些客户可能感兴趣的优惠措施系统地结合起来。

（2）交叉销售。交叉销售是企业向原有客户销售新的产品或服务的过程。交叉销售建立在双赢的基础之上，客户得到更多、更符合其需求的服务，而企业的销售额也得以增长。

（3）客户保持。通过数据挖掘技术，企业可依据历史信息建立客户流失预测模型，发现易流失的客户，结合客户关系管理系统中的客户服务自动化模块后，企业就可以针对易流失客户的具体需求采取相应措施。

（4）客户个性化服务。在客户关系管理系统中，企业完全可以利用数据挖掘技术对客户进行细分，企业只需要对属于同一类的客户采用相同的个性化服务，效果就会很显著。

（5）发现重点客户。对重点客户的发现是客户关系管理系统的重要应用领域，其同样是利用数据挖掘技术，通过数据收集、建模、数据评分等步骤来发现重点客户。

## ✳ 7.3.3　人工智能技术应用

人工智能从诞生以来，理论和技术日益成熟，应用领域也不断扩大。可以设想，未来人工智能带来的科技产品将会是人类智慧的"容器"。

📖 素养课堂 7-2

## 中国联通打造"AI+客服"行业新标杆

作为运营商行业领先的大规模 AI 商业化实践，中国联通智慧客服项目助力创新 AI 智能服务新标准制定，并已成为联通服务体系的竞争力之一，助力企业数字化、智能化服务转型。

中国联通软件研究院智慧客服团队与百度智能云团队强强联合，打造了 10010 热线、互联网在线等多渠道 7×24 小时智能机器人客服系统，通过自然语言理解、知识图谱、人机交互、深度学习等技术，实现"一点对接互联网人工智能平台，打造集约化智慧客服"的建设目标，从而释放人力资源，降低人工成本，让服务更精准，让企业更高效。

中国联通智慧客服体系已建成西安、无锡两大数据中心，石家庄、济南、成都、韶关四大区域话务中心，累计完成 25 个省份的客服集约化工作。用户意图识别率达 95%，智能自助服务占比达 81.5%，客户评价满意度达 90%，服务滚动成本下降 26.8%，用户等待时长节约 70%，为用户提供更贴心、更便捷、更智能的服务新体验。

中国联通软件研究院与百度智能云签订战略合作协议，成立 5G+AI 联合创新实验室，打造了智能客服助手、智能质检等多项解耦型、可对外赋能的产品，深耕数据挖掘与 AI 分析技术，精准刻画用户画像，准确识别用户意图，实现在服务中精准营销，在营销中用心服务，进一步提升服务质效，防范服务风险，打通全场景服务地图，实现服务营销一体化。

中国联通软件研究院携手百度智能云共同打造了一套理论与实践相结合、多维一体的 AI 培训及选拔体系，覆盖 AI 技术、AI 产品、机器人优化运营等方面。部分客服坐席人员转型 AI 训练师，运用自身业务知识不断提高机器人与用户的交互体验，实现业务与人工智能的便捷耦合，形成数据驱动、人机协同的开放型 AI 生态体系。

### 1. 人工智能的概念

简单来讲，人工智能是研究、开发用于模拟、延伸和扩展人的智能的理论、方法、技术及应用系统的一门新的技术科学。

人工智能就其本质而言，是对人的思维的信息过程的模拟。对于人的思维的模拟可以从两条道路进行：一是结构模拟，仿照人脑的结构机制，制造出"类人脑"的机器；二是功能模拟，暂时撇开人脑的内部结构，而从其功能过程进行模拟。现代电子计算机便是对人脑思维功能的模拟，是对人脑思维的信息过程的模拟。

### 2. 人工智能客服的应用

随着人工智能技术的快速迭代，"CRM+AI"的新型模式已悄然出现并逐渐成为业界热门话题。

（1）高智能的自动化服务。除了数据处理之外，AI 还可以在客户服务、办公安排、客户分配等方面发挥重要作用。AI 通过抓取客户来电地区、之前的服务记录等将客户智能分配到最佳服务人员手中，无论是及时性还是响应速度都要比人工处理更好。通过日常工作习惯跟踪，"CRM+AI"可优化客服人员的工作安排，让工作时间得到更加合理化的利用。客户资源分配也是通过抓取已收集到的客户关键信息，分析客户的购买力、喜好等信息，分配到合适的销售人员手中，并提供分析结果作为销售依据。

（2）精准化的营销预测服务。客户关系管理系统融合 AI，给企业预测营销成果带来了机会。客户关系管理系统拥有大量客户数据，结合这些数据向客户来源返溯，什么地区收集来

的线索质量更好，这些成交客户和未成交客户主要来自于什么人群。数据分析结果可清楚展现和预测营销成果，为调整营销方案提供数据依据。AI技术的应用使这些原本需要大量人力的工作变得轻松，数据可以由客户关系管理系统归集而来，提前设置好分析规则，实时分析结果就可瞬间呈现在工作人员面前，大大缩短计算和整理的时间。

## 本章小结

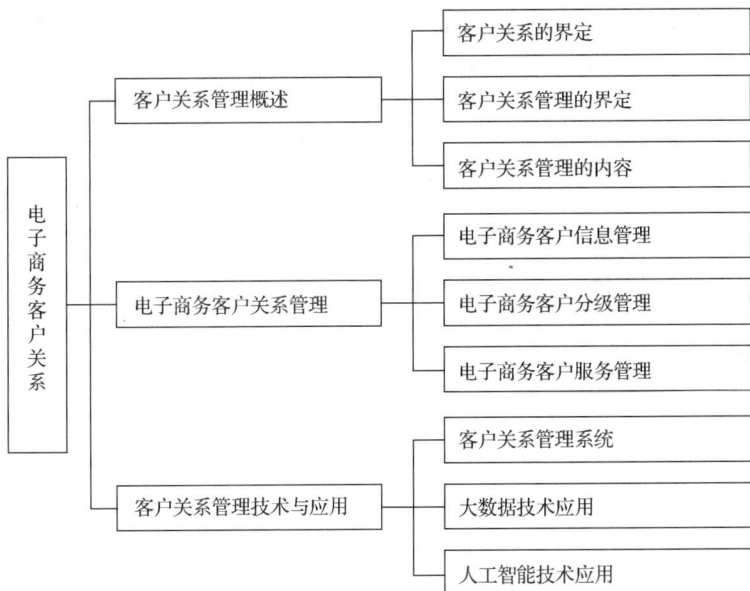

## 课后实训

上万名京东客服在自己的岗位上24小时不间断为消费者提供数千万次优质服务，这是京东十多年来为用户提供服务的又一缩影。从十多年前一个小公司到如今拥有上万名客服的大公司，京东的崛起离不开其"真诚服务客户"的基因。十多年前，分散在北京、上海、广州三地的客服搬迁至宿迁，在这里成立京东首个集约化客服中心，由此开始了漫长的发展道路。

京东集约化客服中心成立十周年的庆典上，京东零售集团CEO表示，京东客服要拥抱变化，坚持客户为先的价值观、当好连接器和赋能器、用技术提升服务效率和质量，在这3方面做到从优秀走向卓越，进一步提升服务质量和用户体验。

无论大环境如何改变，坚持客户为先始终是京东价值观的核心。在电子商务行业激烈的竞争中，京东始终关注用户体验，依靠优质的用户体验赢得信赖。随着京东价值观的全新升级，京东零售集团也赋予了其经营理念全新的内涵——"以信赖为基础，以客户为中心的价值创造"。

京东的财报显示，京东超过70%的新用户均来自低线市场。在"下沉市场"成为商家必争之地的同时，以高品质的商品和服务脱颖而出的京东，显然已充分得到低线市场用户的认可。优质服务既是京东的核心竞争力和开拓新兴市场的重要优势，也将是京东持续壮大的助推力。

京东零售集团 CEO 认为，在京东零售开放战略的指引下，京东客服既要当"连接器"，也要当"赋能器"。"连接器"指的是京东客服在未来的发展中，除了更深入了解客户真实需求以外，还将深入京东业务，与品牌商家形成良性互动，通过对客户诉求的高质量分析和反馈，打造满足用户需求的重要阵地。而"赋能器"则更侧重于将自身优势能力输出给行业和合作伙伴，在推动自身能力发展的同时，协助行业不断提高服务水平。

技术已成为零售行业的重中之重，基于实际情况，京东客服通过人工智能等多项技术的支撑，打造了包括"智能情感客服""商家客服小智""AI 导购助手""智能调度""智能辅助""智能管理"在内的智能客服服务矩阵，并投入实际运用中，提高客服响应速度。

经过多年的发展，宿迁集约化客服中心已成为京东最重要的基地。蓬勃发展的京东客服也带动了宿迁电子商务产业的蓬勃发展，创造出更多社会价值。随着京东客服服务与技术的升级，京东还将持续引领行业前进方向，为更多电子商务平台的客户提供更加良好的购物体验。

### 1．实训要求

分析京东"客户为先"的出发点、具体举措以及取得的成果。

### 2．实训步骤

（1）学生分组，登录京东官网，收集其客户服务的有关承诺与数据资料，对比其他电子商务平台，结合客户评价，分析其客户服务的独特之处。

（2）结合在京东商城的购物经历与体验，分析京东人工智能技术在客户服务中的保障情况，并总结归纳京东客户服务的成功经验。

## 重要名词

客户关系　客户关系管理　客户分级　客户关怀　客户满意　客户忠诚　数据挖掘

## 课后练习

### 一、单项选择题

1．客户关系管理是一种商业活动策略，其核心思想是以"（　　）为中心"。

A．企业　　　　　　B．利润　　　　　　C．客户　　　　　　D．市场

2．客户关系管理的最终目标是（　　）最大化。

A．客户满意　　　　B．客户资产　　　　C．客户利润

D．客户终身价值　　E．客户忠诚

3．客户分级的目的在于区分（　　）。

A．好客户与坏客户　B．客户远近　　　　C．客户大小　　　　D．客户价值

4. 客户满意度是指企业提供的产品或服务与（　　　）的吻合程度。

    A. 客户大小                        B. 客户支付能力

    C. 客户关系远近                 D. 客户期望

5. 客户忠诚是客户的一种（　　　）行为，不同的客户所具有的客户忠诚差别较大。

    A. 持续性         B. 间断性         C. 阶段性         D. 永久性

## 二、多项选择题

1. 客户关系一般包括（　　　）4种类型。

    A. 买卖关系         B. 优先供应关系    C. 合作伙伴关系

    D. 战略联盟关系      E. 供应链

2. 客户关系管理主要是围绕（　　　）环节来开展工作。

    A. 识别客户         B. 选择客户         C. 获取客户

    D. 保持客户         E. 客户价值扩展

3. 电子商务客户关怀包括（　　　）。

    A. 购物全流程关怀               B. 售前关怀

    C. 客户全生命周期关怀          D. 售后关怀

4. 客户金字塔模型的客户层级划分包括（　　　）。

    A. 重要客户         B. 主要客户         C. 普通客户

    D. 长尾客户         E. 战略合作客户

5. 客户关系管理系统的主要功能包括（　　　）。

    A. 接触功能         B. 业务功能         C. 技术功能

    D. 数据库功能       E. 服务功能

## 三、判断题

1. 数量众多的 App 实际上就是建立客户关系的一个重要入口。（　　　）

2. 客户关系管理的核心思想是将企业的客户视为最重要的企业利润来源。（　　　）

3. 潜在客户分级则主要以客户未来可能创造的价值作为判断依据，有对客户需求的主观分析的成分。（　　　）

4. 延伸来讲，客户忠诚度是客户满意程度的直接表现。（　　　）

5. 人工智能就其本质而言，是对人的思维的信息过程的模拟。（　　　）

## 四、简答题

1. 电子商务客户关系管理包括哪些内容？

2. 客户关系管理系统分为哪几类？各有什么特点？

3. 电子商务客户关怀是怎样的？

4. 大数据技术在客户关系管理中有哪些应用？

5. 人工智能技术在客户关系管理中有哪些应用？

## 五、技能训练题

1. 登录自己注册的电子商务平台，结合自己的购物经历，分析电子商务平台、平台商家的客户服务内容，分析其运作过程以及在运转效率提升方面的独特举措，并对其主要功能进行归纳总结。

2. 结合自己开设网店或运营自媒体的经历，谈谈客户服务方面的一些经验与教训。

# 第3篇

# 业态篇

《"十四五"电子商务发展规划》提出："到2025年，我国电子商务高质量发展要取得显著成效。电子商务新业态新模式蓬勃发展，企业核心竞争力大幅增强，网络零售持续引领消费增长，高品质的数字化生活方式基本形成。电子商务与一二三产业加速融合，全面促进产业链供应链数字化改造，成为助力传统产业转型升级和乡村振兴的重要力量。"

本篇主要内容：网络营销、跨境电商、电子商务新业态。

# 第8章

# 网络营销

## 学习目标

### 知识目标

了解网络营销的基本概念、职能与特点；理解网络营销与传统营销的联系与区别；熟悉网络营销活动的具体方法。

### 技能目标

能认识网络营销的活动流程与方式；能针对网络营销活动制定相应的行动方案；能针对网络营销管理活动中不同情形提出对策；掌握网络营销的主要方法。

### 素养目标

具备网络营销法律意识与网络信息鉴别能力，具有正确的网络营销价值观，具有从事网络营销专业领域工作的职业素养和能力，具有良好的职业操守、敬业精神等。

导入视频

格力电器在多元化发展之后，业绩逐步回归持续增长状态。2023 年 12 月 21 日，格力电器发布 2023 年度业绩预告。数据显示，2023 年公司实现营业总收入 2 050 亿～2 100 亿元，上年同期 1 901.51 亿元；归属于上市公司股东净利润 270 亿～293 亿元，比上年同期增长 10.2%～19.6%。

格力之所以能重新回到经济发展的新常态，除了产品多样化之外，更重要的还有营销方式的变化。2020 年 6 月 1 日，在格力倾力打造的"超级品牌日"，格力实现了单日直播带货销售额超 65 亿元的纪录。这场创纪录直播，被认为是格力开启新零售变革的"里程碑"。此后，在全国各地经销商的大力支持下，格力开启直播带货全国巡回模式。2020 年半年时间里格力进行直播带货共计 13 场，其中 8 场全国巡回直播，直播总销售额达到 476 亿元。此后的三年时间里，从渠道扁平化到线上超级自营店，从在电商平台全面发力到与京东建立联合门店，格力的渠道变革始终没有停歇。面对新的市场形势，格力加大新零售布局，与直播行业龙头公司、专业网络推广公司等达成年度战略合作，通过多种信息流广告等营销工具，为自营直播间精准化引流。此外，格力还增加与私域达人的合作，通过达人种草视频、达人挑战赛等站内推广，加大品牌宣传力度。

格力通过多次直播带货，在一轮又一轮的互动过程中将企业的品牌文化传递给消费者，潜移默化中影响了消费者的购买行为。在全国巡回直播中，格力携带绿色环保、智能创新、舒服美观的"中国风"理念先后走过赣州、洛阳、桂林、德州、临沂、南京、珠海等地，并把"中国风"同当地历史文化相结合，与当地产业形成协同。这不仅给格力的产品进行了带货，也诠释出各个城市特有的经济发展战略和文化自信，大大拉动了当地经济发展。

# 8.1　网络营销概述

从农耕时代到工业时代，再到今天的信息时代，技术力量在不断推动着人类社会前进。互联网正在全球范围掀起一场影响广泛的深刻变革，越来越多的企业充分利用互联网向更高的营销目标发起冲击。

## 8.1.1　网络营销的界定

网络营销的应用已经深入各行各业，许多企业已经将其当作未来制胜的利器。那么，什么是网络营销？企业又是如何利用其达成目标的呢？

### 1．网络营销的概念

随着互联网经济的快速发展，网络营销活动呈现出蓬勃发展的态势。越来越多的企业借助网络营销活动吸引目标消费者，打造自己的品牌，推广产品或服务，从区域市场走向了世界。与此同时，企业的营销观念与营销战略也出现了巨大的变革。网络营销已经不单单是一种营销手段，更是一种信息化社会的新文化。

网络营销又名互联网营销、网上营销、电子营销，是以国际互联网为基础，利用数字化的信息和网络媒体的交互性来辅助实现营销目标的一种新型市场营销方式。简言之，网络营销就是以互联网为主要手段，为达成一定目的进行的市场营销活动。

网络营销是随着互联网进入商业领域之后产生的，尤其是万维网、电子邮件、搜索引擎、社交软件等得到广泛应用之后，网络营销的价值才越来越明显。

显然，网络营销是企业整体营销战略的一个组成部分，是为实现企业总体经营目标所进行的、以互联网为基本手段营造线上经营环境的各种活动。我们可以通过以下描述来进一步认识网络营销：

（1）网络营销是指企业利用网络开展的各类市场营销活动，是传统市场营销在网络时代的延伸和发展；

（2）网络营销的实质仍然是市场营销，网络技术只是实现营销目标的手段；

（3）网络营销不仅是单纯的网上营销，还是企业现有营销体系的有力补充，是 4Cs 营销理论的必然产物。

**2．网络营销的优势**

网络营销作为新的营销方式和营销手段，具有跨时空、多媒体、交互性、整合性、高效性、经济性等诸多特点。与传统营销相比，网络营销的优势主要体现在以下几个方面。

（1）成本控制优势。网络营销采取的是新的营销管理模式，它通过互联网改造传统的企业营销管理组织结构与运作模式，并通过整合其他相关业务部门（如生产部门、采购部门）实现企业成本费用最大限度的控制，从而可以降低营销及相关业务管理成本费用，节省销售费用。

（2）市场覆盖优势。作为新的营销渠道，互联网对企业传统的营销渠道是一个重要补充，可以不受时间和空间的限制吸引客户到网上订购，还让企业可以与客户进行交互式沟通。客户可以根据自身需要对企业提出新的要求，企业可以及时根据自身情况针对客户的需求开发新产品或提供新服务。

（3）客户服务优势。由于市场中的客户需求千差万别，而且客户的情况又各不相同，因此企业要想采取有效的营销策略来满足每个客户的需求非常困难。互联网的出现改变了这种情况，企业可以将相关的产品介绍、技术支持和订货情况等信息都放到网上，客户可以随时随地根据自己的需要有选择地了解有关信息，这突破了为客户提供服务的时间和空间限制。

（4）个性化营销优势。网络营销的最大特点在于以客户为主导。客户将拥有比过去更大的选择自由，他们可根据自己的个性特点和需求在全球范围内找寻产品，不受时空限制。通过进入感兴趣的企业的网站或网店，客户可获取产品更多的相关信息，使购物更显个性。

## ❋8.1.2 网络营销的职能

网络营销一般具有以下一些职能。

**1．企业品牌建设**

网络营销的重要任务之一就是在互联网上建立并推广企业的品牌。知名企业的线下品牌可以在网上得以延伸，更广泛地传播；一般企业则可以通过互联网快速传播的特点树立品牌形象，并提升企业整体形象。网络品牌由以下 5 个方面组成。

（1）网络名片，包括名称、网站标识、网站域名、移动网站域名、第三方平台形象、网络品牌关键词等。

（2）企业具体的网站，包括网站名称、网站标识、风格、主色调等。

（3）网站 PR（Page Rank）值，是谷歌搜索排名算法中的一个组成部分，级别分 1～10

级，10 级为满分，PR 值越高说明该网站在搜索排名中的地位越重要，对应的网络品牌也就更有影响力和普及率。

（4）企业搜索引擎表现，如付费广告、搜索结果排名等。

（5）网络上关于企业的软文、舆情和评价等。

打造网络品牌的最终目的是获得忠诚客户、增加销售。从客户对一个网络品牌的了解到形成一定的转化，如网站访问量上升、注册人数增加、对销售的促进效果等，这一过程也就是网络营销的过程。

### 2．网站推广

获得必要的访问量是网络营销取得成效的基础，尤其对于中小企业，由于经营资源的限制，发布新闻、投放线下广告、开展大规模促销活动等宣传机会比较少，因此通过互联网进行网站推广的意义显得更为重要，这也是中小企业对网络营销更为热衷的主要原因。即使是大型企业，网站推广也是非常必要的。事实上许多大型企业虽然有较高的知名度，但网站访问量并不多。因此，网站推广是网络营销最基本的职能之一，是网络营销的基础工作。

### 3．信息发布

网站是信息的载体，通过网站发布信息是网络营销的主要方法之一，同时，信息发布也是网络营销的基本职能。无论是哪种网络营销方式，网络营销的最终目的都是将一定的信息快速、有效地传递给目标人群，包括消费者、潜在消费者、媒体、合作伙伴、竞争者等。互联网作为一个开放的信息平台，使网络营销具备了强大的信息发布功能。企业不仅可以将信息发布在自己网站上，还可以利用各种网络营销工具和网络服务商的信息发布渠道向更大的范围传播信息。同时，企业还可以主动进行跟踪，及时获得回复，也可以与消费者进行互动。

### 4．促进销售

市场营销的基本目的是为销售提供支持，网络营销也不例外，各种网络营销方法大都直接或间接具有促进销售的效果。此外，还有许多针对性的网上促销方法，这些促销方法并不限于对网上销售的支持，事实上，网络营销对于促进线下销售同样很有价值。

### 5．拓展销售渠道

企业销售渠道在网上的延伸就是网上销售渠道，一个具备网上交易功能的企业网站本身就是一个网上交易场所。网上销售渠道也不限于网站本身，还包括建立在综合电子商务平台上的网上商店，以及与其他电子商务网站不同形式的合作等。因此，网上销售并不仅仅是大型企业才能开展，不同规模的企业都有必要拓展适合自己的网上销售渠道。

### 6．客户服务

互联网提供了更加方便的在线客户服务手段，包括从形式最简单的常见问题解答到电子邮件，以及在线论坛和各种即时信息服务等。在线客户服务具有成本低、效率高的优点，在提高客户服务水平方面具有重要作用，同时也直接影响到网络营销的效果。

### 7．客户关系

良好的客户关系是网络营销取得成效的必要条件。网站的交互性、客户参与等方式在开展客户服务的同时，也促进了客户关系的发展。客户关系是客户服务的一种结果，良好的客户服务才能带来稳固的客户关系。例如，海尔公司通过旗下社交平台顺逛商城等互动沟通方式第一时间了解客户需求，掌握客户对产品或者营销活动的看法，提高客户对海尔品牌的忠诚度。

### 8．网络营销市场调研

网络营销市场调研具有调查周期短、成本低的特点。网络营销市场调研不仅能为制定网络营销策略提供支持，也是整个市场研究活动的辅助手段之一，合理利用网络营销市场调研手段对于制定市场营销策略具有重要价值。网络营销市场调研与网络营销的其他职能具有同等地位，既可以依靠其他职能的支持而开展，同时也可以相对独立进行，网络营销市场调研的结果反过来又可以为其他职能更好地发挥提供支持。

> 📖 **素养课堂 8-1**
>
> #### 天猫倡导"诚信有价"
>
> 继 2015 年推出"极速退款"服务后，2016 年，天猫再次升级售后保障，推出"极速退货"服务。今后，优质消费者提出 7 天无理由退货申请，可享受退货申请 0 秒响应、菜鸟上门取退、极速退款等一条龙退货体验。从发起退货申请到退款到账，最快只需要 2 小时。
>
> 天猫同时宣布将力推会员分层服务，倡导"诚信有价"。天猫购物评级体系也将对外开放，消费者可在会员页面直观查看个人星级和对应权益。
>
> 在此次"极速退货"服务中，天猫继续实行分层服务模式。购物评级 3 星及以上的消费者在收到货品 7 天内，以 7 天无理由为由申请退货退款后，能立刻收到退货地址，无须再等待商家同意。享有"极速退货"服务的消费者在申请退货的同时，还可在线申请"上门取退"服务。只要申请时间在 9:00—20:00，系统就会自动通知快递员，2 小时内就会有人上门收件。消费者在线填好物流单号，天猫就会替卖家先行垫付款项，退款回到消费者账户用时不会超过 1 秒。上门取退无须额外付费。同时，菜鸟裹裹提供速递保证，如快递员未在约定时间内上门取件，消费者将额外获得 6 元快递券，用于抵扣退货费用。

## 8.2 网络营销活动的开展

企业在开展网络营销活动之前，必须对其面临的市场环境、消费者、竞争者等进行调研分析，才能制定出有针对性的网络营销策略，助力网络营销目标的实现。

### ❋ 8.2.1 网络营销市场调研分析

网络营销的重要职能之一就是网络营销市场调研。互联网时代，各种信息纷繁复杂，企业营销人员必须善于抽丝剥茧、去伪存真，才能发现市场机会；同时，还可以利用互联网作为沟通和了解信息的工具，对消费者、竞争者以及整体市场环境等与营销有关的数据进行分析研究。

### 1．网络营销环境分析

企业网络营销环境可以分为宏观环境与微观环境。网络营销的宏观环境是指那些给企业带来市场机会和环境威胁，进而能够影响企业运作和绩效的自然及社会力量的总和，构成要素主要有政治法律环境、经济环境、社会文化环境和技术环境等；网络营销的微观环境主要包括企业（非网络营销部门）、供应商、竞争者、消费者、营销中介等。

微观环境直接影响和制约企业的市场营销活动，而宏观环境主要以微观环境为媒介间接影响和制约企业的市场营销活动。前者可称为直接营销环境，后者可称为间接营销环境。两者之间并非并列关系，而是主从关系，即直接营销环境受制于间接营销环境。

### 2．网络营销市场调研

（1）网络营销市场调研方式。从大的角度分，网络营销市场调研方式可以分为网络市场间接调研与网络市场直接调研两种。①网络市场间接调研指的是利用互联网收集与企业经营相关的市场、竞争者、消费者以及宏观环境等信息的二手资料。这种方式操作简单、方便快捷，能广泛地满足企业管理决策需要，是企业用得最多的网络营销市场调研方式。这种方式的具体运用主要包括利用搜索引擎查找资料、访问相关网站收集资料、利用大数据平台查阅资料。②通过收集分析网络二手资料有时不能解决调研的全部问题，这时就需要进行直接调研，收集第一手资料，这就是网络市场直接调研。网络市场直接调研的具体方式主要包括在线询问、计算机辅助电话询问、网上问卷等。

此外，为了弥补网上问卷的不足，许多企业设立 BBS 以供访问者对企业产品进行讨论，或者与某些专题的新闻组进行讨论，以更加深入调研并获取有关资料。

（2）网络营销市场调研对象。网络营销市场调研对象主要包括企业产品与服务的消费者和企业的竞争者、合作者等相关人群。①消费者。不同的网络市场、网络平台拥有不同的消费群体，不同的消费群体会体现出不同的特征与差异性。企业营销人员在进行市场调研时，应该通过网络跟踪目标消费群体的购买行为，分析其购买意向，收集消费群体对企业、产品、服务、支付、配送、退换货、性价比等方面的意见，甚至是抱怨、投诉，从而形成完整调研结论，以供营销决策参考。②竞争者。网络营销环境下的企业竞争者不仅仅包括现有竞争关系的企业，还包括潜在竞争者、商品替代者等。企业可以通过分析不同类型的竞争者带来的威胁，了解竞争者的营销动向、生产情况、企业管理等信息，结合对消费群体的对比反馈，制定出合理有效的营销策略。③合作者。企业的合作者主要指其联盟企业、供应商、第三方代理等，这些机构所提供的信息也可以作为企业制定网络营销策略的数据信息支持。

（3）网络营销市场调研的步骤。一般而言，网络营销市场调研应经过以下 5 个步骤。①确定调研目标。在确定调研目标时，需要考虑的是被调研对象是否上网，网民中是否存在着被调研群体，规模有多大，哪些同行已经开展了网络业务，它们对于企业的目标消费群体有无影响，企业日常运作受到哪些法律、法规的约束，等等。②设计调研方案。网络营销市场调研方案的具体内容包括资料来源、调研方法、抽样方式和联系方式等。资料来源可以有一手资料和二手资料；调研方法有很多，具体采用哪种方法需要结合实际选择；抽样方式包括抽样方法、抽样数量、样本判断准则等；联系方式包括电子邮箱、QQ 号等。③收集信息。在确定调研方案后，市场调研人员即可通过电子邮箱向互联网上的个人主页、新闻组或者邮箱清单发出相关查询，也可以通过 QQ 等方式与被调研人员联系，在线发放问卷，获取信息；还可以通过网上搜索获取信息。④信息整理和分析。对于整个调研来讲，收集得来的信息仅仅是半成品，信息只有经过整理和分析才是成品。信息整理和分析这一步非常关键，需要使用一些数据分析技术，如交叉列表分析技术、概况技术、综合指标分析技术和动态分析技术等。较为通用的分析软件有 SPSS、SAS、BMDP、MINITAB 和电子表格软件。此外，一些网络平台、网站本身就具有信息整理和分析功能。⑤撰写调研报告。这是整个调研活动的最后一个重要步骤。调研报告不能是数据和资料的简单堆砌，调研人员不能把大量的数字和复杂的统计过程扔到管理人员面前。正确的做法是把与市场营销决策有关的主要调研结果呈现出来，并遵循有关的写作原则。网络营销市场调研报告的内容主要包括标题、目录、引言、正文、结论、启示、建议和附录等，其正文的内容就是对本次调研的主要说明，如调研目的、调研方法和调研数据统计分析等。

## 8.2.2 企业网络营销基本策略

企业网络营销基本策略主要包括网络形象策略、网络营销策略、网络营销客服策略等。

**1．网络形象策略**

企业网络形象层面的策略主要包括建立并推广企业品牌和网页展示。①网络营销的重要任务之一就是在互联网上建立并推广企业的品牌，知名企业的线下品牌可以在网上延伸，一般企业则可以通过互联网快速树立品牌形象，并提升企业整体形象。②网页展示策略是通过网页展示营销信息，可以节省很多广告费用，而且搜索引擎的大量使用也会增加企业的互联网曝光率。

**2．网络营销策略**

网络营销策略包括产品策略、价格策略、促销策略、渠道策略。

（1）产品策略。在网络营销中，产品的整体概念可分为5个层次。①核心利益或服务层次。企业在设计和开发产品核心利益时要从顾客的角度出发，要根据上次营销的效果来进行本次产品的设计和开发。要注意的是网络营销的全球性，企业在提供核心利益时要针对全球性市场。②有形产品层次。对于物质产品来说，必须保障品质、注重产品的品牌、注意产品的包装。在式样和特征方面要根据不同地区的文化来进行针对性加工。③期望产品层次。在网络营销中，顾客处于主导地位，消费呈现出个性化的特征，不同的顾客可能对产品的要求不一样，因此产品的设计和开发必须满足顾客这种个性化的消费需求。④延伸产品层次。在网络营销中，对于物质产品来说，延伸产品层次要注意提供令顾客满意的售后服务、质量保证等。⑤潜在产品层次。在延伸产品层次之外，由企业提供能满足顾客潜在需求的产品。

（2）价格策略。网络营销的价格策略主要包括下面6个方面。①个性化定价策略。个性化定价是指利用网络的互动性和顾客的需求特征来确定价格的一种策略。②自动调价、议价策略。根据季节、市场供求状况、竞争状况及其他因素，在计算收益的基础上，设立自动调价系统自动进行价格调整。同时，建立与顾客直接在网上协商价格的集体议价系统，使价格具有灵活性和多样性，从而形成创新的价格。③竞争定价策略。通过顾客跟踪系统经常关注顾客的需求，时刻注意潜在顾客的需求变化，随时掌握竞争者的价格变动，调整自己的竞争策略以时刻保持同类产品的相对价格优势。④众筹自定价策略。当销售量达到不同数量时制定不同的价格，销售量越大，价格越低。⑤特有产品特殊价格策略。根据产品在网上的需求来确定产品的价格，当某种产品有它很特殊的需求时，不用更多地考虑其他竞争者，只要制定自己最满意的价格就可以。这种策略往往分为两类：一类是创意独特的新产品，它是利用网络沟通满足一些品味独特、需求特殊的顾客的“先睹为快”心理；另一类是纪念物等有特殊收藏价值的产品。⑥捆绑销售策略。捆绑销售策略是指把两个或多个有互补作用的产品组合到一起共同销售。采用这种方式，企业能突破网上产品的最低价格限制，利用合理、有效的手段降低顾客对价格的敏感程度。

（3）促销策略。企业网络营销促销策略包括网络广告、网络直销、销售促进和网络公共关系。①网络广告是确定的广告主以付费方式运用互联网媒体对公众进行劝说的一种信息传播活动。网络广告建立在计算机、通信等多种网络技术和多媒体技术之上，其目的在于影响人们对于相关产品或劳务的态度，进而诱发其行动使广告主得到利益。②网络直销是指生产企业通过互联网直接向消费者进行销售，也是企业促销手段的一种。③销售促进就是在网上利用销售促进工具刺激顾客对产品的购买。④网络公共关系与传统公共关系功能类似，只不过是借助互联网作为媒体和沟通渠道。但是由于网络的开放性和互动性特征，网络公共关系出现了一些新的特点，如网络公共关系中主体的主动性增强，客体的权威性得到强化，传播的效能性大大提高，传播时空更加广泛。

（4）渠道策略。企业网络营销分型渠道策略主要包括3项。①作为电子商务网站的供应商。这项策略中，企业不必自己运营网店而是作为供应商直接进入电子商务流程。这也是企业参与电子商务活动最简单的方式。②通过第三方电子商务平台开展在线销售。这种策略可以充分利用第三方平台的品牌影响力强、运营规范、流程完善、配送方便等优势，有利于企业网店在平台内部的推广，并可提升网店可信度。③企业独立网上商城系统。每个企业都应该建立自己的网上销售平台，尤其是移动电商平台，这是企业电子商务活动发展的必然趋势。

### 3．网络营销客服策略

网络营销模式与传统营销模式的不同还在于它特有的互动方式。传统营销模式中人与人之间的交流十分重要，营销手法比较单一，网络营销模式则可以根据企业产品的特性，充分利用多种技术手段与媒介设计客服策略。网络营销客服策略包括客户分级管理、客户沟通互动、客户满意度管理和客户忠诚度管理等。

## ✳ 8.2.3 网络广告

相比于传统媒体广告，网络广告具有得天独厚的优势，也是实施现代营销媒体战略的重要组成部分。网络广告呈现形式多种多样，也是主要的网络营销方法之一，在网络营销方法体系中具有举足轻重的地位。从另一个角度看，多种网络营销方法也都可以理解为网络广告的具体表现形式。

### 1．网络广告的概念

网络广告以网络为载体，利用网站广告横幅、文本链接、多媒体等，在网上刊登或发布广告，通过网络吸引网上用户，从而起到提升商家知名度或实现某一商业目的的作用。

网络广告是广告业务在网络中的新拓展，也是网络营销领域率先开发的营销技术之一。

### 2．网络广告的类型

依据广告依托载体和发布方式的不同，网络广告可以划分为以下一些类型。

（1）网幅广告。网幅广告是以 GIF、JPG 等格式建立的图像文件，定位在网页中，大多用来表现广告内容，同时还可使用 Java 等语言产生交互性，用 Shockwave 等插件工具增强表现力。根据统计结果，网幅广告是互联网上最流行的广告形式，约占所有网络广告的 60%，它包含 Banner、Button、通栏、竖边、巨幅等具体形式。

（2）文本链接广告。这种广告的素材形式是一段链接到广告主网页的文字。文本链接广告有时像网幅广告那样占据固定的版面，有时也可以穿插在大量内容链接条目中。文本链接广告是对浏览者干扰最少，但却最有效果的网络广告形式之一。

（3）搜索引擎广告。搜索引擎广告通过关键词搜索和数据库技术把用户输入的关键词和商家的广告信息进行匹配，广告可以显示在用户搜索结果页面的一侧，也可以显示在搜索结果中。

（4）电子邮件广告。电子邮件广告是通过电子邮件向目标用户传递推广信息的一种网络营销手段，一般采用文本格式或 Html 格式。通常采用的是文本格式，就是把一段广告性的文字放置在新闻邮件或经许可的电子邮件中间，也可以设置一个 URL 链接到广告主网页或提供产品、服务的特定页面。Html 格式的电子邮件广告可以插入图片，和网页上的网幅广告没有区别。

（5）插播式广告。插播式广告是在一个网站的两个网页出现的空间中插入的网页广告，就像电视节目中出现在节目中间的广告一样。插播式广告有不同的出现方式，有的出现在浏览器主窗口，有的新开一个小窗口，有的可以创建多个广告，也有一些是尺寸比较小的、可以快速下载内容的广告。

（6）软件广告。软件广告又称搭载广告，是指软件作者把含有广告代码的插件或者广告链接捆绑在软件中，在用户安装软件的同时，能够将插件安装在用户的计算机上，并能够把广告标识显示在软件界面中。用户如果使用该软件或者点击界面上的广告链接，就会弹出广告信息。

（7）在线游戏广告。在线游戏广告常常预先设计在互动游戏中，大多以内在形式嵌入游戏的界面或内容中，形式隐蔽且易于让人接受。在线游戏广告直接把品牌信息融合在游戏当中，利用人们对游戏的一种天生爱好心理和游戏本身的互动性来提高广告的认知度，从而产生强烈的广告效果。

（8）视频广告。随着在线视频快速发展，在视频流播放的间隙插入的广告也成为网络广告的一种重要形式。根据插入位置的不同，视频广告又可以分为前插片、后插片等类型。由于载体的独特性质，视频广告的效果和广告创意比较类似于线下传统的电视广告。

（9）移动广告。在移动互联网爆发式增长的大背景下，移动广告快速发展。移动广告是通过移动应用或移动网页投放在移动设备上的广告。目前移动广告典型的形式有图片、视频、积分墙、推荐墙、重力感应广告等。

# 8.3 网络营销方法

网络营销的方法很多，主要包括搜索引擎营销、网络广告营销、电子邮件营销、论坛营销、社群营销、社会化媒体营销、网络视频营销、软文营销、事件营销、病毒式营销、直播营销、电商平台营销等，下面介绍几种常见的网络营销方法。

## 8.3.1 搜索引擎营销

随着互联网的普及，搜索引擎成为人们获取信息的重要入口。搜索引擎的典型代表有百度、谷歌、必应、雅虎等。

### 1. 搜索引擎营销的概念

搜索引擎营销（Search Engine Marketing，SEM）就是根据用户使用搜索引擎的方式，利用用户检索信息的机会，尽可能将营销信息传递给目标用户。简单来说，搜索引擎营销就是基于搜索引擎平台的网络营销，利用人们对搜索引擎的依赖和使用习惯，在用户检索信息的时候将信息传递给目标用户。

搜索引擎营销的基本思想是让用户发现信息，并通过点击进入网页，进一步了解所需要的信息。用户搜索行为如图 8-1 所示。

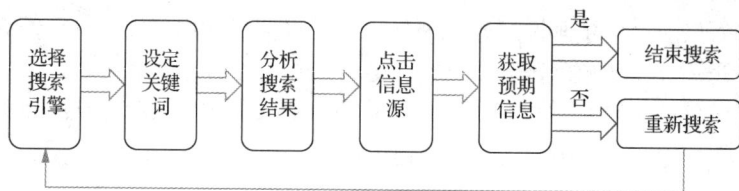

图 8-1　用户搜索行为

### 2．搜索引擎营销的原理

搜索引擎营销活动中，要想让用户能够及时、准确地搜索到自己所需的信息，最基本的前提是企业必须已经将自己产品和服务的有关信息发布到互联网上。

搜索引擎营销得以实现的基本过程是：企业发布在网站上的信息成为以网页形式存在的信息源，搜索引擎将网站/网页信息收录到索引数据库，用户利用关键词进行检索（对于分类目录则是逐级目录查询），检索结果中罗列相关的索引信息及其链接，用户根据对检索结果的判断选择有兴趣的信息并点击链接进入信息源所在网页。这个过程也说明了搜索引擎营销的基本原理。搜索引擎营销的基本过程如图 8-2 所示。

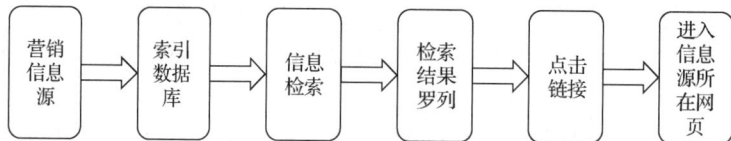

图 8-2　搜索引擎营销的基本过程

### 3．搜索引擎营销的基本方法

搜索引擎营销的基本方法可以归纳为 3 种，即登录分类目录、搜索引擎优化和关键词广告。

（1）登录分类目录。这种方法一般比较简单，只需要按照搜索引擎的提示填写即可。搜索引擎登录有免费登录和预付费登录之分。

（2）搜索引擎优化。搜索引擎优化是指在了解搜索引擎自然排名机制的基础上，对网站进行内外部的调整与优化，让用户觉得网站很有吸引力，简单来说就是让网页、关键词排名靠前。

（3）关键词广告。关键词广告是指广告主根据自己产品或服务的内容与特点，确定关键词，撰写广告内容并自主定价投放的广告。这是充分利用搜索引擎开展网络营销活动的一种手段，是付费搜索引擎营销的主要形式，近年来已成为搜索引擎营销中发展最快的一种。

## ❋ 8.3.2　社会化媒体营销

一般社会化媒体营销工具包括论坛、微博、微信、博客、SNS 社区、图片和视频等，这里简单介绍微博营销、微信营销和社群营销。

### 1．微博营销

微博的平台特征决定了其具有商业活动的基础功能，微博营销逐渐受到企业的青睐，在精准定位、明确思路的基础上，微博营销活动的效果也十分明显。

（1）微博营销的概念。微博营销是指企业以微博作为营销平台，将每一个粉丝当作潜在营销对象，通过更新自己的微博向粉丝传播企业信息、产品信息，树立良好的企业形象和产品形象，并与大家交流互动，或者发布大家感兴趣的内容，以达到营销目的一种新的营销方式。

（2）微博营销活动方法。在微博做营销活动，具有面向用户群广、传播力强并且能直接带来微博粉丝的特点。营销人员应围绕这些特点策划出具有一定创意、有利于企业营销效果提升的活动。这里主要介绍6种微博营销活动方法。①转发抽奖。活动策划方发出一条活动微博，公布活动内容。一般会设置一些条件，如关注博主、转发等，参与者在规定时间内参与，随后活动策划方会在参与者中随机抽出中奖用户。该方法主要适用于刚开通官方微博的企业，或新产品发布时期。②抢楼活动。活动策划方发出一条活动微博，要求参与者按一定格式回复和转发。当参与者回复的楼层正好是规则中规定的获奖楼层时，即可获得相应的奖品。③转发送资源。活动策划方发出一条活动微博，要求参与者按一定格式转发，并留下邮箱。凡是转发者，邮箱中都会收到一份资源，如各种软件、工具、优惠券等。④有奖征集。活动策划方发出一条活动微博，就某个内容发出征集令，如给淘宝店铺取名字，给某活动起标题、口号等，并通过一定的奖品来吸引参与者。这样既宣传了产品，又得到了某个名字、口号，促使产品的曝光率提高。⑤免费试用。免费试用是指活动策划方通过微博发布产品促销广告，与传统广告不同，发布的产品是免费试用的。这种活动中，活动策划方会根据用户填写的试用申请理由，在审核的基础上将产品发放给目标用户。⑥预约抢购。在新产品发布期间，企业一般会通过各大网络平台对新产品进行高度曝光宣传，然后以预约抢购的模式出售产品。该方法特别适合企业新上市产品或开设新业务时采用，比较典型的是3C数码产品的预售。

---

📑 **同步案例 8-1**

### 一杯咖啡里的致富故事

一百年前，法国传教士第一次把咖啡种子带到云南，从此咖啡在茶叶之乡落地生根。今天，云南咖农们在政府的帮助下克服种种困难，走上了致富之路……一条短片在海内外社交媒体刷屏，短短3分34秒的视频生动地展现了中西方的文化与经济交融，更让海外观众对中国的理念产生共鸣。

该短片在国内各大媒体和社交平台发布后，受到广泛转载，话题"咖啡里的致富故事"成为微博热搜话题，阅读量已达到1.9亿次。

由中国搜索承办的"中国好故事"数据库联合"复兴路上工作室"推出中英双语动画短片，让海内外网友对中国的乡村振兴工作有了全新认识。短片借助微博的力量，以小见大，既满足了大洋彼岸民众的好奇心，也传播了中国人积极的生活态度。

**思考：** 从营销角度看，本次微博活动的效果如何？

---

### 2. 微信营销

（1）微信营销的概念。微信营销是一种创新的网络营销模式，主要利用手机、平板电脑中的移动App进行区域定位营销，并借助微账号官网、微信公众平台、微会员、微推送、微活动、微支付等来开展营销活动。

微信不存在距离的限制，用户注册微信账号后，可与周围同样注册的朋友形成一种联系。用户订阅自己所需的信息，商家通过提供用户需要的信息推广自己的产品，可以实现点对点的营销。

---

📑 **同步案例 8-2**

### 小米 9：100 万的粉丝管理模式

小米"9：100万"的粉丝管理模式在业界非常有名。据了解，小米手机的微信账号后台员工有9名，这9名员工每天最主要的工作就是回复100万名粉丝的留言。

每天早上，9名小米员工在计算机上登录小米手机的微信账号，看到后台用户的留言，他们一天的工作就开始了。其实小米自己开发的微信后台程序可以自动抓取关键词回复，但小米的微信客服人员还是会进行一对一的回复，小米也正是通过这样的方式大大地提升了用户的品牌忠诚度。相较于在微信上开店，对于类似小米这样的品牌微信用户来说，做客服显然更让人期待。

**思考**：小米增加粉丝的途径是什么？微信客服的作用怎样？

（2）微信营销的方法。微信营销平台主要包括微信个人账号、微信公众平台两大部分，其中，微信公众平台又包含订阅号、服务号和企业号，同时微信还支持接入第三方应用。①微信个人账号营销。利用微信个人账号开展营销活动的步骤：注册微信账号、打造微信个人账号、增加微信好友数量、进行朋友圈广告宣传、进行客户服务等。②微信公众号营销。微信公众号营销主要包括利用服务号提供客户服务和利用订阅号为客户提供增值服务。③微信接入第三方应用。微信开放平台是微信4.0版本推出的功能，应用开发者可通过微信开放接口接入第三方应用，并且可以将应用的标识放入微信附件栏中，让微信用户方便地在会话中调用第三方应用进行内容选择与分析。

### 3．社群营销

社群营销是基于社群而形成的一种新的营销模式。

（1）社群营销的概念。社群营销就是基于相同或相似的兴趣爱好，利用某种载体聚集人气，通过产品或服务满足群体需求而产生的商业形态。社群营销的载体不局限于微信以及其他各种线上平台，线下的平台和社区都可以进行社群营销。

社群营销以人为中心，以消费者的心理、行为、兴趣为出发点进行营销。在自媒体时代，面对越来越理性与成熟的消费者、越来越碎片化的触媒行为、越来越多样化的兴趣，要做好社群营销需突破两点。一是把社群成员转变为目标用户。通俗地讲，就是"变现"，这也是社群营销的一大难题。很多社群做营销，人很容易进来，产品也容易有，但是把社群成员变成目标用户就很困难。二是让社群保持持久的热度。社群是有寿命的，用过微信或者QQ的人都知道，当你初次加入一个群时非常热闹，但随着时间的推移，这个群渐渐就安静下来了。因此，持久保持社群的热度是社群营销的第二个突破点。

（2）社群营销的活动流程。在移动互联网时代，社群营销的活动流程包括以下5个步骤：①培育意见领袖。②提供优质服务。③打造优质产品。④扩散口碑。⑤选择开展方式。

## ✴ 8.3.3　网络视频营销

"视频"与"互联网"的结合使得网络视频营销具备了两者的优点。日新月异的网络视频给在传媒行业带来巨大影响的同时，也形成更具商业价值的用户群。企业往往将网络视频作为引爆点，增加品牌曝光机会，以最大限度地达成自己的营销目标。因此，网络视频也成为企业重要的营销工具。

微课堂

新电商内涵特征
更加丰富

### 1．网络视频营销的概念

互联网时代瞬息万变，人们的大脑信息过载，网络视频在这个时代更容易被人们所接受。网络视频帮助企业和专业人士展示他们的视野、专业知识、产品、服务，成为企业的一大利器。

网络视频营销是建立在互联网及其技术基础之上，企业或组织机构为了达到营销效果和目的而借助网络视频介质发布企业或组织机构的信息，展示其产品内容和组织活动，推广自身品牌、产品和服务的营销活动和方式。

在经历了"影视视频时代"之后，"网络视频时代"的信息化、移动化不断加速视频产业化进程，基于技术创新、产业升级及更宏观层面的驱动力，我们正在加速进入一个全新的"视频社会化时代"。近年来，除了企业和组织机构外，个人也开始使用网络视频营销，如视频简历就是个人推广的一种有效营销工具。

### 2．网络视频营销活动方式

网络视频类似于电视视频短片，其传播平台是互联网。随着多媒体技术的发展和网络的普及，网络视频的表现形式在不断创新和发展。

（1）影视节目二次传播。由于视频网站对传统电视观众的分流，很多具有新闻性、欣赏性的影视节目都由视频网站、网民或意见领袖主动发布到网络视频平台进行再次传播。与电视传播相比，影视节目通过网络视频的二次传播可以和公众进行深度交流。传统媒体与新媒体从竞争变为合作，媒介之间互为补充、互相拓展、共同延伸，进行全方位、立体化的整合推广。

（2）网络视频短剧。网络视频短剧剧情轻松，演员、导演年轻化，所以整体风格时尚、简洁、幽默、贴近生活，尤其受到年轻一代的喜欢，成为行业新的增长点。网络视频短剧符合互联网风格，制作灵活，软性宣传效果好，也逐渐受到广告主的青睐。其主要优势在于充分与网民沟通互动，在保证品牌曝光度的基础上，确保品牌的黏度、喜好度，让网民与品牌保持密切、良好的沟通。

（3）视频病毒营销。病毒营销是指通过网民的口碑宣传，让信息像病毒一样传播和扩散，利用快速复制的方式传向广大的受众，即通过提供有价值的信息，"让大家告诉大家"，发挥"营销杠杆"的作用。网络视频是视听合一的多媒体传播工具，更适合开展病毒营销。企业需要找到适合品牌诉求的"视频病毒"，配以一定的推广手段，融入搞笑、幽默等因素，才能更好地吸引网民眼球。

（4）微电影。微电影即微型电影，是指能够通过互联网新媒体平台传播，适合在移动状态和短时休闲状态下观看，具有完整故事情节的"微（超短）时"（几分钟～30 分钟）放映、"微（超短）周期制作（7～15 天或数周）"和"微（超小）规模投资（几千到几万元每部）"的视频（"类"电影）短片，内容融合了幽默搞怪、时尚潮流、公益教育、商业定制等主题，可以单独成篇，也可系列成剧。

（5）短视频。视频在互联网新媒体上传播时，一般时长在 5 分钟以内的视频，都可以称为短视频。短视频营销是指营销方将品牌或者产品的营销信息融入短视频中，借助短视频这种媒介形式进行社会化营销。它与传统的营销不同，是在用户观看短视频时，将产品信息不知不觉地传达给用户。当用户对产品或者视频内容感兴趣时，会主动分享或者下单购买产品，最终实现裂变引流的目的。

短视频相较于传统信息传播方式（文字、图片）有很大的突破，更是对信息传播渠道的一种补充。制作精良、内容优质的短视频可以在很短的时间在各大社交媒体得到大范围传播，实现病毒式传播。

（6）"鬼畜"视频营销。"鬼畜"视频是一种搞怪视频类型，是通过对正常的图片、视频、音乐等进行修改、剪接、调音等操作而创作出来的视频作品，整体风格偏向颠覆经典、张扬个性。这类视频题材广泛、趣味性强、能够获得大量的浏览，对于企业打造品牌作用明显。

（7）顾客生成内容。顾客生成内容（User Generated Content，UGC）是指终端顾客将其原创内容（如文字、图片、音频、视频等）通过互联网平台进行展示或与其他顾客进行分享的行为。这种方式就是调动民间力量的积极性，主动产生作品，如征集与企业相关的视频作品。

📖 素养课堂 8-2

### 电商直播振兴乡村

2022 年 2 月发布的《中共中央 国务院关于做好 2022 年全面推进乡村振兴重点工作的意见》提到，加快实施"互联网+"农产品出村进城工程，推动建立长期稳定的产销对接关系。2022 年 4 月，中央网络安全和信息化委员会办公室、农业农村部、国家发展和改革委员会、工业和信息化部、国家乡村振兴局联合印发《2022 年数字乡村发展工作要点》，其明确指出：到 2022 年底，农产品电商网络零售额突破 4 300 亿元。在这样的大背景下，助农直播也确实做出了一番亮眼的成绩。

2021 年 9 月，淘宝直播方面透露，在助农直播"村播计划"上线 3 年后，通过直播带动农产品销售已超 50 亿元。2021 年"双十一"期间，抖音上线了 18.3 万款时令农货，生鲜类特产销量同比增长 327%。

除了商业潜力，助农直播更重要的是社会价值。助农直播有利于打开农产品销路、促进农民增收、推进农民再就业、提升农业品牌影响力、带动特色产业发展等，成为振兴乡村经济、赋能乡村发展的重要一环。

## 📊 本章小结

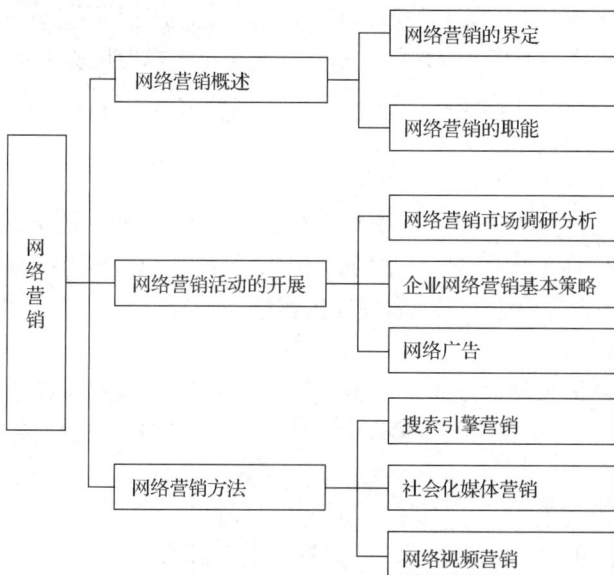

## 课后实训

年末时，每个人都会对自己有个小总结。999 感冒灵正是在新旧年交替之时，通过对用户心理状态的捕捉提出了在上海站的社会化营销口号：侬好 2019，下一站，未来可期。

线下体验、线上曝光的闭环引流营销，线下体验式公交屏，让暖心看得见。为了让更多的用户参与本次活动，999 感冒灵在线下采取了体验式营销玩法，将上海的公交车广告牌模拟成公交车车厢，灵活运用屏幕间拼接的缝隙，把 2 块 Led 屏作为车窗，借"车窗"划过的上海街景吸引消费者驻步。寓意是"挥手告别 2018，坐上这辆具有许愿功能的幸福的 2019 年班车"。

线上线下联动传播，让许愿活动覆盖全网。这次活动的亮点不仅仅是体验式的公交屏，更在于这个公交屏是一面能实现愿望的许愿墙。用户通过公交屏上的二维码，即可上传自己的 2019 年愿望和图片，上传后会被发布到这个创意公交屏上，让大家见证自己的愿望。

线上精准触达受众，加强曝光效应。为了让本次营销活动在线上获得更多曝光量，999 感冒灵采取了线上多媒体传播，其在微博选择了比较有影响力的 KOL，创作了更具有趣味互动话题的传播内容。在微信则是针对上海受众进行定向区域传播，加深活动影响力。

本次 999 感冒灵的上海站社会化营销活动，奉行品牌为用户提供"温情""小确幸"的服务理念，从品牌层面构建了与消费者的联系，并且在品牌理念的层次切入，提升了上海消费者对于产品和品牌的认可。同时，999 感冒灵也为接下来的其他营销活动提供了无限的可能性。

### 1．实训要求

分析常用微信营销方法的不同特点、具体举措以及取得的效果。

### 2．实训步骤

（1）学生分组，登录微信平台，选择一些有趣的微信营销案例并讨论分析，总结概括出这些营销活动的传播效果。

（2）学生分组，收集身边的一些企业开展微信营销活动的具体形式，选取一个企业，分析讨论，并概括其分别针对的目标人群。

## 重要名词

网络营销　搜索引擎营销　网络广告　微博营销　微信营销　社群营销　网络视频营销

## 课后练习

### 一、单项选择题

1. 通过（　　）发布信息是网络营销的主要方法之一。

　　A．网站　　　　　　　B．广告　　　　　　　C．促销　　　　　　　D．推销

2. 网络营销微观环境中的企业是指（　　　　）

    A. 网络营销部门                B. 网络营销部门以外的其他部门

    C. 企业管理部门                D. 企业经营部门

3. 目前最大的中文搜索引擎是（　　　　）。

    A. 谷歌          B. 搜狗          C. 雅虎        D. 百度

4. 传统的广告信息流是（　　　　）的，即企业推出什么内容，消费者就只能被动地接受什么内容。

    A. 单项          B. 双向          C. 复合        D. 复杂

5. 网络视频营销是"视频"与（　　　　）的结合。

    A. 广告          B. 互联网          C. 富媒体广告    D. 文字链接广告

6. 微信中的朋友圈属于（　　　　）。

    A. 微信公众平台              B. 第三方接入应用

    C. 微信个人账号              D. 以上都不是

## 二、多项选择题

1. 网络营销具有（　　　　）等优势。

    A. 跨时空          B. 交互性          C. 高效性

    D. 整合性          E. 经济性

2. 网络营销市场调研的步骤包括（　　　　）。

    A. 确立调研目标      B. 设计调研方案    C. 收集信息

    D. 信息整理和分析    E. 撰写调研报告

3. 通过搜索引擎，企业可以获得的信息主要有（　　　　）。

    A. 供应商和原材料资源信息      B. 市场供求、会展及其他商务信息

    C. 设备、技术、知识等信息        D. 组织、人才及咨询信息

4. 网幅广告是以（　　　　）等格式建立的图像文件，定位在网页中，大多用来表现广告内容。

    A. GIF          B. JPG          C. Flash        D. GPS

5. 网络视频营销具有（　　　　）等特点。

    A. 互动性          B. 主动传播性    C. 传播速度快    D. 成本低廉

## 三、判断题

1. 网络营销不属于市场营销的范畴。（　　　　）

2. 搜索引擎营销的基本思想是企业与用户及时互动。（　　　　）

3. 网络广告与传统广告一样，很难实现精准营销。（　　　　）

4. 短视频类直播平台的直播营销场景更丰富。（　　　　）

5. 微博营销成本较高。（　　　　）

6. 微博营销活动中不能够与消费者开展互动。（　　　　）

7. 微信营销和微博营销一样，也需要时时刷新。（　　　　）

## 四、简答题

1. 什么是网络营销？

2. 微博营销的特点主要有哪些？

3. 微信营销的模式有哪些？其主要作用是什么？

4. 微信公众号中的订阅号的作用有哪些？

5. 什么是社群营销？

**五、技能训练题**

1. 实训目的：认识社会化媒体营销活动，理解其实际意义。

2. 实训安排：

（1）学生分组，选择不同社会化媒体类型，搜集一些营销活动案例，归纳分析活动过程设计、效果监测方法，选择一些有趣的细节，并讨论分析，总结概括出这些活动能够给商家带来的影响。

（2）学生分组，收集身边的一些企业开展社会化媒体营销的具体形式，选取一个企业，分析讨论，并概括其分别针对的目标人群。

# 第 9 章

# 跨境电商

## 学习目标

### 知识目标

了解跨境电商的概念与分类；了解跨境电商的支付方式与跨境电商的物流模式；了解主流跨境电商平台及其运作模式。

### 技能目标

掌握主流跨境电商平台的注册方法与技巧；能利用跨境电商平台进行物流选择与货款的支付；掌握进出口跨境电商平台分析技能。

### 素养目标

增强民族自信心和自豪感；培养追求卓越的职业精神与数据分析意识，感受我国跨境电商的发展成就。

导入视频

据海关测算，2023 年我国跨境电商进出口总额为 2.38 万亿元，同比增长 15.6%。其中，出口额为 1.83 万亿元，增长 19.6%；进口额为 5 483 亿元，增长 3.9%。跨境电商日渐成为新的外贸增长点，对外贸增长起到了较大的推动作用。全球化趋势与中国电商行业发展迅猛给跨境电商带来了巨大发展机遇，大型平台的专业运营给行业带来了口碑，中国跨境电商市场的发展态势良好。

中国跨境电子商务主要集中在长江三角洲和珠江三角洲两地。沿海经济发达省市"海淘"热度高，占据了订单量最高的省市前 10 名中的 8 席。其中，上海市、广东省、浙江省订单量排名前三，江苏省和北京市订单量分列第四位和第五位，服饰、鞋帽和家居类产品销售领先；珠三角拥有高度集中的生产制造基地、丰富的外贸人才储备，成为跨境电子商务卖家集聚地。

近年来，B2B 电子商务交易成为投资与创业的热点，也成为外贸增长的新动力。跨境电商将进一步在构建"网上丝绸之路"、促进创新创业，推动传统产业转型升级方面发挥积极作用。

随着"一带一路"沿线国家跨境电商政策逐渐放开，一方面，经济增长带来的可支配收入提升、移动互联网发展带来的互联网普及率提高，以及支付、物流等配套服务设施的进一步完善，将进一步推动我国跨境电子商务快速增长；另一方面，"一带一路"沿线国家的优质品牌也将通过跨境电商渠道进入中国市场，实现当地产业升级和中国市场消费升级的双赢。

在经济全球化促进下，跨境电商已经逐渐成为推动外贸增长和产业结构升级的新动力。中国是世界第一网络零售市场，拥有全球最多的网购用户，跨境电商零售进口发展呈现快速增长态势。在"互联网+外贸"的模式下，跨境电子商务行业蓬勃发展。

跨境电商作为电子商务发展的最新领域，已经成为中国对外贸易增长最新和最快的领域。因此，在信息全球化和全球经济一体化高度发展及电子商务在全球范围内极受欢迎的大背景下，我国企业应抓住跨境电子商务机遇，积极转型升级。

# 9.1 跨境电商概述

近年来，在互联网与经济全球化深度结合的背景下，全球贸易业态发生了重大变革，以跨境电商为代表的"数字贸易"新经济形态实现了从无到有、由小变大的快速发展。

## 9.1.1 跨境电商的界定

从国内网购到国际"海淘"，中国消费者在电商平台的购物车已推向全球，跨境电商已成为中国外贸发展的新生力量。2023 年，我国外贸规模再创历史新高，为推动经济运行总体回升做出了重要贡献。

### 1．跨境电商的概念

跨境电商是指分属不同关境的交易主体，通过电商平台达成交易、进行支付结算，并通过跨境物流及异地仓储送达商品、完成交易的一种国际性商业活动。

跨境电商有狭义与广义之分。狭义的跨境电商基本等同于跨境零售，是指分属于不同关境的交易主体借助互联网达成交易、进行支付结算并采用快件、小包等方式通过跨境物流将商品送达消费者的交易过程；广义的跨境电商基本等同于外贸电商，是指分属于不同关境的交易主体，通过电子商务的手段将传统进出口贸易中的展示、洽谈和成交等各环节电子化，并通过跨境物流送达商品、完成交易的一种国际商业活动。

### 2．跨境电商业务流程

与境内电子商务相比，跨境电商的业务环节还需要经过海关通关、检验检疫、外汇结算、出口退税、进口征税等多个环节。在商品运输环节，跨境电商的商品需要通过跨境物流出境。与境内电子商务相比，跨境电商的商品从售出到送达消费者手中所用的时间更长。跨境电商的进出口流程如图9-1所示。

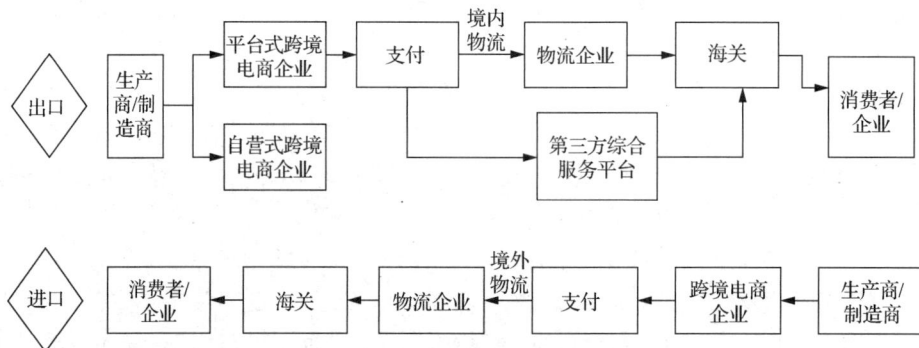

图 9-1　跨境电商的进出口流程

从跨境电商的出口流程来看，生产商或制造商把拟出口的商品交付给跨境电商企业，跨境电商企业将商品投放在跨境电商平台进行展示，消费者或企业下单并完成支付后，跨境电商企业将商品交付给物流企业进行投递，经过出口地及进口地两次海关通关商检后，将商品送达消费者或企业手中。也有部分跨境电商企业直接与第三方综合服务平台进行合作，由第三方综合服务平台代理完成物流配送、通关商检等一系列环节，从而完成整个跨境交易的过程。

在跨境电商进出口流程中，需要第三方支付企业提供支付服务，以实现境内外资金的流转。跨境电商的进口流程与出口流程的方向相反，其他内容基本相同。

### 3．跨境电商的特征

跨境电商融合了国际贸易和电子商务两方面的特征，因此更加复杂，这主要表现在3个方面。一是信息流、资金流、物流等多种要素必须紧密结合，任何一种要素的不足或衔接不当，都会阻碍整个跨境电商活动的完成。二是流程繁杂，电子商务作为国际贸易的新兴交易方式，其在通关、支付、税收等领域的法规还不完善。三是风险触发因素较多，容易受到国际政治经济宏观环境和各国政策的影响。具体而言，跨境电商具有以下特征。

（1）全球性。跨境电商依附于网络，具有全球性和非中心化的特征。只要具备了一定的技术手段，任何人在任何时候、任何地方都可以让信息进入网络，与他人相互联系，进行交易。跨境电商是基于虚拟的网络空间开展的，丧失了传统交易方式下的地理要素。跨境电商中的制造商可以隐匿其实际位置，而消费者对制造商的所在地是不太关心的。例如，一家很小的阿根廷在线公司通过一个可供世界各地的消费者浏览的网页就可以在互联网上销售其商品和服务，消费者只需接入互联网就可以完成交易。

（2）可追踪性。跨境电商在整个交易过程中，议价、下单、物流、支付等信息都会有记录，消费者可以实时追踪自己的商品发货状态和运输状态。例如，对于跨境进口商品，我国对跨境电商企业建立了源头可追溯、过程可控制、流向可追踪的闭环检验、检疫监管体系，这样既提高了通关效率，又保障了跨境进口商品的质量。

（3）无纸化。跨境电商主要采取无纸化操作的方式，计算机通信记录取代了一系列的纸面交易文件，用户主要发送或接收电子信息。电子信息以字节的形式存在和传送，这就使整个信息的发送和接收过程实现了无纸化。

（4）多边化。跨境电商整个贸易过程的信息流、商流、物流、资金流已经由传统的双边逐步向呈网状结构的多边演进。跨境电商可以通过 A 国的交易平台、B 国的支付结算平台、C 国的物流平台实现国家之间的直接贸易。中小微企业不再简单依附于单向的交易或是跨国大企业的协调，而是形成一个互相动态连接的生态系统。

（5）透明化。跨境电商不仅可以通过电子商务交易与服务平台实现多国企业之间、企业与最终消费者之间的直接交易，而且在跨境电商模式下，供求双方的贸易活动可以采取标准化、电子化的合同、提单、发票和凭证，使得各种相关单证在网上即可实现瞬间传递，这提高了贸易信息的透明度，减少了信息不对称造成的贸易风险。传统贸易中一些重要的中间角色被弱化，甚至被替代，国际贸易供应链更加扁平化，形成了制造商和消费者双赢的局面。

---

📖 **素养课堂 9-1**

### 海外仓助力品牌出海

东南网 2023 年 1 月 19 日消息，2022 年福建省跨境电商保持健康快速发展。根据海关统计数据，2022 年 1—12 月，福建省经海关监管的跨境电商出口、进口、进出口规模均实现 20% 以上的增长，均高于全国增速。

其中，出口规模为 1 286.4 亿元，同比增长 21.1%，高于全国增速 9.4 个百分点，对福建省外贸出口的贡献度达 10.6%。进口规模为 72.1 亿元，同比增长 43.3%，高于全国增速 38.4 个百分点。进出口规模为 1 358.5 亿元，同比增长 22.1%，高于全国增速 12.3 个百分点。

福建省以跨境电子商务综合试验区（后文简称"跨境电商综试区"）创建为抓手，通过制度创新、管理创新、服务创新和协同发展，全力打造跨境电商完整的产业链和生态链，不断完善"六体系两平台"建设，各综试区配套政策及软硬件设施日益完善健全。11 月，宁德市、南平市获国务院批准设立跨境电商综试区，福建省基本形成以综试区为核心的跨境电商生态圈。良好生态吸引了亚马逊、Shopee（虾皮）、淘宝海外、拼多多、京东、菜鸟、Lazada（来赞达）等跨境电商龙头项目落地福建。

福建省是全国最早"走出去"布局海外仓的省份之一，省内企业已在 35 个国家和地区布局设立海外仓，遍布欧美主要国家及"一带一路"沿线主要国家和地区，2022 年度新增海外仓面积为 35 万平方米，总面积超 180 万平方米，居全国前列，年配送跨境电商货物零售价值超千亿元。海外仓已成为福建省跨境电商企业融入海外零售体系的重要支撑，福建纵腾海外仓被商务部评选为"首批优秀海外仓实践案例"并向全国复制推广。

---

## ❋ 9.1.2 跨境电商的分类

依据不同的标准，跨境电商可以分为以下一些类型。

### 1. 按交易项目分类

按照交易项目划分，跨境电商分为垂直型和综合型两种。

（1）垂直型跨境电商。垂直型跨境电商主要针对特定的领域、特定的需求进行服务。

（2）综合型跨境电商。与垂直型跨境电商相反，综合型跨境电商不像垂直型跨境电商针对特定的领域或需求进行服务，综合型跨境电商涉及的商品种类很杂、行业很多。

### 2. 按交易主体分类

跨境电商的交易主体主要为企业和个人消费者。跨境电商按照交易主体的不同，可分为B2B、B2C 和 C2C 3 种类型，其中后两种属于跨境网络零售的范畴。

（1）B2B 跨境电商。B2B 跨境电商是指分属不同关境的企业通过电商平台达成交易、进行支付结算，并通过跨境物流送达商品、完成交易的一种国际商业活动。B2B 跨境电商的代表性企业有阿里巴巴国际站、敦煌网、中国制造网和环球资源网等。

在 B2B 跨境电商、B2C 跨境电商和 C2C 跨境电商 3 种模式中，B2B 跨境电商的交易量占比约为 90%，B2B 跨境电商占据绝对优势。B2B 跨境电商平台主要有两种经营模式。①"交易佣金+服务费"模式。这种模式采取免费注册、免费商品信息展示、只收取交易佣金的方式。其一般采用单一佣金率，按照平台类目分别设定固定佣金比例来收取佣金，并实施"阶梯佣金"政策。单笔订单数额满足一定标准时，即按照统一的标准收费。另外，平台还为商家提供了一系列服务，如开店、运营和营销推广服务等，但会就这些服务的使用收取一定的服务费。②"会员制+推广服务"模式。在这种模式下，平台主要充当商家的贸易平台，为商家提供资讯收发等信息服务，并通过收取会员费和服务费的方式运营。此外，目标商家不同，平台提供的信息服务也不同。

（2）B2C 跨境电商。B2C 跨境电商是指分属不同关境的企业直接面向个人消费者在线销售商品和服务，通过电商平台达成交易、进行支付结算，并通过跨境物流送达商品、完成交易的一种国际商业活动。B2C 跨境电商的代表性企业有天猫国际、全球速卖通、考拉海购、兰亭集势、米兰网等。

B2C 跨境电商平台主要有"保税进口+海外直邮""自营""自营+招商" 3 种经营模式。①"保税进口+海外直邮"模式。该模式的典型平台有亚马逊、天猫国际和 1 号店等。亚马逊在各地保税物流中心建立了跨境物流仓储体系，在全球范围内拥有自己的物流配送系统。天猫与宁波、上海、重庆、杭州、郑州、广州 6 个城市试点跨境电商贸易保税区签约合作，全面铺设跨境网点，在保税区建立了自己的物流中心。②"自营"模式。在该模式中，跨境电商企业直接参与采购、物流、仓储等境外商品买卖流程，对物流监控和支付都有自己的一套体系。典型的采用"自营"模式的企业为聚美优品，其通过整合全球供应链，直接参与采购、物流、仓储等境外商品的买卖流程。③"自营+招商"模式。该模式发挥了企业的最大内在优势，并且企业可通过招商的方式来弥补自身的不足。苏宁易购是采用"自营+招商"模式的典型平台。苏宁易购在发挥其供应链和资金链内在优势的基础上，通过全球招商来弥补其国际商用资源的不足。

（3）C2C 跨境电商。C2C 跨境电商是指分属不同关境的个人卖方向个人买方在线销售商品和服务，个人卖方通过第三方电商平台发布商品和服务售卖信息等，个人买方进行筛选，最终通过第三方电商平台达成交易、进行支付结算，双方通过跨境物流送达商品、完成交易的一种国际商业活动。淘宝全球购是规模最大的 C2C 跨境电商平台之一。

### 3．按进出口方向分类

跨境电商按进出方向的不同，可分为进口跨境电商和出口跨境电商。

（1）进口跨境电商。进口跨境电商指的是境外卖家将商品直销给境内买家，一般流程是境内买家访问境外卖家的购物网站选择商品，然后下单购买并完成支付，由境外卖家发国际物流给境内买家。在进口跨境贸易中，传统的海淘模式是一种典型的B2C模式。除了海淘模式，还有进口零售电商平台的运营模式、海外代购模式、直发/直运平台模式、自营B2C模式、导购/返利平台模式和境外商品闪购模式等。

（2）出口跨境电商。出口跨境电商是指境内卖家将商品直接销售给境外买家，一般流程是境外买家访问境内卖家的购物网站，然后下单购买商品，并完成支付，由境内卖家发国际物流给境外买家。商务部发布的数据显示，2022年全年，我国跨境电商进出口结构中，出口占比为73.5%，出口占比连续多年大于进口占比。

---

📄 **同步案例 9-1**

#### 坐在家中"买全球"

在中国制造"卖全球"的同时，更多国内消费者也在通过跨境电商渠道"买全球"。

2022年春节期间，杭州市跨境电商综试区下沙园区一派繁忙景象，一辆辆满载跨境电商进口包裹的卡车持续驶出园区，准备将商品送往全国各地的消费者手中。"今年春节比往年忙多了，我们出货单量较去年同期增长了52.3%，零食、保健品、小家电等品类的销量显著提升。"杭州海库供应链管理有限公司关务负责人周东方说。随着跨境网购日益便利化，不少消费者会通过跨境电商进口渠道购买"洋年货"。

海鲜等生鲜产品也成为广受中国消费者喜爱的外国商品。一只来自美国的波士顿龙虾，从捕捞到配送至中国消费者手中，可以有多快？17个小时，这是京东国际跨境生鲜电商给出的答案。

京东国际上线跨境生鲜电商后，通过原产地直采及与大型供应商整合供应链资源，使英国的冷冻即时比萨、印度的萨摩萨饼、日本的天妇罗国王虾、意大利的手工意面及各类进口雪糕等全球生鲜食品以更好的品质、更快的速度送达中国消费者。此外，自京东开启跨境进口电商业务以来，已吸引了超过2万个品牌入驻，覆盖母婴、时尚、营养保健、个护美妆、3C数码、家居、食品等众多品类，遍及美国、加拿大、韩国、日本、澳大利亚、新西兰、法国、德国等国家和地区。

业内人士认为，跨境电商业务是扩大国外优质产品进口、促进消费提质升级的创新实践，其在丰富商品供给的同时，可展现不同国家的文化特色和生活方式，使国内消费者足不出户即可购买来自世界各地的品质好物，体验当地特色风情。

**思考：** 跨境电商的发展对我国经济发展与人民生活水平提升的意义有哪些？

---

## ⚙️9.2 跨境电商支付与物流

跨境电商活动中，支付与物流都是非常重要的环节。支付方式的选择关系到买方的购物体验与卖方的收款安全。而跨境电商物流方式的选择则关系到交易商品能否快速、安全、有效地配送，进而实现交易双方各自的目标。

## ❈ 9.2.1 跨境电商支付

跨境电商与国内电商不同，跨境电商需要借助第三方支付来进行货币转换，不同的第三方支付服务商的收款方式不同。

### 1. 跨境电商支付的概念

跨境电商支付是指两个国家或地区之间因国际贸易、国际投资及其他方面所发生的国际债权债务，需要借助一定的结算工具和支付系统实现资金的跨国和跨地区转移的经济行为。

跨境电商支付是跨境电商活动中的重要环节，与境内支付相比，过程更为复杂，这主要表现在3个方面：一是跨境支付与结算必须采用收付双方都能接受的货币作为支付货币，结算过程中存在一定的汇兑风险；二是跨境支付与结算主要以银行为中间人进行，以保证支付过程安全、快捷；三是由于收付双方处于不同的法律制度下，支付行为受到收付双方各自所在国家和地区法律的限制。

### 2. 跨境电商支付的方式

从支付业务发展情况看，跨境电商支付中，银行转账、信用卡支付和第三方平台支付等多种支付方式并存。国际上使用频率较高的第三方支付工具是 PayPal，此外，还有西联汇款、Qiwi wallet、支付宝、微信支付等。

（1）PayPal。PayPal 是全球知名的跨境电子商务支付与结算工具，它在使用电子邮件标识身份的用户之间转移资金，代替了传统的邮寄支票或者汇款。PayPal 与各大知名跨境电子商务网站合作，是它们推荐的货款支付方式之一。使用这种支付方式转账时，PayPal 会收取一定数额的手续费。

（2）西联汇款（Western Union）。西联汇款是西联国际汇款公司的简称，是世界上领先的特快汇款公司。它拥有全球最大、最先进的电子汇兑金融网络之一，代理网点遍布全球近200 个国家和地区，买卖双方可以在全球大多数国家和地区的西联代理所在地汇款和提款。西联汇款的手续费由买家承担。

使用西联汇款时，买卖双方需要到当地银行实地操作，在卖家未领取款项时，买家随时可以将汇出的款项撤销回去。国内多家银行都是西联汇款的合作伙伴，如中国光大银行、中国邮政储蓄银行、中国建设银行等。

（3）Qiwi Wallet。Qiwi Wallet 是俄罗斯最大的第三方支付工具，其提供的服务类似于支付宝。Qiwi Wallet 使客户能够快速、方便地在线支付水电费、手机话费，以及进行网上购物、银行贷款等。

（4）支付宝（Alipay）。无论境内消费者在境外消费，还是在境外跨境电子商务平台上购物，都可以通过支付宝付款。即便是境内消费者跨境付款给境外商家、朋友或境外消费者跨境付款给境内商家、朋友，也可以通过支付宝国际汇款实现，非常方便快捷。

（5）微信支付（Wechat Pay）。微信支付早已开放了跨境电子商务支付功能。经过多年的发展，目前微信支付跨境电子商务支付业务已经覆盖了东南亚、欧美、西亚、大洋洲的20多个国家和地区。

## ❈ 9.2.2 跨境电商物流

与国内电商物流相比，跨境电商物流运输距离较远，且面临出口国和进口国的两重海关，在运作流程、配送周期、运作成本、运作风险、信息技术等诸多方面都存在差异。

### 1. 跨境电商物流的概念

在电子商务环境下，依靠互联网、大数据、信息化与计算机等先进技术，物品从跨境电商企业流向跨境消费者时跨越不同国家或地区的物流活动称为跨境电商物流。

### 2. 跨境电商物流的模式

跨境电商物流主要有以下一些模式。

（1）邮政包裹模式。邮政包裹模式是我国跨境电子商务物流的主要物流模式。邮政包裹覆盖全球230多个国家和地区，几乎可以在世界各地送货。据统计，我国70%以上的跨境物流包裹都是通过传统的邮政包裹模式运输的。

邮政包裹模式包括中国邮政小包、中国邮政大包、EMS、国际 e 邮宝、新加坡小包、瑞士邮政小包等。其中，中国邮政小包、国际 e 邮宝及 EMS 最为常用。

邮政包裹网络覆盖率高、物流渠道广，价格也较低，但缺点在于投递速度较慢且丢件率高。

（2）商业快递模式。商业快递模式主要有国际快递模式与国内快递模式。①国际快递模式的代表性企业为敦豪国际航空快递公司（DHL）、荷兰天地公司（TNT）、联邦快递有限公司（FedEx）、联合包裹服务公司（UPS）。国际快递模式依托于统一的信息化平台，主要特点是时效性有所保证，方便消费者查询实时物流信息，丢包率低，但对于一些特殊产品基本不支持递送，且价格较高。②国内快递模式的代表性企业主要有 EMS、顺丰和"四通一达"。在跨境物流方面，"四通一达"中申通和圆通布局较早；顺丰的国际化业务则要成熟些，目前已经开通到美国、澳大利亚、韩国、日本、新加坡、马来西亚、泰国、越南等国家和地区的快递服务；EMS 的国际化业务是最完善的，依托邮政渠道，EMS 可以直达全球 60 多个国家和地区，费用相较于四大国际快递公司要低。

（3）专线物流模式。跨境专线物流一般通过空运方式运输到境外，再通过合作的当地公司进行目的地的清关和派送，其主要对大批量到某一国家或地区的产品进行集中发货，通过规模效应降低成本，时效短，比较适用于中小型抗风险能力较弱的跨境电商卖家。这种模式的优点是指定配送国家和地区，时效短，性价比高，全程提供物流信息；缺点是配送国家和地区有限定性，配送范围有限。

（4）海外仓模式。海外仓模式是指跨境电商卖家先将商品提前备货到目的地的物流仓库中，待客户在卖家的电子商务网站或第三方店铺下单后，卖家直接从海外仓将商品发货给客户。这样可以缩短物流时效，能给客户带来优质的物流体验。不过卖家通常只会选择热销商品进行海外仓备货。

微课堂

全球跨境电商
竞逐中东市场

## ✳ 9.2.3 跨境电商进出口通关

跨境电商活动中，通关指清关（Customs Clearance）。清关是一个经济学术语，即结关，是指进出口或转运货物出入一国关境时，依照各项法律法规和规定应当履行的手续。根据商品流向的不同，跨境电商进出口通关分为跨境电商出口通关与跨境电商进口通关，

### 1. 跨境电商通关模式

跨境电商通关模式通常有 3 种。

（1）邮件通关。确认订单后，国外供应商通过国际快递公司将商品直接从境外邮寄至消费者手中，无海关单据，有业务就发货，不用提前备货，适合业务量少的小型跨境电商卖家。

（2）集货通关。商家将多个已售出的商品统一打包，通过国际物流运至国内的保税仓库，

再为每件商品办理海关通关手续，经海关查验放行后，委托国内快递公司将商品派送至消费者手中。集中通关可以降低物流成本，适合订单量稳定的商家。

（3）备货通关。商家将境外商品批量备货至海关监管下的保税仓库，消费者下单后，商家根据订单为每件商品办理海关通关手续，在保税仓库完成贴面单和打包，经海关查验放行后，委托国内快递公司将商品派送至消费者手中。备货通关需要提前备货，有一定的仓储成本，适合规模大的跨境电商企业。

**2．跨境电商进出口通关**

（1）跨境电商进口通关。消费者在跨境电子商务平台购买进口商品后，一般会经过3个环节：①企业向海关传输"三单"信息（包括电子订单、电子运单及电子支付信息）并向海关申报《中华人民共和国海关跨境电子商务零售进出口商品申报清单》（简称《申报清单》）；②海关实施监管后放行；③企业对海关放行的商品进行装运配送，消费者收到包裹完成签收。跨境电商进口通关过程如图9-2所示。

图9-2 跨境电商进口通关过程

消费者在完成商品选购后，在进口商品申报前，跨境电子商务平台企业或跨境电子商务企业境内代理人、支付企业、物流企业会分别通过国际贸易"单一窗口"或跨境电子商务通关服务平台向海关传输相关的电子订单、电子运单及电子支付信息。进口商品申报时，跨境电子商务企业境内代理人或其委托的报关企业根据"三单"信息向海关提交《申报清单》[依据：《关于跨境电子商务零售进出口商品有关监管事宜的公告》（海关总署2018年第194号公告）第6条、第8条]。《申报清单》如图9-3所示。

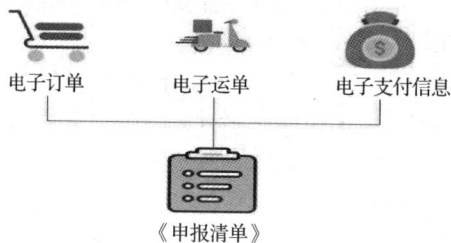

图9-3 《申报清单》

海关依托信息化系统实现"三单"信息与《申报清单》的自动比对。一般情况下，规范、完整的《申报清单》经海关快速审核后放行，可实现"秒级通关"。对于部分通过风险模型判定存在风险的，经海关单证审核及商品查验无误后方可放行。海关监管跨境进口过程如图9-4所示。

（2）跨境电商出口通关。跨境电商企业一般出口贸易通关过程如下：①在跨境电商服务平台上备案；②货物售出后，电商、物流、支付企业向跨境电商服务平台提交订单、支付、物流三单信息；③跨境电商服务平台完成三单比对，自动生成货物清单，并向中国电子口岸发送清单数据；④货物运往跨境电子商务监管仓库；⑤海关通过跨境电商服务平台审核，确定单货相符后，将货物放行；⑥跨境电商企业凭报关单向国家税务总局申请退税。

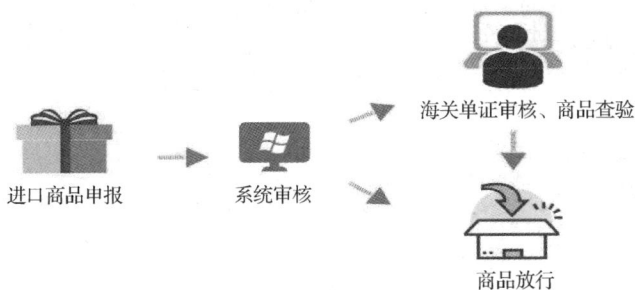

图9-4 海关监管下的跨境电商进口过程

---

**同步案例 9-2**

### 美兰机场开通跨境电商"9710"出口业务

2022年12月1日8时13分，海南自贸港首个跨境电商B2B直接出口（以下简称"9710"）包裹从美兰机场顺利通关飞往法国巴黎，这标志着美兰机场跨境电商"9710"出口业务正式开通。这是继2022年8月24日"9610"业务开通、11月23日通过"9710""9810"数据测试以来，美兰机场取得的又一项重要成果，至此，美兰机场成为海南自贸港中首个实现跨境电商出口业务全覆盖的空港口岸。

此次"9710"首单商品为电子产品、服装饰品等，共184票、3 158千克，货物总价值为567 009.38元。跨境电商包裹运抵美兰机场后，可直接进行分拣、申报、查验、组板、离境等全链条操作，此票跨境电商货物的物流服务由中国国际货运航空股份有限公司物流事业部（民航快递有限责任公司海南分公司）海口营业部负责。

为推动国际航空货运枢纽建设，美兰机场在海口江东新区管理局、海口美兰机场海关、中国电子口岸数据中心海口分中心等相关单位支持下，积极探索解决制约跨境电商业务发展的瓶颈问题，通过建立独立场站信息系统、开展数据测试与实单测试、提供货物通关一站式服务等方式推进货运保障系统优化升级，实现数据信息互联互通，全面打通海南跨境电商空港口岸"黄金通道"，为海南构建外向型经济发展格局、全方位融入全球产业链提供了有力支撑。

近年来，跨境电商凭借批量少、批次多、周期短等优势，逆势上扬，从外贸"新业态"发展成为外贸"新常态"。2022年美兰机场跨境电商货物业务累计完成的申报、查验、放行单量达8.15万单，货物总价值为882.5万元，主要出口地为新加坡、印度尼西亚、法国、澳大利亚等。跨境电商货物业务成为美兰机场国际货运高质量发展的"特色名片"。

**思考：**

1. 文中提到的监管方式是怎样的？
2. 其对于跨境电商的发展意味着什么？

---

## 9.3 主流跨境电商平台

随着跨境电商的蓬勃发展，跨境电商平台纷纷涌现。主流的跨境电商平台有亚马逊、全球速卖通、eBay、Wish、敦煌网等。各大平台在基本情况、目标市场、费用体系、经营模式、卖家运营模式等方面有着较大的差异。

## ✳ 9.3.1 亚马逊

### 1. 基本情况

亚马逊（Amazon）是美国最大的一家网络电子商务公司，总部位于华盛顿州的西雅图市。亚马逊是最早开始经营电子商务的公司之一，成立于1995年，一开始只开展书籍的网络销售业务，现在则涉及范围相当广的其他产品，已成为全球商品品种最多的网上零售商之一。

### 2. 平台优势

亚马逊的优势体现在以下几个方面。

（1）消费群体质量高。亚马逊全面开放北美、日本、欧洲等发达国家和地区站点，消费人群购买力强。

（2）销售配送一体化。亚马逊拥有自有的FBA仓储服务，实行销售配送一体化，有效节省了发货时间，可以为客户提供高效并且有保障的物流服务。

（3）数据支持力度大。亚马逊擅长大数据营销，帮助卖家统计数据。卖家可以利用客户数据来优化自己的店铺结构，从而能够对客户进行精准的个性化定制营销。

（4）产品扶持政策多。亚马逊对优质的产品和店铺会提供扶持政策，如果产品合适，亚马逊会配合合理的运营推广策略来更好地提高产品的知名度，吸引大批潜在客户。

### 3. 运营模式

亚马逊的跨境电商运营模式大致分为自运营模式、代运营模式和合作运营模式。

（1）自运营模式。自运营模式就是自己运营亚马逊店铺，这需要运营者有丰富的专业知识，从前期的选品到后期的商品上传、物流选择等，都需要运营者自己负责。

（2）代运营模式。代运营模式是指对亚马逊不太熟悉的卖家可以雇佣专业人员在亚马逊上创建店铺并且销售产品。在这种模式下，卖家只需要提供产品，亚马逊店铺详情页面的编辑、主图选择、商品上传这些工作都是由代运营的专业人员全权负责的，卖家完全不需要担心该如何运营和如何提升产品销量。

（3）合作模式。合作模式是指卖家与产品生产商合作，产品生产商负责提供产品，卖家负责店铺运营和销售，最后双方按照约定好的比例进行利润分成。

---

📑 **同步案例 9-3**

#### 本土商品"卖全球"

走进位于浙江省杭州市余杭区的三星羽绒大厦，浙江三星羽绒股份有限公司负责人正在浏览网站后台，了解用户消费偏好、交易额、商品页停留时间等重要数据。"通过在境外打造独立站，三星羽绒可以掌握风格、款式等大量前端销售数据，从而迅速锚定研发方向、调整产品生产。"

"传统外贸是等着别人给订单，企业没有定价权。跨境电商让我们的一些企业找到了品牌出海的机会。"杭州市商务局跨境电商综试处的工作人员说。在中国，跨境电商的本质是"互联网+跨境贸易+中国制造"，只要企业产品过硬，跨境电商综试区会做好各项服务保障，积极推动中国品牌走出国门。

2022年11月24日，杭州跨境电商综试区启动了"国货出海"计划，结合杭州重点产业带协会及跨境产业园资源，从国际市场洞察、商家培训、平台开店指导、专项权益激励等多维度深挖产地优秀卖家，努力推动中国优质供给走向世界。

在相关政策推动下，国货胶囊咖啡机品牌 HIBREW 实现了从 OEM（Original Equipment Manufacturing，定牌生产）到 OBM（Original Brand Manufacturing，自主品牌生产）的转变，在更多境外市场打响了知名度；小猴工具推出的智能测距仪年单品成交金额突破 60 万美元；渔猎将中国渔具远销至全球 200 多个国家及地区；投影仪品牌 WEWATCH 从零开始到年出口额达 4 000 万元，只用了一年时间……一批中小外贸企业正加快走向国际大市场。

"跨境电商企业通过打造要素集聚、反应快速的柔性供应链，更好地满足了消费者个性化、定制化需求。"商务部相关负责人表示，跨境电商大幅降低了国际贸易的专业化门槛，使一大批小微主体成为新型贸易的经营者。目前，在跨境电商综试区线上综合服务平台备案的企业已经超过 3 万家。

**思考：**

1. 跨境电商综试区的政策是怎样的？
2. 这些政策对于跨境电商企业有哪些支持？

## ❋ 9.3.2　全球速卖通

全球速卖通（AliExpress）是阿里巴巴旗下的面向国际市场打造的跨境电商平台，被广大卖家称为"国际版淘宝"。全球速卖通面向境外买家，通过支付宝国际账户进行担保交易，并使用国际物流渠道运输发货，是全球第三大英文在线购物网站。

### 1．基本情况

全球速卖通于 2010 年 4 月上线对外开放，并免费注册。10 多年来，其致力于帮助中小企业接触终端批发零售商，业务覆盖 3C、服装、家居等多个行业。其通过支付宝国际账户进行担保交易，并使用国际物流渠道运输发货。全球速卖通主要面向俄罗斯、巴西、南欧、东欧、南美等国家（地区）市场中对商品价格极为敏感的中低端消费人群，并且在这些国家（地区）的市场占有率非常高。

### 2．平台优势

全球速卖通的优势体现在以下几个方面。

（1）页面操作简单。整个中英文页面简单整洁，适合卖家上手。

（2）适合初级卖家。全球速卖通主要面向新兴市场的初级卖家，其产品性价比较高，有供应链优势，有的卖家可直接从供应商处拿货销售。

（3）擅长使用低价策略。全球速卖通上产品的特点是价格比较低，低价策略使用比较多，这跟阿里巴巴导入淘宝卖家有关，很多人现在做全球速卖通的策略就类似于前几年做淘宝店铺的策略。

（4）产品品类丰富。全球速卖通作为阿里巴巴实现国际化的重要战略产品，已成为全球最活跃的跨境电商平台之一，并依靠阿里巴巴庞大的会员基础，成为目前全球产品品类最丰富的平台之一。

### 3．盈利模式

全球速卖通是一个 B2C 跨境电商出口平台，其主要的盈利来源有卖家入驻缴纳的技术服务费、平台保证金、销售佣金、平台广告推广费等。卖家须缴纳技术服务年费，经营到自然年年底，拥有良好的服务质量及不断壮大经营规模的优质店铺都将有机会获得年费返还奖励；销售佣金一般按照成交额的5%收取。同时，卖家如果通过国际支付宝提现，则会被每次收取 15 美元的手续费，这 15 美元会分给全球速卖通和新加坡花旗银行；另外，全球速卖通提供一些付费推广工具，如速卖通直通车、联盟推广等，并会按照点击量、成交额收取一定费用。

---

📖 **素养课堂 9-2**

#### "买全球、卖全球"的"双向奔赴"

商务部电子商务司负责人日前介绍 2022 年网络零售市场发展情况时表示，跨境电商发展迅速。作为发展速度快、带动作用强的外贸新业态，跨境电商已成为中国外贸发展的新动能、转型升级的新渠道和高质量发展的新抓手。近年来，中国跨境电商综试区模式愈发成熟，在跨境电商发展中起到了重要作用。大力发展跨境电商等新业态、新模式，有利于激发外贸主体活力，提升外贸运行效率，稳定外贸产业链供应链，实现产业数字化和贸易数字化融合。

国务院日前批复同意在廊坊等 33 个城市和地区设立跨境电商综试区。这是中国设立的第七批跨境电商综试区，至此，中国跨境电商综试区数量扩至 165 个。

以第一个跨境电商综试区所在地杭州为例，设立 7 年来，杭州共培育跨境电商卖家 4.9 万个，境外注册商标超过 2 000 个，跨境电商进出口额超过 1 000 亿元。在江苏，近 3 年跨境电商业务规模年均增长超过 4 倍，建成 90 余个跨境电商产业园和孵化基地、280 多个海外仓，覆盖了"一带一路"等重点市场，这为稳住外贸基本盘提供了强劲新动能。

如今跨境电商综试区已成为制度、管理和服务创新协同发展的跨境电商生态圈和载体，其中探索建立了以"六体系两平台"（即信息共享、金融服务、智能物流、电商信用、统计监测和风险防控"六体系"，以及线上国际贸易单一窗口和线下综合园区"两平台"）为中心的政策框架，并且面向全国积极复制推广近 70 项成熟经验和创新做法，以有效助力外贸保稳提质。

---

## ✳ 9.3.3 其他常用平台

除了亚马逊、全球速卖通之外，跨境电商常用平台还有以下一些。

### 1．eBay

eBay（易贝）于 1995 年 9 月 4 日由皮埃尔·奥米迪亚创立于加利福尼亚州圣荷塞市。成立之初，易贝将自身定位为线上拍卖及购物网站。eBay 主要针对美国和欧洲市场的中产阶级客户。作为最早的线上拍卖和购物网站，eBay 在欧美有很高的人气。对于经营汽摩配产品、二手产品、艺术品等的卖家，eBay 是一个不错的选择。

eBay 以拍卖形式存在是其区别于其他平台的一大特色，现在 eBay 主要有拍卖、一口价和综合销售 3 种形式。卖家账户分为一般账户和企业账户，一般账户又分为个人账户和商业账户。

### 2．Wish

Wish 于 2011 年在美国硅谷成立，2013 年正式进入外贸电子商务领域，主要靠物美价廉吸引客户，在美国有非常高的人气，90%的产品都来自中国。Wish 主要面对北美的移动端客户，是个基于手机 App 的跨境电商平台，在澳大利亚也有大量买家。目前其所售卖的产品主要为重量小、客单价低的时尚类等消费者易冲动购买的产品。

Wish 采用移动端平台型模式，支持个人卖家及企业卖家入驻，一般企业卖家的流量比较多，不过个人卖家因产品价格相对较低，所以出单量也比较可观。Wish 对卖家在发货时效、物流追踪、妥投率、退款率等方面都有非常严格的要求。

### 3．Shopee

Shopee 是面向东南亚地区的一个电商平台，消费人群也主要是东南亚地区的用户。虽然 Shopee 成立于 2015 年，存在时间不久，但用户数量却非常庞大。在 Shopee 上开店很简单，而且几乎是零成本开店，可以在短时间内看到效果，但是利润率比较低。一般都是以店群为主，单量大。Shopee 主要针对东南亚市场，覆盖印度尼西亚、马来西亚、泰国、菲律宾和新加坡等地，可以说在东南亚市场中，Shopee 是发展最迅猛的电商平台，其客户主要以年轻群体为主。

Shopee 采用移动端平台型模式，具有高度社交性。对于中国用户，只支持个体工商户或企业入驻。Shopee 在中国建有仓库，卖家要自己将货物先运输到这些仓库，然后统一打包运输到目的地仓库。

## 本章小结

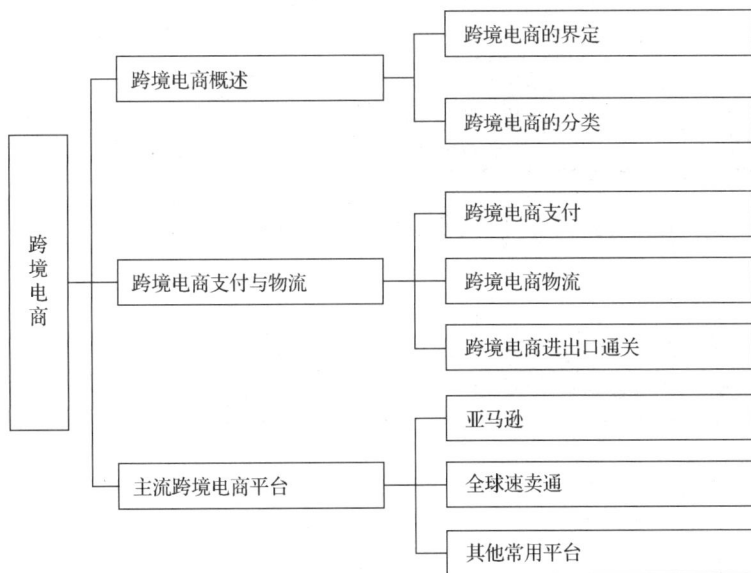

## 课后实训

2023 年 3 月 2 日，某品牌工厂发现全球速卖通在境外上线了一个新的服务频道"AliExpress Choice"，主打极具性价比的商品，价格低至 1 美元 3 件。

每个月的头 3 天为"Choice Day"，首个"Choice Day"在西班牙、韩国、澳大利亚等国家和地区试点，未来将覆盖西班牙、韩国、美国等 55 个国家和地区。

在全球速卖通网站和 App 上可以看到"Choice Day"专属页面，页面上醒目地列着"超过 10 美元免费配送"。"Choice"频道分为"精选""5 美元以下""5～15 美元""15 美元以上" 4 个分区，每个分区中有推荐、时尚配件、电子数码、家居用品、运动户外等标签，点击可看到相应类别的更多产品。

全球速卖通还推出了每笔订单满 15 美元减 3 美元、满 30 美元减 6 美元，以及任选 3 件商品只需 5.99 美元的促销活动。如果是新用户，任选 3 件精选商品仅需支付 0.99 美元。

另外，购买"Choice"频道中的商品可享受多种服务，包括订单满 10 美元免费送货、10 天内交货、每月最多 3 次免费退货。

不过，这样的低价优质产品模式让部分商家感到疑惑，"'Choice'频道为什么搞低价？" "全球速卖通的'Choice'和亚马逊的有什么不一样？"

**1．实训要求**

分析全球速卖通面临的机会与威胁，并说明这些现象背后的原因。

**2．实训步骤**

（1）学生分组，分别登录全球速卖通，进入"Choice"频道浏览，结合其他平台的相似业务，对其服务能力进行分析、总结。

（2）观察全球速卖通的市场变化，分析、对比从成立至今，其市场重心经历了哪些重大变化，并对全球速卖通进一步国际化的发展前景做出分析。

## 重要名词

跨境电商　跨境电商支付　跨境电商物流　跨境电商通关

## 课后练习

### 一、单项选择题

1. 狭义的跨境电商基本等同于（　　）。

　　A. 跨境电商　　　　B. 跨境批发　　　　C. 跨境经销　　　　D. 跨境零售

2. 跨境电商依附于网络，具有（　　）和非中心化的特征。

　　A. 全球性　　　　B. 若中心化　　　　C. 去中心化　　　　D. 意见领袖

3. 跨境支付与结算过程中存在一定的（　　）风险。

　　A. 政治　　　　B. 信用　　　　C. 商业　　　　D. 汇兑

4. （　　），不用提前备货，适合业务量少的小型跨境电商卖家。

　　A. 远程支付　　　　B. 近场支付　　　　C. 集货通关　　　　D. 邮件通关

5. （　　）上产品的特点是价格比较低，低价策略使用比较多。

　　A. 全球速卖通　　　　B. 亚马逊　　　　C. 易贝　　　　D. 虾皮

## 二、多项选择题

1. 跨境电商的特征包括（　　　）。
   A. 全球性　　　　　B. 可追踪性　　　C. 无纸化
   D. 多边化　　　　　E. 透明化

2. 商业快递模式主要的划分包括（　　　）。
   A. 国际快递　　　　B. 国内快递　　　C. 地区快递
   D. 城市快递　　　　E. 电子快递

3. 跨境电商通关的模式通常有（　　　）。
   A. 邮件通关　　　　B. 集货通关　　　C. 备货通关
   D. 监管通关　　　　E. 无监管通关

4. 跨境电子商务企业须跨境电子商务通关服务平台向海关传输的"三单"信息包括（　　　）。
   A. 电子订单　　　　B. 电子运单　　　C. 电子支付信息
   D. 提货单　　　　　E. 信用证

5. 全球速卖通的优势包括（　　　）。
   A. 页面操作简单　　B. 适合初级卖家　C. 擅长使用低价策略
   D. 产品品类丰富　　E. 目标人群高收入

## 三、判断题

1. 严格意义上讲，跨境电商不属于国际贸易的范畴。（　　　）

2. 跨境电商中，B2C 跨境电商的交易量占比占绝大多数。（　　　）

3. 跨境支付的过程复杂的主要表现之一是由于收付双方处于相同的法律制度下，支付行为受到某一国家和地区法律的限制。（　　　）

4. 为了规避风险，卖家通常只会选择滞销商品进行海外仓备货。（　　　）

5. 全球速卖通是一个 B2C 跨境电商出口平台，主要的盈利来源是商家入驻缴纳的技术服务费。（　　　）

## 四、简答题

1. 跨境电商业务流程是怎样的？
2. 什么是跨境商务支付？
3. 什么是跨境商务物流？
4. 什么是跨境电商进出口通关？
5. 亚马逊的目标消费人群是怎样的？

## 五、技能训练题

1. 选定目标国际市场，尝试制作跨境电商活动的计划书，并总结归纳其注意要点。
（1）分析市场特点。
（2）选定目标消费人群。
（3）选定跨境电商出口商品。
（4）选定跨境电商平台，尝试注册，或与企业合作，进行商品贸易的实操。

2. 登录不同的跨境电商平台，尝试注册，并比较其在业务方面的异同点。

# 电子商务新业态

## 🛒 学习目标

### 知识目标

了解移动电商、直播电商、社交电商、内容电商的概念与特点；掌握移动电商、直播电商、社交电商、内容电商的基本应用。

### 技能目标

掌握移动电商、直播电商、社交电商、内容电商的运作流程与方法；能够利用移动电商、直播电商、社交电商、内容电商进行整合营销活动策划。

### 素养目标

增强民族自信心和自豪感；厚植家国情怀和社会责任感，感受数字时代我国电子商务发展趋势。

导入视频

从无人机配送、培养"90后"新农人到创新直播业态，中国电子商务正在引领全球电子商务的高质量发展。随着我国经济由高速增长转向高质量发展阶段，数字经济与实体经济的融合贯通越来越深入。京东作为新型实体企业，正在为越来越多的实体企业提供着数字化转型升级的有效路径和解决方案。"即看、即点、即达"的电子商务极致场景改变着人们的消费方式，带来了消费需求的持续升级，并给本地生活服务带来了更多的思考和探索。截止2023年8月，美团自动配送车已在北京顺义常规化运营超过2年，覆盖顺义50多个社区，实现的室外全场景配送订单超过240万单。

随着数字化进程的加速，越来越多的国货品牌正在快速崛起。作为新锐国货品牌，认养一头牛可以说是一家移动互联网的原生企业，数字化一直以来都藏在企业的基因里。认养一头牛和钉钉合作，开发了青贮收购系统，通过事先规划，提高了收割、运输、储藏、检验、反馈、付款等环节的效率，还吸引到越来越多的"90后"参与进大农业产业，而这也让中国农业的未来大有可为。

除此之外，电子商务也成为助力消费升级的内在驱动器。波司登品牌负责人认为，当下，消费结构向服务型消费转型，唯有将数字技术与传统制造业深度融合，才能驱动品牌活力全面迸发。与此同时，新东方教育科技集团副总裁尹强指出，新的消费模式也在不断诞生并且表现出了强大的生命力，直播经济已经成为了商业发展的大势所趋。

《中国电子商务报告（2022）》数据显示，2022年全国电子商务交易额为43.83万亿元，同比增长3.5%；全国网上零售额为13.79万亿元，同比增长4.0%，实物商品网上零售额为11.96万亿元，同比增长6.2%；农村网络零售额为2.17万亿元，同比增长3.6%；农产品网络零售额为5 313.82亿元，同比增长9.2%；全国跨境电商进出口总额为2.11万亿元，同比增长9.8%，出口商品总额为1.55万亿元，进口商品总额为0.56万亿元；全国电子商务服务业营收规模为6.79万亿元，同比增长6.1%；电子商务交易平台服务营收规模1.54万亿元，同比增长10.7%；电子商务从业人员6 937.18万人，同比增长3.1%。

根据《中国电子商务报告（2022）》，电子商务呈现出模式业态持续迭代的特点，例如，电商直播间成为新型网络店铺，直播电商吸引着更多商家将其作为营销引流的"标配"；短视频内容"种草"助力了流量红利变现，形成了"兴趣内容引导购买"的新电商消费模式。

## (10.1) 移动电商

移动电子商务也称无线电子商务，是指利用手机、平板电脑等无线终端进行的B2B、B2C、C2C或O2O电子商务。移动电商是电子商务发展的新阶段，同时也是对电子商务业务的整合与扩展。

### 10.1.1 移动电商的界定

进入移动电商时代，原有电子商务的技术支持、业务流程和商业应用实现了从有线到无线的过渡与发展，因此，移动电商被称作电子商务发展的新阶段。

**1. 移动电商的概念**

移动电商是由电子商务的概念衍生出来的。电子商务以计算机为主要设备，是"有线的电子商务"；移动电商就是利用手机、平板电脑等无线终端进行的电子商务活动。从狭义上讲，移动电商是指利用移动设备开展的商务活动；从广义上讲，移动电商泛指一切与商务交易有关的活动，如营销、推广、支付与物流等。

移动电商对互联网、移动通信技术、短距离通信技术及其他信息处理技术进行了合理的结合，使人们可以不限时间、地点地进行各种商务活动。

**2. 移动电商的特点**

与传统电商相比，移动电子商务主要具有以下几个特点。

（1）便捷性。移动电子商务的用户可以在任何时间、任何地点查询所需的商品或服务信息，启动、协调和完成交易。

（2）精准性。移动通信终端的私有性可以帮助交易双方确认对方身份，这使得移动电子商务供应商能精准地与最有希望达成交易的用户交互，从而提高了交易的成功率。

（3）相关性。利用 GPS 和 LBS（Location Based Services，基于位置的服务）技术，移动电子商务服务供应商能更准确地识别用户所在位置，从而向用户提供与其位置相关的信息和服务，如附近的旅游景点、饭店和宾馆等。

（4）创新性。由于移动电子商务涉及 IT、无线通信、无线接入等领域，并且其运作模式更具多元性、复杂性，因而在移动电子商务领域内很容易产生新兴技术。随着我国 4G、5G 网络的普及，这些新兴技术将转化为更好的产品或服务，所以移动电子商务领域将是下一个技术创新的高地。

## ❋ 10.1.2　移动电商的应用形式

移动电子商务的应用形式多样，除从传统的电子商务中扩展而来的一些应用形式外，还有许多新的应用形式正被逐渐开发出来。下面介绍目前较为成熟的移动电子商务应用形式。

**1. 移动社交营销**

移动社交营销就是将移动终端用户与互联网社交圈结合在一起的新型营销模式，企业可在移动终端上直接向目标受众精确地传递个性化即时信息，通过与目标受众的信息互动达到市场营销目标。

基于移动客户端的社交网络营销覆盖了所有的传统社交平台，如微博、微信、陌陌、易信、QQ 等。另外，近年来快速兴起的短视频平台、直播平台也成了移动社交营销的主阵地。这种新型的营销方式具有灵活性强、精准性高、互动性快等特点。

移动社交电商发展至今，一直都是围绕着"社交+粉丝+社群互动+互联网工具"来辅助商品的销售的。

（1）社交拼团。社交拼团是指商家在社群中推出促销活动，消费者在看到之后，与其他社群的成员一起拼团购买商品。对于平台来说，拼团的目的在于拉新、增加订单量、利用用户关系链进行产品宣传、扩大影响面。社交拼团里常见的几种运营模式有纯拼团模式，如拼多多；玩法拼团形式，如蘑菇街；拼团返利模式，如即拼商城。

（2）社交新零售。社交新零售是一种基于社交网络而迅速发展的新型零售模式，是社交与新零售融合的产物。本质上讲，社交新零售是以社交软件为工具、以人为中心、以社交为纽带的新商业形态,其特点是以分享为主。社交新零售运营模式有三大类型:①拼购型零售,这是现在的电商平台通常使用的方式;②分销型零售,其主要采用分佣的形式,商品低价是其关键特征;③社群型零售,其注重搭建多个社群,基于人际关系开展销售。

### 2．移动金融服务

移动电子商务使用户能随时随地在网上安全地进行个人财务管理,如使用其移动终端核查账户、支付账单、转账及接收付款通知,或从金融机构或银行处收到有关融资的信息,等等。用户还可以接收实时财务信息,确认订单并安全地在线管理股票交易。

### 3．移动旅游电子商务

移动旅游电子商务是指利用先进的计算机网络及通信技术和电子商务的基础环境,整合旅游企业内部和外部的资源,促进旅游信息的传播和推广,实现旅游产品的在线发布和销售,为旅游者与旅游企业之间提供一个可共享知识、增进交流与交互的平台的网络化运营模式。例如消费者可以利用手机在携程旅行、艺龙旅行等 App 上预订机票、火车票、酒店和查看旅游线路等。第 53 次《中国互联网络发展状况统计报告》数据显示,截至 2023 年 12 月,我国在线旅行预订用户规模达 5.09 亿人,较 2022 年 12 月增加 8 629 万人,占网民整体的 46.6%。

### 4．移动出行

移动出行包括在手机端利用百度地图、高德地图等 App 进行导航和定位,利用出行类 App 打车等。其本质是让人随时随地都能享受到达某个目的地的服务,表现形式有共享单车、网约车、顺风车(拼车)、分时租赁及其他细化出行方式。

### 5．移动娱乐

移动娱乐是传统在线娱乐在手机、平板电脑等无线终端上的应用形式。移动娱乐业务以移动游戏为代表,也包括移动视频、移动音乐等。第 53 次《中国互联网络发展状况统计报告》数据显示,截至 2023 年 12 月,我国网络视频用户规模为 10.67 亿人,占网民总体的 97.7%。其中,短视频用户规模为 10.53 亿人,较 2022 年 2 月增长 4 145 万人,占网民整体的 96.4%。

### 6．移动教育

移动教育是指在移动的学习场所或利用移动的学习工具所实施的教育。依托比较成熟的移动互联网及多媒体技术,学生和教师可使用无线终端(如手机等)通过移动教学服务器开展交互式教学活动。常用的移动教育平台有钉钉、作业帮等。

### 7．互联网医疗

借助移动网络,患者可以在线咨询、就诊,省去挂号和乘坐交通工具等令人烦心的环节,这极大地方便了不需当面就医的患者。第 53 次《中国互联网络发展状况统计报告》数据显示,我国互联网医疗领域利好政策持续出台,数字技术加速应用,整体呈现良好态势。截至 2023 年 12 月,我国互联网医疗用户规模达 4.14 亿人,较 2022 年 12 月增长了 5 139 万人,占网民整体的 37.9%。

---

📖**素养课堂 10-1**

#### 移动电商:回暖趋势明显

2022 中国移动互联网秋季大报告显示,移动电商回暖趋势明显,"银发人群"带动着大盘增长,流量场景化模式崛起,大屏生态成为新热点。

数据显示，随着政策持续发力，互联网监管不断释放利好政策，三季度网上零售额增速相比二季度有明显提高，7月、8月、9月这3个月的同比增速从2.4%爬升到9.4%、8.9%；同时，"银发人群"加速触网，用户黏性增强，带动了大盘增长，1月至9月净增量超过1 500万，用户人均使用时长及次数分别增长8.1%、1.4%。

应用上，头部行业用户稳定，2022年9月，移动购物、移动社交、金融理财、出行服务、移动视频、系统工具、生活服务七大头部行业月活跃用户规模均在10亿以上。头部互联网企业在巩固基本盘之外，也在积极探索新方向，加大前沿硬科技和实体经济数字化投资。

此外，抖音电商、快手电商发展迅速，2022年9月，抖音App、快手App观看直播的用户占比进一步提升，分别达到88.7%和87.9%。

### 10.1.3　移动网店

随着移动互联网的快速发展，越来越多的买家开始通过手机等无线终端访问网店，进行在线购物，移动网店受到了众多商家的重视。作为移动电商的主要应用形式之一，移动网店的主要形式有3种。

#### 1．企业自建的移动商城App

随着移动互联网的兴起，许多传统企业也以原有的电商平台为基础，推出自己的移动商城App，并使其与原有的电商平台相互配合，以扩大企业的覆盖面。比较典型的有苏宁易购、唯品会等。

#### 2．零售电商平台的移动端App

国内最有代表性的零售电商企业如阿里巴巴、京东和拼多多很早便开发出了自己的移动端App，以供买家在移动端浏览商品信息及购物。以阿里巴巴为例，长期以来，阿里巴巴的移动网络零售业务在国内市场占据重要地位，同时，阿里巴巴也在较早的时间就推出了淘宝App和天猫App。

#### 3．第三方移动网店App平台

第三方移动网店App平台是指为中小企业及个人卖家提供移动零售网店入驻、经营、商品管理、订单处理、物流管理和买家管理等服务的平台。最常见的第三方移动网店App平台是协助卖家在微信搭建微信商城平台。通常入驻微店的资金、人力等门槛较低，这大大降低了开店成本，风险也能得到有效控制。此外，有大量与微信界面相似的微店工具可以选择，操作简单。无论是买家对商品进行信息浏览和购买，还是卖家对商品、资金和货物等进行管理，都不需要太复杂的硬件设备和操作步骤，只需一部手机、一个网店App，进行简单的点击和编辑即可。目前，市场中比较常见的第三方移动网店App平台有微信小商店、有赞微店和口袋微店等。

微课堂

新电商发展的
新趋势与新特点

## 10.2　直播电商

随着互联网技术的发展，电商衍生出了多种形式，从早期的图文到中期的视频再到现在的直播，电商行业发展进入了快车道。直播凭借更丰富、更立体的商品展现形式，线上与线下的即时互动，使电商走进了直播时代。

## 10.2.1 直播电商的界定

在数字经济蓬勃发展的背景下,直播电商成为引领性新兴业态,在拉动消费、创造就业、助力双循环格局等方面发挥着积极作用。直播电商行业既有淘宝、京东、拼多多等老玩家又有抖音、快手等新玩家。越来越多的企业带着新元素、新玩法加入进来,为这个行业增添了无限生机。

### 1. 直播电商的概念

简单讲,直播电子商务是网络直播的商业化应用,即以直播为渠道来达成营销目的的电商形式。直播电商是数字化时代背景下直播与电商双向融合的产物,注重以直播为手段重构人、货、场三要素。其本质就是主播利用即时视频、音频通信技术同步对商品或服务进行介绍、展示、说明、推销,并与消费者进行沟通互动,达成以交易为目的的商业活动。

第 53 次《中国互联网络发展状况统计报告》数据显示,截至 2023 年 12 月,我国网络直播用户达 8.16 亿人,较 2022 年 12 月增长 6 501 万人,占网民整体的 74.7%。其中,电商直播用户规模为 5.97 亿人,较 2022 年 12 月增长 8 267 万人,占网民整体的 54.7%。直播电子商务是电商业态更新迭代的结果,由于直播比图文、短视频更加直观、真实,消费者可以与主播实时互动,获得更佳的购物体验,因此直播电商受到了消费者的广泛欢迎。

### 2. 直播电商的特征

与其他电商形式相比,直播电商具有普惠、信任、体验三大特征。

(1)普惠:万物可播,人人可播。任何一种新的经济业态要想实现长期的可持续发展,就应该具有普惠性,即其能让大多数商家都能赚到钱,让大多数消费者都受益。直播电商已经突破了达人、艺人等特定群体和快消、美妆、农产品等特定品类的限制,越来越多的商家乃至每一个直播用户都越来越多地选择直播这种工具,购物、旅游、理财、外卖等领域的商品或服务正在通过直播走向消费者,直播电商正在从人、货、场三个维度向普惠方向发展。

(2)信任:主播重构了消费者信任机制。主播推荐无疑在直播电商中扮演着重要的角色。在购物过程中,主播就像线下的导购,其对商品功能、使用体验等的专业讲解能给消费者进行购物决策提供依据。本质上,这是把搜寻、比较、测试等工作交给消费者信赖的专业人士负责,用消费者和主播之间一对一的信任关系补充、强化消费者和品牌之间一对多的信任关系。

(3)体验:可视、即时、双向互动,提升了消费者体验。直播电子商务在很大程度上解决了消费者网购时看不见、感受不到商品的问题,主播会把商品的详情、优缺点、使用效果都用直播的方式展现出来,使消费者能够更为直观、全面地了解商品的属性和用途,实现"所见即所得",避免"照骗",降低试错成本。直播的实时性、双向互动性,让消费者获得了良好的购物体验,以及"抢到即是赚到"的成就感,增加了购物的乐趣。

## 10.2.2 直播电商的价值链

直播电商的价值就在于由平台、MCN 机构、主播、品牌商/商家、消费者等主要主体与供应商、服务商和政府部门等支持主体组成的价值链,也是一个新型的靠直播电商带动的数字化的供应链。当这个供应链越来越完善、越来越成熟，直播电商就会带来更多的经济和社会价值，并且随着直播电商的不断发展，这个价值链也在被不断重塑。直播电商的价值链如图 10-1 所示。

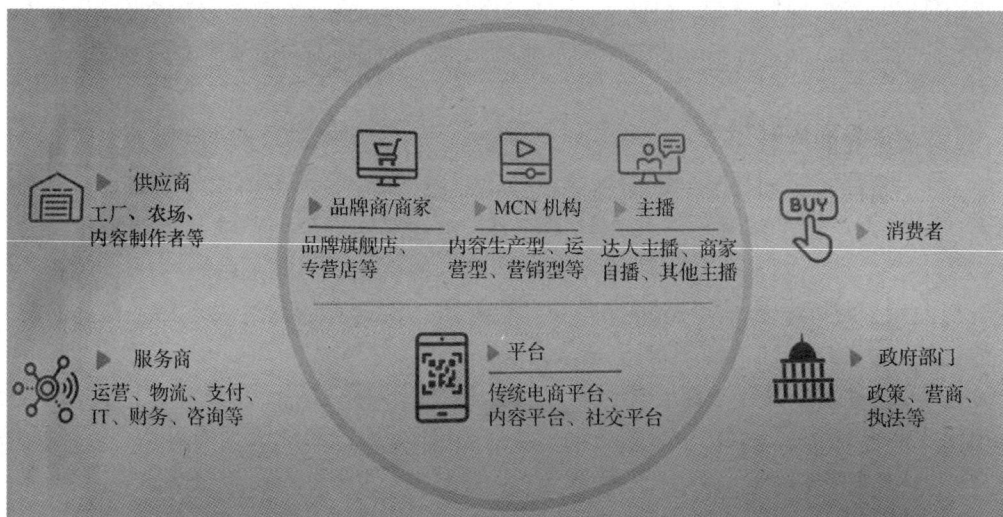

图 10-1　直播电商的价值链

### 1. 平台

目前，国内布局直播电商业务的平台主要有三大类：第一类是传统电商平台为鼓励商家发展，自行搭建直播板块，将其作为平台商家销售运营的工具，典型代表有淘宝、京东、拼多多、苏宁易购等，此类平台具有丰富的货品和商家资源、成型的电商服务、消费者权益保护体系及平台治理规则；第二类是内容平台，其转型发展电商业务，典型代表有快手、抖音、小红书、哔哩哔哩等，此类平台上达人资源丰富，流量资源充沛；第三类是社交平台，其注重将流量聚合并转化为商业价值，典型代表有微博、微信等，此类平台具有很强的社交优势，用户覆盖面广，能够调动私域流量。

### 2. MCN 机构

多渠道网络（Multi-Channel Network，MCN）机构是指将不同类型和专业生产内容联合起来，支持内容的持续输出，通过平台实现稳定的商业变现的组织。为了尽可能全面地满足内容市场上的各类消费需求，很多 MCN 机构往往都采用了多种业态组合的协同发展模式。由主营方式衍生出的七大业务形态大致可细分为内容生产型、运营型、营销型、经纪型、IP 授权型、电商型、社群/知识付费型。其中，内容生产型和运营型最为基础，而其他几类侧重于变现。

目前直播电商的主要佣金分配模式有专场包场和整合拼场，变现方式包括"坑位费+佣金"和纯佣金，其中比较常见的组合为"整合拼场+坑位费+佣金"。对于佣金分配，品牌商可以设定成交额的 5%～50%为总佣金，各参与方根据成交额或总佣金按照比例分配。

### 3. 主播

主播类似于商品销售员，他们依靠对商品的专业讲解和推销技巧，把过去线下商场一对一的销售方式，变成网上一对多的销售方式。

直播电商生态下的达人主播主要可以分为头部主播、腰部主播和尾部主播 3 类。不同等级的主播在商品带货和品牌营销上具有不同的功能：第一，头部主播虽然占比最小，但其拥有较大的粉丝规模和较强的号召力，适用于为品牌造势和新品发布；第二，腰部主播的性价比高，适用于在多个领域传播营销信息；第三，尾部主播的影响力和内容创作力有限，主要用于协助头部主播和腰部主播进一步扩散营销信息。

### 4．品牌商/商家

品牌商/商家是在直播电商活动中销售商品或者提供服务的电子商务经营者。从品牌商的角度来看，直播带货让原来的供应链更加扁平，降低了运营费用，从而让原有商品获得了一定的价格优势。同时，直播带货也可以让品牌获得更多的新增粉丝，更好地传播自己的品牌，实现了用户拉新和品牌传播的双重收益。正是因为直播带货的轰动效应，很多新锐品牌或者创新品牌通过直播带货一炮而红。

### 5．消费者

消费者就是直播电商的用户。对于消费者来讲，直播电商能够提供的价值是显而易见的，如简化了选品过程、提升了即时决策的效率和科学性、能够买到更便宜的商品、能获得独特的参与感、能获得对某些圈子的归属感等。

### 6．支持主体

支持主体主要包括 3 类，分别为：工厂、农场和内容制作者组成的供应商；提供运营、物流、支付、IT、财务、咨询等服务的服务商；提供政策、营商环境及监管的政府部门。

## ✳ 10.2.3 直播电商的发展趋势

直播电商发展到今天，政府监管与扶持多措并举、商家与平台先后入局、消费者参与和购买热情不减等因素，使直播电商有望迎来新的发展热潮。

### 1．政策端：将密集出台"强监管"规则，引导行业规范化发展

在直播电商强劲的风口之上，层出不穷的行业乱象不容忽视，国家和地方监管力度亦在持续增强。2020 年上半年，国家和地方相关部门、行业协会组织等相继制定了管理规定。浙江省网商协会率先发布了《直播电子商务服务规范（征求意见稿）》，这是全国首个直播电商行业规范标准；中国广告协会也出台了《网络直播营销行为规范》。2020 年 11 月，3部国家级条例出台。《市场监管总局关于加强网络直播营销活动监管的指导意见》从压实有关主体法律责任、严格规范网络直播营销行为、依法查处网络直播营销违法行为等 3 方面共提出了 14 条意见；《互联网直播营销信息内容服务管理规定（征求意见稿）》指出了平台、运营者、营销人员、服务机构应遵守及履行不同的责任和义务；《关于加强网络秀场直播和电商直播管理的通知》指出要加强对网络秀场直播和电商直播的引导规范，强化导向和价值引领，营造行业健康生态。

### 2．行业端：直播内容精细化，带货品类垂直化

未来，整个直播电商行业将从规模化走向精细化、垂直化。首先，"直播+泛娱乐"为直播电商的内容创新提供了一个思路。艾媒咨询数据显示，在线直播用户更偏好趣味挑战、脱口秀及剧情讲解的形式。其次，垂直化将成为从现在到未来很长一段时间内的竞争点。在电商平台中，如淘宝、京东、拼多多等，其垂直化特征存在已久；而在主播圈层中，头部主播已经抢占了包括美妆、美食、服饰等部分品类市场。采用垂直化策略，商家能通过消费者定位精准掌握其需求和特征，同时根据消费者需求进行定向选品和产品升级，从而提升消费者满意度，实现品牌的可持续发展。

### 3．技术端：5G 技术嵌入，驱动着直播场景创新升级

随着 5G 技术与直播电商的深度融合，展示清晰化、场景多元化、体验沉浸化将成为直播电商新的发展方向。首先，云计算、大数据、AI、AR、VR 等技术的突破，为商品的全面、清晰展示提供了技术支持，当前直播中经常面临的网络延迟、画面模糊、直播卡顿、视角单一等问题都将迎刃而解。其次，技术升级拓宽了直播场景的范围，直播场景多样化已经成为用户的重要诉求。5G 技术推动着无人机 360 度全景直播、超高清 8K 画面直播的普及，画面传输信息将更丰富，开拓更多直播场景成为可能。最后，技术升级带来的沉浸式观看与互动增强了直播带货的真实感和趣味性。用户可通过裸眼 3D、全息投影等方式自由选择观看视角，模拟产品使用情景，从而获得沉浸式的购物体验。直播间的"游戏"属性可能会增强，直播带货或许会成为一场用户购物的互动游戏体验，虚拟主播/机器人主播也会因此普及。

### 4．人才端：人才系统化培养加速，直播电商与就业双向利好

人才端是直播电商行业的中心环节，直播电商行业的井喷式发展使其对人才的需求猛增。智联招聘、淘榜单共同发布的《2021 年直播产业人才报告》显示，2021 年第三季度直播行业招聘职位数同比增加 11.72%，大于全平台岗位增幅的 6.82%；直播岗位的求职人数同比增加 46.69%，求职者增幅明显大于岗位增幅。

当前直播电商行业人才培养趋势不断向好。一是很多院校开始探索校企融合、协同育人的培养方式，通过与 MCN 机构和品牌方合作给学生提供实践机会。二是各地纷纷开展线上与线下的培训活动，以加速直播电商人才的系统化培养。三是各方"差异化"培养人才的意识较强，直播电商行业不断注重产业链各环节人才的培养，如文案策划人才、运营管理人才等，以期实现整个行业的均衡发展。

### 5．商家端：精细化定制直播增多，私域直播将规模化发展

对于品牌来说，商家开始根据用户的需求精细化定制直播，推进私域直播的规模化运营。私域直播即个人或者企业在去中心化流量平台（主要是利用微信小程序或第三方专业运营工具）进行直播带货。私域直播有三大优势：一是无须向平台进行流量分成和返佣，可节约直播成本；二是依托于社交关系链，用户可在"私域空间"及时地了解到产品动态，商家与用户可进行双向交流互动；三是利用大数据有针对性地优化产品和服务，可以盘活、转化、留存消费者，有利于商家积蓄自身的私域流量。

微信小程序等工具介入直播电商的真正目的是实现去中心化流量的私域直播运营。随着直播环境的变化，部分商家逐渐意识到，公域直播或许并不适合自身产品和经营现状，积蓄私域流量的价值大于短时打造爆款商品所获得的营收。商家只有掌握更多的私域流量，才更有可能实现转型升级。

---

📖 **素养课堂 10-2**

#### 电商赋能乡村振兴

如今，社交电商正在成为县域经济新的增长点，直播带货、微商、社区团购、拼购等新模式、新业态在县域蓬勃兴起，手机变成了"新农具"，直播变成了"新农活"，"直播助农"为农户们的产品找到了新的销售渠道。

在安阳市内黄县果蔬城，一位女主播正对着手机镜头介绍甜瓜、西红柿、腐竹、红枣等内黄县特色农产品。更多优质的农产品、土特产通过直播推销了出去，"直播助农"打开了农产品销售新通道。在为期一个月的"直播节"里，内黄县助农直播团队借助互联网

传播优势将图片和视频上传到微信、抖音及电商直播平台，发布销售信息，共开设直播80余场，发布作品108条，视频播放量达20万余次，吸引粉丝10 000多人，获赞4.5万个，被分享转发3 000多次，累计销售甜瓜10万千克，实现交易额40万余元。

为探索"电商直播+农产品上行"的新模式，内黄县先后开展了"2022年居家嗨购网上过年""第四届双品网购节"等线上活动，通过各大电商平台，以网络销售的形式，积极开展形式多样、丰富多彩的促销活动，实现了多产业、全时段、多场次的网络营销，从供需两端发力，实现了电商持续发展和农产品线上销售。2022年以来，内黄县农村网络零售额达4亿元，农产品网络零售额达6 000万余元。

## 10.3 社交电商

随着传统电商时代红利期临近尾声，大量中小型企业开始寻找更低成本的获客渠道与运营模式。社交媒体的纷纷兴起，可以让人们在社交活动中大量进行商务活动交流、分享，商家看到了其中的商机，社交电商由此应运而生。

### 10.3.1 社交电商的界定

随着拼多多的快速崛起，"社交裂变+利益捆绑"的模式引发了业界大量关注。如果把传统电商看作电商的上半场，那么下半场就是精准营销时代、跨平台融合时代和社交电商时代。

**1. 社交电商的概念**

社交电商，是指基于人际关系网络，利用抖音、微博等多种传播渠道，借助社交互动、用户生成内容等手段进行品牌或商品推广，促进用户购买商品，同时将关注、分享、互动等社交化元素应用于交易过程之中，实现更有效的流量转化和商品销售的电子商务模式。

简单地说，社交电商就是在互联网上，通过社交关系进行的电子商务活动。

我们还可以从以下3个角度进一步理解社交电商：①从消费者的角度看，社交电商与其购物行为的关系主要体现在购物前对店铺和商品进行选择、购物中实现与卖家的交流互动和购物后形成的消费评价及购物体验分享等方面；②从电商企业的角度看，社交电商的主要目的在于加强与消费者的沟通交流，增加用户黏性，让用户有参与感，促进商品的推广和销售；③从社交媒体的角度看，其开展营销的主要目的在于推广、销售电商企业的商品，从而获得相应的广告收入。

**2. 社交电商的优势**

与传统电商相比，社交电商增加了沟通、讨论、互动的环节，具有发现式购买、去中心化、场景丰富、用户黏性强等独特优势。

（1）发现式购买。传统电商属于需求导向型消费——人找货的搜索式购物模式在如今信息爆炸的互联网环境下显出疲态，而社交电商重构了人与货的关系，利用社交媒介的场景为消费者带来发现式购买体验，具有导购作用。而对于商家或平台而言，社交的本质在于获取流量，降低推广成本，获得低成本的传播渠道。

（2）去中心化。在社交电商中，以社交网络为纽带，商品基于消费者个体进行传播，每个社交节点均可以成为流量入口并产生交易，因此社交电商呈现出去中心化的结构特点。在他人的推荐下，消费者对商品的信任过程会减少对品牌的依赖，商品够好、性价比够高就容易形成口碑传播，这给长尾商品提供了更广阔的发展空间。

（3）场景丰富。以客户为中心的理念，消费模式从单一场景转变到多场景，并可以将社交、分享、娱乐、生活、推荐、预测等多个场景融入消费者购买过程，这样便可以从"多、快、好、省、乐、全"等多个维度提升消费者的需求满意度。

（4）用户黏性强。社交电商利用的是人们在社交生活中更偏向于信任熟人购物评价的惯性，对用户族群进行精准定位，并通过社交群内口碑，提高用户认可度与忠诚度，从而使商品获得更高的转化率与复购率。

## 10.3.2 社交电商的模式

按照具体的展现形式来分，社交电商有以下一些典型的模式。

### 1. 平台型社交电商

平台型社交电商以拼购模式为主。其主要通过借助社交平台的力量吸引下沉用户，并通过低价格迎合消费者图便宜等心理，进而达成销售裂变的目标。

平台型社交电商以生活用品、服饰等消费频次高、受众广的大众流通性商品为主，大部分商品价格不超过100元，低价是平台型社交电商吸引消费者进行分享传播的关键所在，而平台型社交电商能够实现低价的主要原因有3个：①通过拼团的方式引导用户进行分享，降低了获客成本，并可以通过类似游戏的方式增强用户黏性；②平台具有"发现式"购物的特点，如在拼多多的首页甚至未设置搜索框，平台通过反向推荐算法，将大量流量汇集到少数爆款产品，通过规模化带动生产侧成本降低；③平台通过拼团集中大量订单，获取对上游的溢价权。同时，入驻平台的商家主要是工厂，这也大大缩短了供应链，降低了中间成本。

拼购类平台只需要引流一次，吸引用户主动开团，用户为了尽快达成订单就会自主将其分享至自己的社交关系链中，拼团信息在传播的过程中也有可能吸引其他用户再次开团，传播次数和订单数可以实现裂变式增长。平台型社交电商的业务流程如图10-2所示。

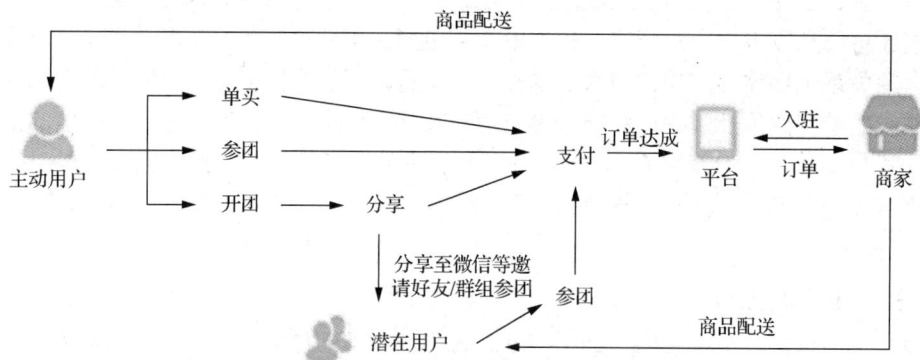

图 10-2 平台型社交电商的业务流程图

拼多多是拼购类平台的代表，它聚集两人及以上的用户以社交分享的方式进行组团，用户组团成功后可以享受更大的优惠。

### 2. 社区团购型社交电商

社区团购型社交电商是 S2B2C（S 即大供应商，B 指渠道商，C 为顾客）模式的一种，社区团购平台提供仓储、物流、售后支持，由社区团长（一般是社区便利店店主）负责社区运营，主要包括社群运营、订单收集、商品推广及货物分发。社区居民加入后通过微信小程序或 App 下单，社区团购平台将商品统一配送至社区团长处，社区居民上门自取或由社区团长完成"最后一公里"配送。社区团购型社交电商的业务流程如图 10-3 所示。

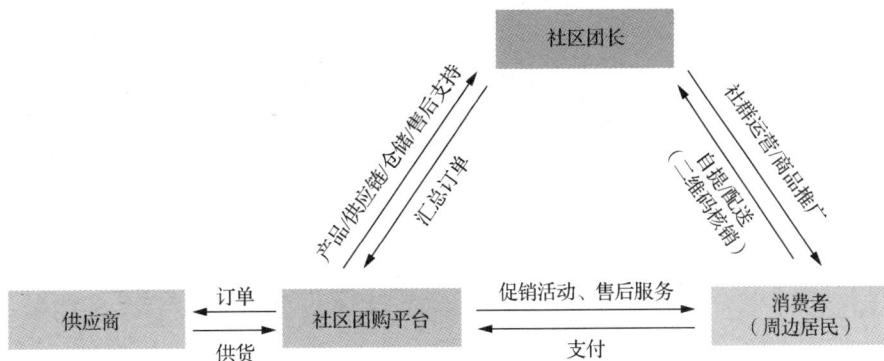

图 10-3 社区团购型社交电商的业务流程图

　　微信小程序的商业功能为社区团购的发展奠定了基础。社区团购的核心价值主要体现在以下 3 个方面：①以社区团长为中心的轻熟人社交网络，便于产品在社区内自然传播，可以有效降低获客成本；②社区居民在拼团时需提前在微信小程序或 App 上下单，并完成支付。社区团购平台通过预付制锁定订单，汇集大量订单以获取与上游供应商的议价权，同时以销定采，降低了损耗与库存成本；③在物流阶段，供应商将货物运送至社区团购平台的仓库，社区团购平台负责将货物运送到各社区团长处，由社区团长完成"最后一公里"配送或由社区居民自取。中间环节少，能有效地控制终端配送成本。

　　社区团购平台以生鲜引流，切入社区居民的日常消费场景，生鲜是高频次、高复购率的消费品，同时也是低毛利、高损耗、高物流成本的品类。社区团购通过预售制和集采集配能够有效减少周转资金、降低配送及库存成本，进而提升生鲜供应链的效率。

### 3．内容型社交电商

　　内容型社交电商是指通过形式多样的内容引导消费者进行购物，实现商品与内容的协同，从而提升电商营销效果的一种社交电商模式。

　　内容型社交电商中，电商和内容的融合是一个互补的选择，对于电商平台而言，流量红利将尽，其亟需新的流量入口，而以内容为媒介来增强电商消费者黏性和提升消费者体验的作用非常明显。在内容社区中，电商平台可通过帖子、直播、短视频等形式吸引消费者，部分消费者在购买后还会将自己的使用情况制作成内容再次分享到平台上，从而进一步丰富了平台内容，形成了一个"发现—购买—分享—发现"的完整闭环，从而有效增强了消费者的黏性，提高了消费者的转化率。

　　而对内容生产方而言，坐拥大量流量后其也亟需寻求变现机会。近年来，消费者对时尚穿搭内容、美妆内容的认可让品牌方和零售商意识到了这类内容的传播效果，其宣传渠道逐渐向 PGC 平台及自媒体平台转移，由此，社交电商也成为内容生产方重要的变现途径之一。内容型社交电商的业务流程如图 10-4 所示。

　　内容型社交电商的典型代表有小红书、蘑菇街、抖音等。

### 4．导购型社交电商

　　导购型社交电商也称社交零售电商，是指用社交工具和场景为零售赋能，以个体自然人为单位，利用个人社交圈进行商品交易或提供服务的一种新型零售模式。这类模式一般是整合供应链上的多元品类，开发线上分销商城，招募大量个人店主，以实现一件代发。

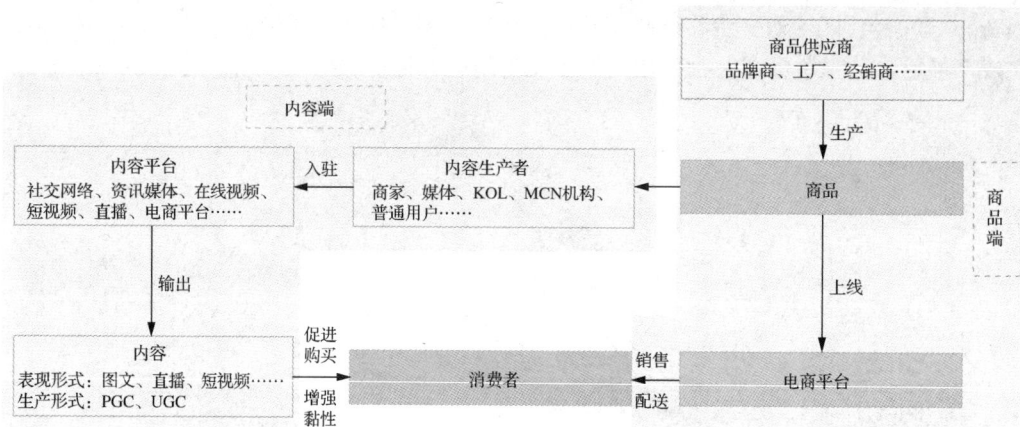

图 10-4　内容型社交电商的业务流程图

导购型社交电商的典型特征是零售去中心化，其用互联网技术升级传统的渠道管理体系，能让渠道运营更加灵活、高效。其主要特征还包括渠道体量庞大、消费场景封闭、用户黏性强、渠道自带流量、商品流通成本低等，典型代表有云集微店、全球优选等。

---

📃 **同步案例 10-1**

## 拼多多的盈利模式

拼单购买是拼多多的一大特点，用户找到想要购买的商品，可以选择原价购买或者拼单购买，拼单购买价格更低。如果选择拼单购买，用户就要在发起拼单邀请，付款后等待别人拼单。用户可以将拼单链接分享给朋友或者家人，也可以等待有相同需求的陌生人拼单。

同时拼多多也通过机器算法对用户购买商品的偏好进行分析，以便于推荐更符合用户偏好的商品。拼多多之所以发展迅速，很大一部分原因在于创新的购物模式和性价比高的商品，拼单意味着订单量翻倍，还有可能出现老用户为了拼单拉来新用户的情况，平台用户数量以此快速增加。

最重要的是大量订单使拼多多可以直接与供货厂商合作，省掉了中间环节，有利于降低存货成本，凸显价格优势。与淘宝、京东不同，拼多多创立于 2015 年，创立时间晚，主流市场已基本被淘宝和京东占据。因此，拼多多的目标市场非常明确，那就是三、四线及以下的城市，目标人群就是三、四线及以下的城市的用户及一些对价格敏感的消费者。

在大量营销活动的支持下，拼多多用户增长迅速，很多新用户是淘宝、京东的老用户。拼多多大部分的目标用户空闲时间较多、对价格较敏感、人均可支配收入较低，这些用户的需求主要有：省钱、得到"优惠"；通过购物等得到满足感、成就感；实现社交、获得归属感；等等。

在吸引了一批用户之后，如何增强用户黏性和扩展新用户成为一个难题。在拼多多平台想要拼单购买商品，用户需要分享拼单链接给好友，这增强了用户和好友的互动性。拼多多上市之初有一个"砍价免费拿"活动，用户通过分享链接邀请好友砍价就能免费拿到商品。

要想免费拿到商品必须将链接分享给好友，如果是新用户，那么砍掉的金额会更高，一时间"是朋友就帮我砍一刀"成了热点话题，这也从侧面反映出拼多多的社交功能强大。

除此之外，拼多多还给一些滞销农产品提供了销售平台，减少了农户损失。由于减少了中间环节，用户也享受到了低价。对于 C2B 电子商务来说，用户的需求是最重要的，所以，拼多多等 C2B 电子商务企业的相关活动都要以消费者体验为基本，努力满足用户的个性化需求。

对于拼多多来说，它的主要收入来源是在线市场服务和交易服务，在线市场服务的一部分是在线营销服务，商家可以付费使用搜索排名服务，也可以购买平台首页广告位进行推广。

**思考：**

1. 拼多多的盈利模式是怎样的？
2. 与其他平台相比，拼多多的核心竞争力是什么？

## 10.4 内容电商

消费升级大环境下的品牌和商家在各内容电商平台上发现了新的商机，开始通过形式多样的内容传播商品信息，引导用户更深层次地理解商品，从而触发情绪共鸣和兴趣，进而产生购物行为——内容电商由此应运而生。

微课堂

优质化内容电商模式

### ❋ 10.4.1 内容电商的界定

内容电商，顾名思义就是用内容来运营电子商务。内容的形式多样，可以是图片、视频、文字等。信息碎片化时代，电商平台只有打造优质的内容才能吸引用户眼球，进而引发用户的兴趣与购买行为。

**1. 内容电商的概念**

内容电商是指在通过创作和传播有价值的、相关和一贯的内容来吸引和保持目标用户，并最终影响潜在用户的消费行为的电商运营模式。

简单讲，内容电商是以文字、图片、视频、音频等表现形式将商品的体验与文化传递给用户的一种场景式电子商务模式。

内容电商最开始出现在网络论坛，后来发展到小红书等相对成熟的平台，再到抖音等新媒体电商，这些内容电商发展的核心是以内容的扩展影响用户的购买决策和行为。内容电商的普遍操作手法是将商品作为附属品嵌入内容，商家或内容创造者会为商品赋予更多的意义与故事，为商品建构多元化使用场景。在内容电商中，用户先消费的是内容，内容给用户带来了心理或情感上的满足，进而使用户产生冲动式购买行为。

与传统电商不同，内容电商以用户为中心，内容具有碎片化的特征，符合用户碎片化阅读的习惯。内容电商平台通过用户生产内容及平台优化内容进行信息传播，利用销售转化机制实现内容和商品的转化，进而实现盈利。

**2. 内容电商的特点**

相较于传统电商，内容电商有着显著的不同。

（1）内容电商与传统电商的用户流量来源不同。传统电商的用户流量大部分来自其他渠道的推介，通过商品内容推荐、大数据分析及用户的主观意愿达成最终购买；而内容电商是依靠平台发布的内容对用户形成吸引，最终达成自主购买。

（2）内容电商与传统电商达成交易的方式不同。传统电商主要通过价格竞争、商业促销来达成交易；内容电商则是通过用户对平台发布的内容的认同，或基于"粉丝效应"来达成交易。

（3）用户的初始目的不同。传统电商背景下，用户进入平台的最初目的就是进行购物，因此对于价格的敏感性会相对较高；而内容电商背景下，用户在浏览内容的过程中受平台发布的内容的影响而产生购物冲动，因此更偏向于感性消费。

## ❋ 10.4.2　内容电商的变现逻辑

内容电商的变现逻辑包括以下环节。

### 1．内容生产

内容生产是内容电商运营的核心。平台不仅要生产高质量、有价值的内容，还要生产有针对性的内容，根据产品的定位和目标受众生产的有针对性内容，既要满足用户的需求，又要能够促进销售。内容形式可以多样化，包括文字、图片、视频、直播等，这需要根据用户的喜好、购买行为、用户画像等因素来选择。内容生产主要分为 3 种，即 UGC（User Generated Content，用户生产内容）、PGC（Prefessional Generated Content，专业生产内容）和 OGC（Occupationally Generated Content，职业生产内容）。

### 2．内容传播

内容传播是内容电商的第二个重要环节，企业通过传播内容来吸引潜在用户，可提高商品的曝光率和知名度。内容传播的方式也是多样化的，包括社交媒体、短视频、直播等。企业进行内容传播需要结合用户特点和平台特点，选择合适的传播方式，并且需要不断调整，根据数据分析来优化内容传播策略。

### 3．内容变现

内容变现是内容电商的最终目的。内容变现的方式也是多种多样的，包括推广、付费阅读、付费问答、直播带货等。其中，直播带货成为最为热门的一种方式。商家通过直播的形式向观众介绍商品并提供购买链接，用户可以直接在直播间购买商品。直播带货通过主播的人设和吸引力来吸引用户，实现商品销售和品牌推广。

### 4．社群经营

社群经营是内容电商的另一个关键环节，可用于增强用户黏性和互动性。企业进行社群经营需要营造一定的社群氛围，提供社群专属的内容和服务，从而提高用户的参与度。社群经营可以通过微信公众号、QQ 群等平台实现。

总体来讲，内容电商的运营模式以内容为核心，通过内容生产、传播和变现，实现商品销售和品牌推广的目的。内容电商企业需要结合用户特点和平台特点不断调整，根据数据分析和市场情况来优化运营策略。

📃**同步案例 10-2**

#### 东方甄选爆火出圈，推出独立 App

电商中靠内容出圈的，最知名的当属东方甄选。2022 年 12 月 28 日，新东方推出直播带货新平台"东方甄选"，表示新东方未来计划成立一个大型的农业平台，将通过直播带货帮助农产品销售，支持乡村振兴事业。

2022 年 6 月初，新东方旗下的直播带货平台"东方甄选"因主播双语直播带货人气大涨，爆火出圈，单日销售额高达 1 534.3 万元，3 个月带货 20 亿元，这也使得东方甄选一跃成为抖音平台头部带货账号，与此同时新东方的股价飙涨。

此次新东方直播带货脱颖而出，与其优质的内容密切相关，相比叫卖式带货直播，东方甄选内容风格文雅，创新了"直播带货+线上教学"的购物模式，所传递的价值观和情怀非常打动人，这满足了公众寓教于乐、实用化的需求。

主播们旁征博引，在介绍商品的过程中融入了英语知识、生活常识、地理知识、诗词歌赋等，直播间充满了文化气息，例如，介绍玉米产地时，会结合地理知识进行讲解；介绍牛排时，能从英语单词"steak"的起源讲到维京海盗的历史……或许正如网友所说"我从没想过在带货直播间学习英语""新东方直播间总是有不同的理由打动我，让我情不自禁买大米，原来知识付费是这么付的……"

**思考：** 东方甄选为什么能够快速兴起？

## ✳ 10.4.3　内容电商的运作模式

内容电商有以下一些运作模式。

### 1．基于 UGC 的内容电商

基于 UGC 的内容电商是指内容平台通过各种分成或者激励政策吸纳内容创作者加入、并积极促进内容原创，使用户在阅读内容过程中实现内容变现。这种内容电商运作模式下，内容平台本身不生产内容，只是负责主导内容的聚合、分发、变现及利益分成，内容创作者往往依附于平台，负责生产各种图文、视频或直播内容。这种模式的典型代表有今日头条、小红书等。

这种模式的优点是互动性更强、内容丰富多样、社交属性强等，缺点是缺乏专业性。采用这种模式时需注意：内容产出必须以用户需求为主，切忌自娱自乐；坚持原创，避免同质化；打造个人 IP，形成独特标签。

### 2．基于 PGC 的内容电商

UGC 与 PGC 的区别在于内容创作者有无专业的教育背景与资质，以及在内容创作领域是否具有一定的工作经历。而在实际的内容创作中，二者并没有明显的界限，有些时候，PGC 是 UGC 的一部分，只是这部分内容比较稀缺。因此，基于 PGC 的内容电商是指通过提供高质量的、具有品牌调性的、人格化的内容与用户建立情感联系，以用户运营为中心的内容电商运作模式。这种模式的典型代表有罗辑思维。

这种模式的优点是内容质量高、具有调性和权威性，可控性强；缺点是无法满足个性化需求、互动性不足。采用这种模式时需注意：内容产出时，以专业的态度生产内容，直接与用户进行情感连接，探索适合自己的商业模式，搭建灵活多变的组织模式。

### 3．基于电商平台的内容电商

基于电商平台的内容电商是指电商平台内容化，即利用电商内部社区平台以"精选"内容（围绕用户消费行为习惯养成和消费攻略而展开的各种类型的原创内容）为主，官方再配合进行编辑，将营销信息完美地植入内容当中。作为内容型导购，既有媒体属性，又有购物配合，这种模式的典型代表有淘宝头条、礼物说等。

这种模式的优点是内容与商品融合，有利于实现内容变现等；缺点是内容质量参差不齐。采用这种模式时需注意：内容产出时，应以巧妙自然的方式将内容与商品高度融合；善于讲品牌故事，建立正面形象；在内容电商环境下，用户消费的不只是商品，还包含商品传递出的内容层面的价值。

## 本章小结

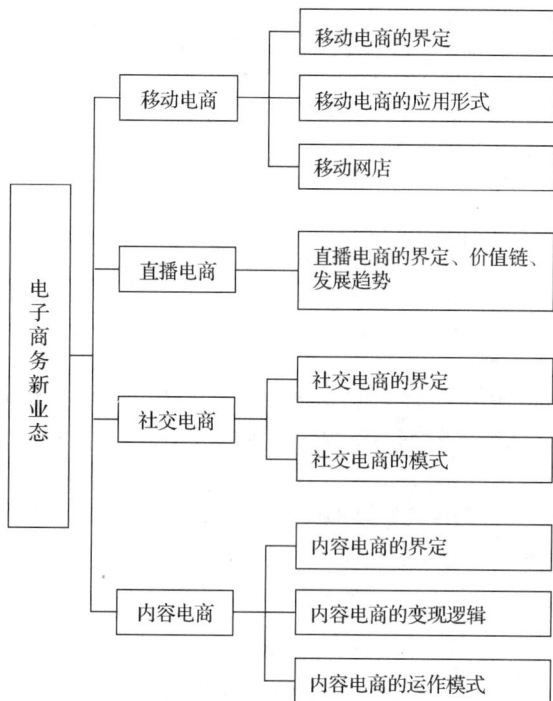

## 课后实训

小红书创办于 2013 年，是一种典型的内容型社交电商平台。作为年轻人分享生活方式的平台和消费决策的入口，小红书目前已拥有超 2 亿月活用户及 4 300 万名创作者。

什么是内容型社交电商？这种社交电商的运营模式往往是依靠网红、KOL，通过他们生产内容、激发用户的消费欲望，从而解决用户的"选择困难症"。

小红书通过 UGC，吸引了大量的年轻群体，提供了产品交易、售后等一系列服务，从而降低了用户的试错成本。

目前，小红书用户包含明星、网红等群体，小红书在运营上真正发挥了粉丝效应。小红书通过网红、KOL 等高质量达人分享的原创内容为用户"种草"，让用户逐渐对其产生信任感和权威感，这增强了用户黏性，从而带动了整个平台的交易活动。

如今小红书已经拥有完整的供应链，产品囊括美妆、家居、母婴等品类，形成了一个完整的"社交+电商"闭环。

### 1．实训要求

分析小红书面临的机会与威胁，并说明这些现象背后的原因。

### 2．实训步骤

（1）学生分组，分别登录小红书，分享自己的原创内容，再结合创作经历，对小红书的主要功能进行分析、总结。

（2）观察小红书平台的服务过程，与其他内容型社交电商平台做对比，并对小红书的发展前景做出分析。

## 重要名词

移动电商　直播电商　社交电商　内容电商

## 课后练习

### 一、单项选择题

1．移动电商就是利用手机、平板电脑等（　　）进行的电子商务活动。

    A．有线平台　　　　　B．无线平台　　　　C．无线终端　　　D．有线终端

2．简单讲，直播电子商务是（　　）的商业化应用。

    A．线下直播　　　　　B．网络直播　　　　C．网络营销　　　D．新媒体营销

3．简单地说，社交电商就是在互联网上，通过（　　）进行的电子商务活动。

    A．社交关系　　　　　B．网络链接　　　　C．数据抓取软件　D．社区关系

4．（　　）是内容电商运营的核心。

    A．内容生产　　　　　B．用户运营　　　　C．流量入口　　　D．协作平台

5．导购型社交电商也称（　　），是指用社交工具和场景为零售赋能。

    A．内容电商　　　　　B．直播电商　　　　C．带货电商　　　D．社交零售电商

### 二、多项选择题

1．移动电商的主要特点包括（　　）。

    A．便捷性　　　　　　B．精准性　　　　　C．相关性　　　　D．创新性

2．移动网店的主要形式有（　　）。

    A．企业自建的移动商城 App　　　　　　B．零售电商平台的移动端 App

    C．第三方移动网店 App 平台　　　　　　D．跨境电商平台

3．直播电商的价值链的构成要素包括（　　）等。

    A．平台　　　　　B．MCN 机构　　　　C．主播

    D．品牌商/商家　　　E．消费者

4．按照具体的展现形式来分，社交电商典型的模式有（　　）。

    A．平台型社交电商　　　　　　　　　　B．社区团购型社交电商

    C．内容型社交电商　　　　　　　　　　D．导购型社交电商

5. 简单讲，内容电商有（　　）等表现形式。

 A. 文字    B. 图片    C. 视频

 D. 音频    E. 字母

### 三、判断题

1. 从广义上讲，移动电商是指利用移动设备开展的商务活动。（　　）

2. 直播比图文、短视频更加直观、真实。（　　）

3. 私域直播主要是利用微信小程序或第三方专业运营工具进行直播带货。（　　）

4. 与传统电商相比，内容电商具有发现式购买的优势。（　　）

5. 内容电商与传统电商达成交易的方式相同。（　　）

### 四、简答题

1. 什么是移动电商？

2. 什么是直播电商？

3. 社交电商的模式有哪些？

4. 内容电商的运作模式有哪些？

### 五、技能训练题

1. 登录抖音 App，尝试完成下面的操作，并总结在抖音 App 上剪辑、发布视频的过程：

（1）上传一个视频；

（2）对视频进行裁剪；

（3）对视频进行配音、特效制作；

（4）在抖音 App 上发布视频。

2. 登录"京东拼购"网站，参与其主题卖场举办的拼购活动，比较其与拼多多的运营模式及平台功能等方面的异同点。